华夏文明传播研究文库（八）

主编 谢清果 钟海连

华夏文明与舆论学中国化研究

HUAXIAWENMING YU YULUNXUE ZHONGGUOHUA YANJIU

谢清果 编著

九 州 出 版 社
JIUZHOUPRESS 全国百佳图书出版单位

图书在版编目（CIP）数据

华夏文明与舆论学中国化研究 / 谢清果编著. -- 北
京 : 九州出版社，2018.9
ISBN 978-7-5108-7467-3

Ⅰ．①华… Ⅱ．①谢… Ⅲ．①舆论－研究－中国
Ⅳ．①C912.63

中国版本图书馆CIP数据核字(2018)第208178号

华夏文明与舆论学中国化研究

作　　者	谢清果　编著
出版发行	九州出版社
地　　址	北京市西城区阜外大街甲 35 号（100037）
发行电话	(010)68992190/3/5/6
网　　址	www.jiuzhoupress.com
电子信箱	jiuzhou@jiuzhoupress.com
印　　刷	北京九州迅驰传媒文化有限公司
开　　本	720 毫米 ×1020 毫米　16 开
印　　张	15.25
字　　数	260 千字
版　　次	2018 年 10 月第 1 版
印　　次	2018 年 10 月第 1 次印刷
书　　号	ISBN 978-7-5108-7467-3
定　　价	42.00 元

厦门大学人文社会科学"校长基金·创新团队"项目"海峡两岸舆论：动力机制及其演化轨迹研究"（编号：20720171005)资助成果

厦门大学传播研究所　　成果

厦门大学华夏文明传播研究中心　　成果

厦门大学哲学社会繁荣计划
2011-2021

华夏文明传播研究文库

顾问

黄星民（厦门大学新闻传播学院教授，博导）

詹石窗（四川大学老子研究院院长，博导）

学术委员会

主　任：孙旭培（中国社会科学院）

委　员（以姓氏笔画为序）：

马成龙（香港浸会大学传理学院）

尹韵公（中国社会科学院新闻与传播所）

吕　行（美国迪堡大学）

庄鸿明（厦门大学新闻传播学院）

孙　玮（复旦大学新闻学院）

李　彬（清华大学新闻传播学院）

肖小穗（香港浸会大学传理学院）

肖东发（北京大学新闻与传播学院）

吴　飞（浙江大学传媒与国际文化学院）

吴予敏（深圳大学传播学院）

吴廷俊（华中科技大学新闻与信息传播学院）

汪　琪（台湾政治大学传播学院）

邵培仁（浙江大学传播研究系）

陈国明（美国罗德岛大学传播研究系）

陈韬文（香港中文大学新闻与传播学院）

陈嬿如（厦门大学新闻传播学院）

张惠晶（美国伊利诺伊大学芝加哥分校）

张铭清（厦门大学新闻传播学院）

林升栋（厦门大学新闻传播学院）

罗　萍（厦门大学新闻传播学院）

岳　森（厦门大学新闻传播学院）

居延安（美国康涅狄格州州立大学）

单　波（武汉大学新闻与传播学院）

［新加坡］卓南生（北京大学新闻学研究会）

宫承波（中国传媒大学电视与新闻学院）

赵月枝（加拿大西门菲莎大学传播学院）

赵振祥（厦门理工学院）

赵晶晶（浙江大学传媒与国际文化学院）

郝　雨（上海大学影视学院）

郭肖华（厦门理工学院数字创意学院）

郭金彬（厦门大学人文学院）

阎立峰（厦门大学新闻传播学院）

黄　旦（复旦大学新闻学院）

黄合水（厦门大学新闻传播学院）

黄鸣奋（厦门大学人文学院）

程曼丽（北京大学新闻与传播学院）

谭华孚（福建师范大学传播学院）

戴元光（上海政法学院）

文库主编

谢清果（厦门大学新闻传播学院教授、博士生导师）

钟海连（中盐金坛盐化有限责任公司副总经理,《贤文化管理》主编）

编辑委员会

王乃考	刘海龙	李漫	连水兴
邹洁	张毓强	陈娜	洪长晖
胡翼青	曾一果	戴美玲	林啸
林俊雄	姚锦云	潘祥辉	史冬冬

总　序

一、文明传播：文明的传播与传播的文明

"文明传播"概念的提出与理论阐释已经成为中国传播学界一个别样的探索方向。从"文明传播"的视角来审视人类文明的发展规律以及背后的传播机制是人类自我反省的必然要求，而文明传播研究的成果从根本上具有指导人类文明航向的意义。

"文明传播"问题的提出源于20世纪90年代中国社会科学院新闻与传播研究所的几位传播学研究者与《人民日报》、《光明日报》、《北京日报》、中央电视台首都新闻共同发起了声势浩大的"文明工程"运动。得益于"文明工程"运动实施引发了"文明传播"问题的思考，并于2006年12月在北京召开的中国首届"文明论坛"上提出建构"文明传播学"的观点。2007年8月"文明传播的跨学科研究与学科创建"课题作为中国社会科学院资助重点课题获得立项，主要参与者有季燕京、毛峰、王怡红、杨瑞明、张丹、胡河宁、胡翼青、刘明等人。季燕京、毛峰于2007年的《中国社会科学院院报》上发表《以文明传播思想为核心的传播哲学》一文，文章认为："以文明传播思想为核心的传播哲学认为，信息传播最深刻的起源应当在人类的社会实践——认识结构之中，其最核心的基础和根本问题是社会认识的主体性起源。同时，任何社会认识的主体性都应当是基于社会实践主体性之上的。也就是说，社会实践中的各种利益关系、组织方式以及不同主体所处的社会历史地位，这是社会认识中主客体关系的基础或依据。因此，真正了解社会传播的主客体关系及其主体性问题，包括起源和形成，都应当从社会的利益关系、组织关系、物质条件以及相应的认知模式中寻求答案。"总而言之，文明传播追求的是自觉审视社会整合中通过社会组织方式而实现的利益交换整合和通过社会

传播结构而实现的信息交换的整合，从而形成与当代和谐社会理念相配合的传播文明视域。毛峰则是较早关注文明传播且富有成就的学者，他从研究《帝国与传播》《传播的偏向》入手，提示出伊尼斯的文明传播观："文明在确立、生长、扩张与绵延的过程中会不断遭遇传播问题：政治权力与经济利益是否合理流动分配、文化价值是否被大多数社会成员共享共信，是这一文明能否实现内部整合的基础；而在外部扩张上，文明对自然的开发是否超过自然所能忍受并自我修复的限度、文明是否能合理对待其他文明中的社区与人群，更成为文明生死存亡的关键。文明在传播过程中时常出现的'偏向'与失衡，往往置文明于死地。文明传播的悖论在于：文明在物质、技术以及媒介层面的进步，常常打乱了固有的文明传播秩序，尤其是文化信息的骤然增加与分歧杂乱，使原本共享共信的文明价值被怀疑并否弃，最终使文明成为传播的牺牲品，文明由于传播的偏向而堕入战乱、崩溃等非文明的野蛮状态。"① 如此看来，文明传播研究的价值与意义在于自觉维护人类文明永续发展，促进和保障人类生活和谐。毛峰从中国的《论语》中找到防止文明传播异化的指导思想，他认为："孔子提出的救济传播的偏向、失衡与异化的原则是对文明传播活动施以道德指引，使文明传播活动回归其逐渐偏离的自然秩序（道）与社会秩序（德），赋予文明传播牢不可破的道德基础，使文明永葆活力、持久与和谐。"② 中华文明上下五千的智慧蕴藏着丰富的文明传播理念。毛峰认为"文明传播的法则是自然生态与人类活动的良性平衡"，中华文明在漫长的历史长河中养成中国的"文明模式"："以儒家思想为中心，辅以道家等先秦思想而形成的中国世界观，确保了中华文明在绵延五千年的悠久岁月中取得独步世界的辉煌成就，其尊崇爱护自然、力行道德教化、追求精神提升、万物和谐的文明模式，在世界其他文明盛衰不定的历史急流中，保障了中华民族的长期统一、稳定、繁荣、与他民族和谐共存等高度可持续性。"③

2012 年 11 月，《文明传播的哲学视野》一书作为"文明传播的跨学科研究与学科创建"的结项成果正式出版，"文明传播"理论得以完整呈现。该书分"关于文明传播的基本认识""传播学的反思与中国学派的传播哲学""中

① 毛峰：《文明传播的偏向与当代文明的危机——伊尼斯传播哲学中的历史智慧》，《史学理论研究》，2005 年第 2 期。

② 毛峰：《回归道德主义：孔子文明传播思想论析》，《南开学报》（哲学社会科学版），2005 年第 3 期。

③ 毛峰：《文明传播的秩序——中国人的智慧》，北京：中国传媒大学出版社，2005 年版，第 13 页、前言第 4 页。

华文明传播的原理探索""中华商业文明及其传播机制的历史反思""文明的转型与发展传播理论的反思""文明跃迁进程中的组织变革与战略理性"六篇共三十四章。该书的问题意识在于"中华文明何以传播承续至今而不中断""现代传播学为什么不能解释中国历史和现实社会的重大和基础性问题""文明转型过程中涉及什么样的传播思想、传播结构、重大社会理论和组织方式问题"而"文明传播"概念的基础内涵在于人类在克服人与自然、人与社会、人与自身之间重重矛盾的努力中所达到的历史进度和高度。显然，"文明传播"的目标是和谐，实现和谐传播的方法和途径是对话和反思。其中，"文明传播"作为概念，是"文明的传播"与"传播的文明"的统一。前者强调的是"文明"在传播中生成和发展；后者强调"传播"亦是在"文明"的观照下进行的，传播活动本身也进行着"文明"的洗礼。正所谓"文明通过传播，走向对话语境，达到和谐。传播是表明文明的手段，是显露文明的平台，传播的对话方式是实现和谐社会的有效途径。"①

二、华夏文明传播：华夏传播学的理论特质

"华夏传播"的提法，最早出现在《华夏传播论》一书中。然而书中却未对这一概念做说明。《华夏传播论》最初拟名"中国古代文化传播概论"或"中国传统文化中的传播"，最后正式出版时改为现名。可见，当时"华夏传播"仅作为书名的缩写形式出现，还没有鲜明的概念意识。真正将其作为概念提出的是黄星民教授，他发表《华夏传播研究刍议》一文，清晰地勾勒出"华夏传播"一词使用的脉络，进而分析"华夏"一词的文化意涵——华夏特指古代中国，且内含地理中国和文化中国的褒义。他这样界定"华夏传播研究"："华夏传播研究是对中国传统社会中的传播活动和传播观念的发掘、整理、研究和扬弃。"这个定义包括三个层面的含义：其一，指出中国传统社会是该研究的范围，即大抵指涉五四运动以前的中国社会。其二，指出"传播活动与传播观念"是该研究的对象。"传播活动"包括传播媒介、传播人物、传播事件、传播制度等以及它们的沿革流变、经验教训和基本规律："传播观念"指的是关于传播的言论、观点，学说、思想，甚至传播哲学等等。重点

---

① 杨瑞明、张丹、季燕京、毛峰主编：《文明传播的哲学视野》，北京：中国社会科学出版社，2012年版，第35页。

在华夏传播思想与传播制度。其三，指出"发掘、整理、研究和扬弃"是该研究的基本指导思想。"发掘、整理"是研究者对华夏传播活动进行客观的描述，是基础。"研究、扬弃"是研究者在发掘、整理的基础上，运用传播学等当代社会科学的研究方法加以验证或阐释，力争从其中找出带规律性的东西，从而把它们提炼成科学的传播理论，用来指导今天的传播实践，丰富和发展世界传播学理论。"研究、扬弃"也可以从批判角度入手，告诫我们如何去避免过去的失误。这样的"华夏传播研究"的价值与意义就十分明显了：学术意义，即熔西方传播科学理论和华夏传播学说精华于一炉，共同解释、指导和总结今天中国的传播实践，形成我国特色的理论范式，形成传播学中国学派；发扬时代色彩，华夏传播研究在华夏文化与信息传播两方面保持着灵动的张力，如此既有助于发扬中华文化的魅力，又有助于培育、探索适合中国国情，能够阐释中国实践的信息传播学说；提供世界启示，华夏技术与传播道德的结合，是中华文明延续的内在原理，这对于世界传播事业的健康发展具有一定启迪意义。①

"华夏传播研究"作为领域已然形成，正像传播学可分为经济传播学等方向，华夏传播研讨华夏传统文化中的传播活动与现象，自然也可以称之为"华夏传播学"。当然，"学"通常被解读为"学说""理论"，亦有"学科"之意。笔者认为，"华夏传播学"的前提假设是承载五千年文明的中华文化虽然没有用现代传播学话语表达传播学理论，但是已然存在直接或间接用中国话语（无论是文言文，还是白话文）表达的传播学理论却是存在无疑的。如《鬼谷子》的论辩说服理论和张仪、苏秦的说服实践，《韩非子》中的《说难》篇、《吕氏春秋》中的《察传》篇对口语传播的理论提炼，这样的情况不胜枚举。当然，这不是"西学中源"的自吹自播，而是强调立足中华传统，根植于中国几千年的生活生产实践，延续、传承、创新我们中国传播理论，借助西方的传播学说和方法，重塑可与西方对话，阐释中国实践的华夏传播学。因此，华夏传播学是华夏传播研究的终极指向。我们可以这样表述："华夏传播学是在对中国传统社会中的传播活动和传播观念进行发掘、整理、研究和扬弃的基础上建构起来的能够阐释和推进中华文明可持续发展的传播机制、机理和思想方法的学说。"这里包含三个含义：其一，以史鉴今，通过开展华夏传播研究，提炼华夏独特的传播理念、传播技艺；其二，华夏传播研究的目标在

① 黄星民：《华夏传播研究刍议》，《新闻与传播研究》，2002年第4期。

于既能解释中国传统社会的传播现象与活动，又能推导中国当代社会实践，实现传播理论的当代创新；其三，着力点在于将复杂的传播现象、传播制度、传播理念通过"由表及里，去粗取精，去伪存真"的功夫，形成一套能够保持自然生态和谐、社会关系和顺、政治运作高效廉洁、民众生活有序安宁、国际关系和平互助的传播思想与传播制度，以指导当下的传播活动，实现与社会组织方式的紧密配合。换句话说，既保证了社会制度安排必需的公平正义，又在合理的传播秩序中保障权力运作过程的公平正义。用今天的话来说，保障公民的"知情权、参与权、表达权、监督权"，需要作为社会公器的传播媒介确切发挥功能，不沦为只当政府的耳目喉舌，而首先充当公民的耳目喉舌。

我们知道中国传统社会中的传播活动、传播制度、传播理念并不是完美无缺的，甚至有时显得有些反动，但从理论上讲，这是实然与应然的矛盾。拿古代士人传承的传播观念来说，其中就有如史家的秉笔直书传统，但在制度化为传播管理控制时，产生了偏差，出现了所谓"刑不上大夫，礼不下庶人"的情景，再等而下之，具体的传播活动和事件上往往是沦为人治，而不是注重法治。华夏传播学的起点在于客观地把握中国传统社会中传播实际（理论与实践两方面），归宿点则在于拨乱反正，将先贤对实现大同世界的诸多构想和探索，经过与世界文明的对话，以中华传统价值观为内核综合创新成适应社会主义实践的传播观念、传播制度和传播活动。这样的学说，才是"秀外慧中"的。

周伟业将华夏传播理论称为东方范式，他以汉语成语、谚语、俗语为例，认为华夏传播理论蕴含着行胜于言的传播取向、一诺千金的传播伦理、"信言不美，美言不信"的语言理论、"防民之口，甚于防川"的舆论警示，表现出以人际传播为核心、既重视语言又怀疑语言、聚合中华文化基因等特征。相对于欧美传播理论，华夏传播理论在文化根源、价值取向和思维方式上具有自己的文化特性：

1. 文化根源

华夏传播学体现以儒家的中庸太和、道家的无为自然和禅宗的缘起性空为核心精神的华夏文化，而经验学派源于实用主义哲学，讲究通过媒介控制，达到社会行为调控的效果；批判学派源于法兰克福学派，侧重于对社会、文化、传播现状的反思和批判。

2. 价值取向

华夏传播学的主旋律是和谐，力求通过传播活动构建内心和谐、人际和睦、天人合一的和谐人生、和谐社会、和谐宇宙。经验学派的价值取向改良社会，关注的是如何和多大程度上调整传播活动以改善当前的社会统治。批判学派价值在于变革社会，着力点在于反思传播过程中的控制合法和合理问题，进而促进传播控制的合法合理。可见，"经验学派和批判学派的总体取向是通过媒介生态的改造来改良社会生态、文化生态；华夏传播理论的总体取向是通过人际关系的协调来实现社会关系的优化"。①

3. 思维方法

华夏传播学以"中庸"（或称为中和、中道）为核心的思维方法是对历史与现实生活智慧不断进行理论提升的结晶，因此，其运思过程就是生活智慧的不断积淀和升华，是经验思维（实用理性）取向。经验学派则讲究科学实证，要求运用问卷调查，社会实验等方式来进行数据分析，因此是科学思维取向。批判学派则是理论反思与现实批判，注重通过人文精神的重塑来实现社会公平正义，因此是批判思维取向。

表达方式和适用范围。华夏传播学的表达方式往往是经验性的话语，如格言警句、成语，适用广泛，不仅适用于古代，也适用于现代，这体现出华夏传播学较擅长解释人际传播现象。经验学派和批判学派的表述方式是学术话语，以概念和理论的形式出现，更适用于大众传播时代，因此能较好地解释现代社会的媒介传播、组织传播。

总而言之，华夏传播学"是一种历史沉淀、文化积累。它不同于为政府、公司提供咨询、服务的实证研究，也不同于批判现代社会弊病、文化工业问题的理论研究，是一种扎根于中华文化的东方范式的传播学理论。它是汉语文化对人类传播规律的深刻领悟，也是华夏文明对世界传播所做出的独特贡献"。②

综上所述，华夏传播学贯通古今，以传统为主，以现实为辅；以现实为导向，以传统为着力点；试图在对华夏传播史与华夏传播理论的双重观照中，寻找传统与现实的逻辑起点，围绕社会运作与信息传播的互动为主线，夯实

---

① 周伟业：《东方范式：华夏传播理论的内涵、特征与价值——以汉语成语、谚语、俗语为中心的思考》，《南京政治学院学报》，2010 年第 5 期。

② 周伟业：《东方范式：华夏传播理论的内涵、特征与价值——以汉语成语、谚语、俗语为中心的思考》，《南京政治学院学报》，2010 年第 5 期。

中华民族圆"中国梦"的基础。

在此基础上，我们进一步提出"华夏文明传播"观念，不仅仅是将文明传播的视野集中于中国，而且是要聚焦于中国优秀文化传统（即华夏文明），着力挖掘华夏文明中的传播智慧，当然也追求依托华夏文明来与西方传播实践与理论展开对话，鲜明地传播中国好声音，讲好中国好故事，用我们的中庸、天下、和谐、礼乐等观念来阐述华夏传播理论，来解释中国当代社会交往与国际传播背后的理念，从而为中华民族的伟大复兴建构起自己的传播话语体系，让世界理解华夏文明是以追求"天下太平"为己任，她奉行"和而不同"的交流观念，具有极大包容性、开放性和开拓性的优秀品质，世界的和平发展需要华夏文明贡献智慧，华夏文明也乐于与世界分享中国智慧。

《华夏文明传播研究文库》将以研究与传播中华优秀传统文化为宗旨，一方面注重传播华夏文明，从多个维度研究中华文化传统，以增强民族的文化自信与文化自觉，使华夏文明能够薪火相传；另一方面积极阐扬华夏文明的传播智慧，立足中国，放眼世界，以他者为镜鉴，建构华夏文明传播的思想体系，提供可以与西方传播理论对话的中国文本。

主编　谢清果　钟海连

2016 年 2 月 26 日

目　录

总　序 …………………………………………………………………………… 1

　　一、文明传播：文明的传播与传播的文明 ………………………………… 1

　　二、华夏文明传播：华夏传播学的理论特质 …………………………… 3

代　序 …………………………………………………………………………… 1

　　一、华夏舆论传播研究的价值、对象及意涵 …………………………… 1

　　二、华夏舆论传播之历史演变 …………………………………………… 6

　　三、华夏舆论传播之主要形态与历史特征 ……………………………… 11

第一章　真命天子：华夏王权合法性建构的舆论学视角 …………………… 17

　　第一节　天命而王：王权舆论的"神化" ………………………………… 19

　　第二节　圣人而王：王权舆论的"圣化" ………………………………… 25

　　第三节　"圣""神""王"合流：王权舆论的"王化" ………………… 30

　　第四节　"水则载舟、水则覆舟"：王权舆论的"民化" ……………… 35

第二章　禅让传位：华夏舆论的制度形态 …………………………………… 42

　　第一节　禅让制研究的文献回顾 ………………………………………… 42

　　第二节　舆论学意蕴下的禅让制 ………………………………………… 45

　　第三节　作为舆论现象的禅让制历史形态 ……………………………… 47

　　第四节　禅让制作为特殊舆论形态的发生机制与历史作用 …………… 50

第三章　风吹草偃：华夏舆论的理论表达 …………………………………… 56

　　第一节　"风草论"的舆论意蕴 ………………………………………… 57

　　第二节　"风草论"的舆论观念要素 …………………………………… 64

　　第三节　"风草论"舆论观念特征 ……………………………………… 68

第四章　圣人垂范：华夏舆论的管控主体 …………………………………… 71

　　第一节　舆论学视角下的圣人 …………………………………………… 74

第二节 圣人舆论管控的途径 ……………………………………… 78

第三节 圣人舆论思想对我国政府舆论管控的启示 ………………… 84

第五章 民歌谣谚：华夏民间舆论的表达方式 ……………………… 86

第一节 舆论学视角下的民谣 ……………………………………… 86

第二节 民谣的舆论主体 …………………………………………… 89

第三节 民谣舆论的呈现机制与符号解读 ………………………… 92

第六章 学《诗》立身：先秦士人的舆论媒介 …………………… 97

第一节 "不学诗，无以言"：无处不在的《诗经》 ……………… 98

第二节 "诗言志"：被阐释的《诗经》 ………………………… 100

第三节 "兴观群怨"：不同语境下《诗经》的话语演变 ………… 102

第七章 文化典籍：华夏舆论形成的思想依据 …………………… 108

第一节 问题意识：舆论学视角下的中国古代典籍传播研究 …… 108

第二节 古代典籍对于舆论主体——"士"的作用机制 ………… 113

第三节 古代典籍对传统社会舆论环境的塑造 …………………… 116

第四节 作为传统社会舆论传播媒介的古代典籍 ………………… 120

第五节 古代典籍传播产生舆论闭环效果 ………………………… 122

第八章 村规民约：华夏民间舆论运作的法典 …………………… 126

第一节 村规民约研究范畴的界定 ………………………………… 127

第二节 舆论引导与村规民约的关系 ……………………………… 128

第三节 村规民约的主体和客体 …………………………………… 130

第四节 古代村规民约对现代乡村舆论建设的启示 ……………… 133

第九章 制礼作乐：中国传统社会深层的舆论引导 ……………… 135

第一节 礼乐协作：传统社会制度的内范 ………………………… 136

第二节 礼乐之光：传统社会舆论的发展形态与特征 …………… 141

第三节 礼乐协同：内外结合，深层引导舆论发展 ……………… 144

第十章 教化苍生：华夏传统教育和舆论的关联互动 …………… 155

第一节 教育主体的塑造，舆论"信源"的生成 ………………… 157

第二节 教育传播的内容与渠道：传统舆论生成重要机制 ……… 160

第三节 教育传播"信宿"的双重身份 …………………………… 165

第四节　教育传播与舆论的关联互动 ……………………… 166

第十一章　话语博弈：华夏传统社会政府的媒介管理与舆论控制 ……… 170

第一节　中国古代媒介和舆论概念 ……………………… 170

第二节　传统社会政府媒介管理与舆论控制 …………… 173

第三节　传统社会政府媒介管理和舆论控制的社会影响 … 177

第十二章　秉承天意：华夏舆论权威的确立 ……………… 179

第一节　"天意"何以在舆论中发挥作用 ……………… 182

第二节　"天意"与舆论引导 …………………………… 185

第三节　"天意"与舆论反抗 …………………………… 188

第十三章　顺应民心：华夏舆论与民主结伴而行 ………… 191

第一节　华夏舆论与民主 ………………………………… 191

第二节　华夏民主的舆论表达路径 ……………………… 194

第三节　华夏舆论与民主制度的建构与维护 …………… 196

第十四章　言罪之辨：华夏舆论的法制纠葛 ……………… 200

第一节　华夏舆论传播的演变与主要模式 ……………… 201

第二节　华夏舆论与法制的关系 ………………………… 203

第十五章　道德为本：华夏舆论的风向标 ………………… 207

第一节　华夏舆论与道德的内涵 ………………………… 208

第二节　华夏舆论对道德的作用 ………………………… 212

第三节　传统道德对华夏舆论机制形成的作用 ………… 216

参考文献 ……………………………………………………… 220

后　记 ………………………………………………………… 225

代　序

　　华夏舆论传播研究，乃针对中国古代传统社会舆论传播活动、现象之研究。在长期中央集权体制下，中国古代之舆论一度受上层建筑的影响较大，并在后期集权政治的制度运作中逐渐调整为以上层建筑"舆论监督"为主导的舆论传播模式。但同时，伴随封建王朝的兴衰轮替以及传统士族、地主、士大夫、乡绅等不同社会阶层之更迭、介入，舆论生态环境多少呈现出些许极权政治下的生动面貌。回溯华夏舆论传播，有利于通过历史梳理，探究当代中国目前舆论传播机制是如何成形的。

一、华夏舆论传播研究的价值、对象及意涵

（一）为何研究华夏舆论传播："两种范式"之下的提问

　　依照西方语境，舆论与公众意见（public opinion）一词较为接近。而"公众"与"意见"合为一个术语，往往用来形容在行政领域之外，依社会、经济、政治形势而出现的，影响政治决策的集体性看法（collective judgments）。[1] 因而，舆论通常亦用来指涉公众与国家机器之间的互动关系，带有强烈的政治诉求。

　　在古典自由主义代表洛克看来，国家是"基于每个人的同意"而组成的共同体，当其作为一个整体行使权力时，需要经过"大多数人的同意和决定"。[2] 其通过"契约论"明确了舆论的合法化地位，暗示舆论是公众实现言论自由权利的必然产物。而据 Noelle-Neumann 考证，"公众舆论"（opinion

---

　　① Price, V. : Public Opinion, Newbury Park, California: SAGE Publications, 1992, 8.
　　② 洛克：《政府论（下篇）》，叶启芳、瞿菊农译，北京：商务印书馆，1996年，第59—60页。

publique）一词乃首次出现于卢梭 1744 年左右的《社会契约论》。① 卢梭在书中将舆论推上更为绝对的地位，其强调公众舆论来自理性表达，"公意永远是公正的，而且永远以公共利益为依归"。②

早期启蒙运动者的观点对后世舆论研究的影响相当大。如何利用舆论实现市民社会与上层建筑的政治对话，进而维护社会正义，一时之间成为西方舆论研究的主流范式。在被认为是舆论作为独立学科的奠基之作《舆论学》中，李普曼便谈到，因为能综合社会意见从而影响政府意图，舆论故而成为"民主政体中的原动力"③。舆论被视为可以成为公众抵抗政治压迫的手段，其相较于暴力而言，是一种理性的社会改良方式。④ 此种范式视域下的舆论成为公民社会自下而上的压力机制，其通过建构社会话语，刺激社会运动，对于公共政策有着显著影响。⑤ 因而，尽管如哈贝马斯所说，"公众舆论既不受制于公众讨论的规则或其表达形式，也不一定非得关注政治问题或向政治权威发言"，⑥ 但向来的研究实践仍然一直试图将舆论与政治目标协调起来，舆论的被关注焦点始终徘徊于公共领域所发挥的政治功能。

而随近现代西方选举制度而兴起的"民意测验"（public opinion research），更强化了舆论研究的政治对话色彩。民意测验与近代资本主义市场需求下诞生的市场调查（marketing research）渊源颇深，⑦ 其较早可以追溯至由美国新闻界发起的模拟投票（straw poll）。1824 年，美国一家名为 *Harrisburg Pennsylvanian* 的报纸派记者调查、测算特拉华州威尔明顿市的选民对当年总统候选人的评价，试图了解选民对总统候选人的投票意向。⑧ 此

---

① Noelle-Neumann, E.. *The Spiral of Silence：Public Opinion——Our Social Skin*, Chicago, Illinois：The University of Chicago Press，1993.
② 卢梭：《社会契约论》，何兆武译，北京：商务印书馆，1980 年，第 39 页。
③ 沃尔特·李普曼：《舆论学》，林珊译，北京：中国人民大学新闻学系，1984 年，第 197 页。
④ 威廉·葛德文：《政治正义论》，何慕李译，北京：商务印书馆，1991 年，第 167—292 页。
⑤ Burnstein, P.：The impact of public opinion on public policy：A review and an agenda，Political Research Quarterly，2003，56(1)：29-40.
⑥ 哈贝马斯：《公共领域的结构转型》，曹卫东等译，上海：学林出版社，1999 年，第 291 页。
⑦ Crossley, A. M.：*Early days of public opinion research*，The Public Opinion Quarterly，11957，Vol.21，No.1：159.
⑧ Cantril, A. H.：*The press and the pollster*，The Annals of the American Academy of Political and Social Science，AAPSS，1976：46.

后，各种民意测验形式蔚然成风，经久不衰。舆论亦与选票意向相联系，成为可以被数据检验而具化的形态。[①]

依照这种"投票箱"式的共同体运作模式，全民意志有了其诉诸渠道。社会冲突自身将按规定路线发展，其将"讨论作为行动的开端，并且鼓励采取讨论的方法，然后利用可能存在的自我约束和宽容的传统。"[②] 总的来说，舆论固然可以利用公关（public relation）等方式来加以引导，却绝非可以完全控制的对象。这种"选举舆论"标榜的前提乃是社会政治动力源自民意，"民意，即绝大多数国民的见解和意见，是决定社会和政治问题的最后判决"。[③] 因而，政治家不得不顾忌公众意见以及舆论情绪，在制订社会政策之时考量舆情意向。[④]

不过，值得注意的是，上述民主式的意见拥趸依然存在一些问题。Burstein 曾反思美国社会科学界的民主实证研究，认为过分强调公众意见对于政策变化的影响，使得其他一些影响因素遭到遮蔽。[⑤] 公众舆论对于政府的影响效力，始终存在疑问。而与西方传统自由主义相对应，以苏联为代表的社会主义体制形塑了另一种舆论传播模式。其中，列宁在《党的组织和党的出版物》中的观点被广为引用："出版物应当成为党的出版物"。与一般自由主义有关言论自由或报刊自由的看法不同，此模式的观点在于："所谓自由的报刊是指它不仅摆脱了警察的压迫，而且摆脱了资本，摆脱了名位主义，甚至也摆脱了资产阶级无政府主义的个人主义"。[⑥] 在此观点下，舆论不仅仅是民众自由意见的表达，亦可以成为国家/政党用以完成其政治目标的手段。其强调了舆论可以被主动控制与建构，并重点关注了媒体在公众舆论与国家意见之间的联结作用。

---

① Goldman, E. & Auh, T. S.: *Public policy issue analysis: A four-posted research design*, Public Relations Quarterly, 1979, 24(4): 20.

② 新闻自由委员会：《一个自由而负责的新闻界》，展江等译，北京：中国人民大学出版社，2004 年，第 115 页。

③ 佐藤彰，铃木荣，船津好明：《民意调查》，周金城、张蓓蔺译，北京：中国对外经济贸易出版社，1989 年，序言第 2 页。

④ Stevens, D.: Public opinion and public policy: The case of Kennedy and civil rights, Presidential Studies Quarterly, 2002, 32(1): 111.

⑤ Burstein, P.: Bringing the public back In: Should sociologists consider the impact of public opinion on public policy? Social Forces, Vol. 77, No.1: 27-62

⑥ 列宁著，列宁斯大林著作编译局编：《列宁选集》（第一卷），北京：人民出版社，1995 年，第 662—667 页。

新中国成立后，由于社会结构借鉴的是苏联社会主义模式，国内舆论传播自然也向其靠拢。在中国语境内部，舆论很多时候不一定指代公众舆论，而与新闻舆论有关，两者在社会意识内有着一定区别。郭镇之即提到，"舆论监督"可能更接近于中国特色，因为相较于西方守望监视（watch）作用的媒体表达，作为政党"喉舌"的中国媒介更具有"监督"的权力实质。① 这意味着，媒体在结构上更为接近国家意识形态，其新闻舆论往往带有官方性质。受到传统"开、好、管"方针的影响，国内的新闻批评往往还要配合党的介入与回应。②

从传统西方自由主义到苏联社会主义模式，舆论传播模式观念之不同，根植于社会历史渊源与国家体制建设。如今我们回溯华夏舆论传播，正是试图通过历史梳理，探究当代中国目前舆论传播机制乃是如何成形的。其至少有助于回答以下问题：

1. 华夏舆论传播的历史进程为何，其与中国社会历史结构有何关系？

2. 华夏舆论传播有哪些特征，当代中国舆论传播模式是否体现了这些特征的历史性继承与蜕变之结果？

3. 当今中国之舆论模式何以成形，其是否能够回应过去与现在的具体社会现实诉求？

（二）华夏舆论传播研究概述

据《说文解字》，舆论之"舆"，"从车舁声"，始作"车厢"解。《道德经》即有曰："虽有舟舆，无所乘之。"此处的"舆"，便是车的意思。同时，"舆"又往往和赶车之人、造车之人相联系，指代从事差役工作，身份相对低微之人，如《周礼·考工记·舆人》言："舆人为车"，便是指造车之人。尔后，"舆"的词性逐渐变化，渐渐作"众、多"解（《广雅》），"舆论"也就被指代为"众人的议论"。因而，胡钰便指出，古时的舆论概念，乃是先有"舆"再有"舆人"，进而演变为"舆人之论"，即"舆论"。③ 从字面上看，"众人之议"的舆论看起来十分接近西方概念中的"公共意见"，不过，古代的"舆论"却通常用以表示处于社会下层的百姓议论，并未将统治阶层纳入考量，

---

① 郭镇之：《舆论监督与西方新闻工作者的专业主义》，《国际新闻界》1999 年第 5 期。

② 毛泽东：《报纸上的批评要实行"开、好、管"的方针》，1954 年 4 月。取自《毛泽东新闻工作文选》，北京：新华出版社，1983 年，第 177 页。

③ 胡钰：《新闻与舆论》，北京：中国广播电视出版社，2001 年，第 107—108 页。

带有鲜明的等级色彩。

华夏舆论传播研究，即针对中国古代传统社会舆论传播活动、现象之研究。其主要可包含三个面向的考量：一是舆论的传播主体，即公众的言论发声，就古代中国舆论环境而言，需要尤为关注知识分子的主体性；二是舆论的接收方，其中往往指代社会上层建筑；三是基于社会整体结构功能变迁，考察古典社会制度与舆论之间的关系。

如陈力丹所言，由于古代社会生活环境封闭而狭窄，舆论的变化通常很小，呈现为一种僵滞态势，故"传统社会的舆论通常不处于哲人们的主要视野内"。① 不过，此处所言的却是以古典"舆人之论"为视角之"舆论"。其之所以认为古代舆论不必过分讨论，基本是基于将"舆论"仅仅作为"普通大众的言论"，其前提乃是古代公共领域未有形成，而忽视了古代在上层建筑内部，以知识精英为主体的社会话语运动。

舆论作为一种活跃的社会现象，反映着人们在不同时代之呼唤，乃社会结构变迁之征候，成为感受社会冷暖的"皮肤"。② 基于此立场，讨论华夏舆论传播，应当结合古代中国特殊的社会结构和历史图景，将舆论纳入社会宏观体系变迁的视野，通过探讨舆论传播之源流，进而解释上层建筑、精英阶层与民间文化之间的互动过程。一如林语堂所声称，关注古代中国舆论如何表达，作者和学士们通过何种形式在专制统治下进行公众批判，有助于讨论在现代语境下，中国未来出现敢言和诚实新闻话语的可能性。③

关于华夏舆论传播之论述，散见于各种舆论学、传播学或史学作品。可以看到，其中大部分正是将舆论纳入中国两千年独特的封建帝制情境下进行考察的。而其中，又多以观照西方思想史上"民意""公众意见"之"舆论"，以近现代意义的民主自由视角来回答中国的古代舆论。这种方式至少在目前看来，依然十分适用。

邵培仁等认为，中国古代舆论思想有两种最具代表性：一是民本主义舆

---

① 陈力丹：《舆论学：舆论导向研究》，北京：中国广播电视出版社，1999 年，第 3 页。

② Noelle-Neumann 在其著作《沉默螺旋》中，将公众舆论比喻"社会皮肤"，认为透过舆论，可以感知社会群体的情绪、需求和内心愿景。相关论述参见：Noelle-Neumann, E.. The Spiral of Silence：*Public Opinion-Our Social Skin. Chicago*，*Illinois*：*The University of Chicago Press*，1993.

③ 林语堂：《中国新闻舆论史》，王海、何洪亮译，北京：中国人民大学出版社，2008 年，第 1—7 页。

论观，二是轻言主义舆论观。① 前者发端于原始公社民主制。张玉霞即以尧舜时代为例，认为此时期"舆论决定社会管理"。②《尚书·洪范》有言："汝者有大疑，谋及乃心，谋及卿士，谋及庶人，谋及卜筮"，说明普通民众在社会决策中确实占有较高地位。而轻言主义舆论观自秦汉中央集权帝国建立后日盛，此类论述多与君主专制相互捆绑，集中于对封建社会制度方向之分析。不过，值得注意的是，此两种舆论观皆基于统治者立场，反映的实际上是上层建筑对于社会舆论的态度。

此外，民本主义舆论观与轻言主义舆论观两者并不一定天然对立，认为中国古代社会的舆论环境一直由两者混合贯穿的观点可能更为中肯。Rankin便指出，或出于获取信息的需要，或出于对高阶官僚力量的约束，再强力的统治者也需要鼓励批评声音出现。他以清议（pure discussion）为例，认为古代中国的清议现象在理论上是公正的、纯粹的意见表达。清议往往出现面临社会危机，虚弱、焦虑的开明官僚政治体系之中。③ 这种通过关注于古代历史上特殊舆论活动或舆论形式的研究方式也颇为常见，通常能以点代面地投影出特定时代或阶层的舆论传播结构。

基于上述，考虑舆论之意涵在现代大众传播意义上已有所改变，讨论华夏舆论传播，或可结合现代"公共领域"概念，以不同历史阶段的特殊舆论形态为线索，探讨舆论在古代社会结构之中的影响及其在制度上与现实权力之互动，如此观之，大抵对于当下而言最为有益。

二、华夏舆论传播之历史演变

相较于秦汉以降的封建集权政治格局，早期古代社会的舆论环境一直为后世所称道。在原始公社民主制下，尧舜时代便设"敢谏之鼓""诽谤之木"，以作采纳民意之场所。而随着氏族部落向奴隶制国家过渡，采风制度作为一种颇具影响的古典舆论形态逐渐流行开来。④ 乐工将采集的民谣收集给天子，以便让深居宫廷的君王了解天下之事。这些包括舆论意见的民谣通过以《诗

① 邵培仁编：《20世纪中国新闻学与传播学：宣传学与舆论学卷》，上海：复旦大学出版社，2002年，第243页。

② 张玉霞：《中国古代的舆论与政治》，《新闻爱好者》2006年第12期。

③ Rankin, M. B.："Public opinion" and political power：Qingyi in Late Nineteenth Century China, Journal of Asian Studies, 1982, Vol.XLI, No.3: 453.

④ 刘建明：《舆论传播》，北京：清华大学出版社，2001年，第4页。

经》为代表的典籍让后人广为熟知。又如《尚书·汤誓》所载："时日曷丧，予及女偕亡！"其语言通俗直白，正是商纣暴政时期，百姓通过民谣抒发的对统治者的愤怒情绪。

至春秋战国时代，社会诸侯割据的多元格局亦造就了较为宽松的舆论语境。这一时期，"国人在政治生活中占有重要地位，国人的舆论'谤言'具有相当的威信，很像古希腊罗马城邦中自由民的议论，相对地表现出了古代社会的民主主义"。①《左传》载有知名的"卫懿公好鹤"故事，曰："卫懿公好鹤，鹤有乘轩者，将战，国人受甲者皆曰：'使鹤'！"公众可通过舆论公然抵抗国君的不良行为，当时舆论环境之活跃可见一斑。而"百家争鸣"作为中国历史上极为突出的社会思潮，其不仅呈现了上层建筑和士大夫群体之间的多元舆论生态，诸子各家的学术主张亦在很大程度上为后世奠定了舆论传播的学理性基础：一方面，无论是以孔孟为首的儒家民本观念，或是以老庄为代表的道家思想，皆在某种程度上侧重于社会舆论之开放；而另一方面，以法家"燔《诗》《书》而明法令"（《韩非子·和氏篇》）思想为指导，秦孝公亦首开中国禁书之先河，标志着一种以传媒管制为手段的舆论管理机制开始成形。②

伴随秦朝大一统政治体系的建立与巩固，中国封建帝制时代宣告来临。在始皇以"焚书坑儒"为标志的思想统一政策下，舆论自由之表达一度被认为遭到极大损害。不过，通过御史监察制和谏议大夫等一系列制度匹配，秦代依然在上层建筑设计了符合集权政治需求的舆论传播渠道。其中，御史大夫位列"三公"之一，其职责乃是"典正法度""举劾非法"（《汉书·百官公卿》）。而监察机构的一般官员则被称为"御史"，《通典·职官十四》曰："秦置监察御史"，正是说明御史履行着朝廷监察职能。《史记·秦始皇本纪》亦有载，秦统一后"分天下以为三十六郡，郡置守、尉、监"。此处的"监"便指地方郡一级政府的御史。而汉代则继续继承发扬了这种舆论监督机制，汉武帝时期，御史监察制衍化为"刺史制度"，全国分为13部，每部皆设一个刺史对所属郡国实行监察，中央集权程度进一步上升。此外，汉代的谏诤氛围也在统治者的政治制度调整下呈现别样风貌，按照朱传誉的概括，一是"承

---

① 程世寿：《公共舆论学》，武汉：华中科技大学出版社，2003年，第39页。
② 师曾志：《从政府对传媒的管制看中国古代禁书——中国古代禁书专题研究之一》，《编辑之友》1994年第2期。

六国之例，设谏议之官及博士"，二是"常不定期地举召直言进谏之人"①，从而营造了相对良好的舆论环境，使得汉代知识分子能够较为自由地开展政治批评。至汉末，知识分子的舆论传播进一步演变为史上闻名的"清议"。清议的传播主体由士族阶层所担当，其内容往往包含对时政的议论与批评。

不过，东汉"党锢之祸"后，社会言论受到极大钳制，清议逐渐蜕变为魏晋南北朝时期的"清谈"。一般认为，清谈多涉黄老之学，乃是魏晋时期知识分子为处理自身与上层建筑之间的敏感关系，所不得已的避祸之法。但实际上，清谈依然多少发挥着社会舆论之作用。《抱朴子·疾谬》即有载："俗间有戏妇之法……或清谈所不能禁，非峻刑不能止也。"此处的清谈便接近于"清议"，其与"峻刑"为代表的正式手段共同发挥着社会控制功能。

魏晋南北朝时期，社会格局相对动乱，受制于庞大的士族势力，君权无法得到有效伸展。在松散的政治权力结构下，民间舆论尚可占有一席之地。而至隋唐再次恢复一统格局，国家舆论监督之权力自然重新上升：一方面，隋开辟科举制度，知识分子这一社会舆论主体被进一步纳入政治系统；另一方面，"三省六部"之设立亦推动朝廷舆论监督机制逐步完善。至唐代，御史台成为独立的监察机构，拥有弹劾百官的权力。御史台下属台院、殿院和察院，三院各司其职，标志政权内部已经形成很严密的监察系统。尽管官方的舆论监督占据极为强势之地位，社会舆论作为"双轨"之一依然在民间流行，如隋末一时广为传唱的《无向辽东浪死歌》，便乃是民间所作的政治歌谣，表达着人们对隋政权之不满。不过，这种舆论多在朝代衰亡期出现，民间之舆论诉求与官方之舆论监督随着朝代政权稳定性的变化，处于相互交织与博弈的状态。

值得注意的是，隋唐时期，随着雕版印刷术的普及，出版领域开始迎来新的发展面貌，媒体舆论逐渐进入历史视野。唐代政府即提供给地方官员以了解中央诏令、信息的邸报。至宋代，传播媒介进一步繁荣，衍生出判报、小报、边报、榜文等多种形式。这些媒介多承载时政消息，虽由官方主导，以官吏为主要受众，其出发点乃是履行朝廷舆论监督之效力。但新闻泄露与私人刻报事件时有发生，客观上促进了整体舆论环境的多元化。因而，为了达成上层建筑之舆论控制，政府亦开始出台相应的新闻检查制度与出版法令，宋代即设所谓"定本誊报"与出版审阅制，即事先对文本内容进行审核，同时对雕印、藏习出版物有着一系列限制政策。

---

① 朱传誉：《中国民意与新闻自由发展史》，台北：正中书局，1974 年，第 98 页。

　　此一时期，随封建经济之发展，民间舆论亦迎来新的转机。唐宋以来，城市化发展迅速。宋代城镇已打破原有的行政区与商业区之界限，在城镇内部，店铺可以随处设置。① 这种空间布局的变化直接刺激了市井文化和市井舆论的繁荣。《东京梦华录》记录了当时市井生活之繁荣："诸酒店必有厅院，廊庑掩映，排列小阁子，吊窗花竹，各垂帘幕，命妓歌笑，各得稳便。"市井之中的酒楼、瓦舍既是百姓文娱之地，亦成为酝酿民间舆论的场所。

　　在官方层面，宋廷有尊重文人，不杀大臣之意识，这为知识分子争取言论自由，开展舆论传播创造了有利条件。伍伯常亦认为，在文教传统下的宋代，"文人采用非常规的自我表达方式时，只要不过于挑战统治威权或抵触国家政策，一般而言都会得到当政者宽容"。② 宋代文人，如以范仲淹、欧阳修、王安石等历史名家为代表，皆有谏言范例。不过，这并不意味着朝廷对言论自由的绝对宽容。宋代已开始出现台谏合一之趋势，即御史台和谏院由各司其职向事权相混转变。御史、谏官都拥有对百官的监察之权，共为"人主之耳目"。沈松勤即指出，台谏惯以"文字罪人"③，在朝廷政治纠葛中常被党派策略性运用以制造文字狱，牵制舆论发挥。这种"台谏合一"之做法后来在元代被正式确立，继而成为一种常态的中央监察机制。

　　元代之传播语境发生了一些新变化。据朱传誉考证，元代的邸报已经出现社会新闻。④ 不过，政府对小报之查禁以及出版之压制一度相当严厉，明代陆容在《菽园杂记》中即记载："元人刻书，必经中书省看过，下所司，乃许刊行。"对于出版物之管理，元代既保持着禁令姿态，又试图借助"尊儒崇经"的文治传统消除本身作为"外来政权"之不安。《元史·世祖本纪二》云："（世祖）敕选儒士编修国史，译写经书，起馆舍，给俸以赡之。"在官刻方面，元朝廷建立了一套严整的刻书出版管理体制，也客观上推动了儒家道统之深入。

　　在舆论支配方式上，元代吸收了一些蒙古贵族之传统，如改"常朝"为"视朝"，即朝奏的时间、地点与人员并不固定。李治安认为，这体现出"行国""行殿"等草原习俗被糅进决策活动。值得注意的，他还指出，元朝以降的君臣关系已呈现越来越强烈的尊卑反差。《牧庵集》（卷十八）《领太史院事

　　① Zhang, X. Q.: *Urbanisation in China*, Urban Studies, 1991, Vol28, No.1: 42.
　　② 伍伯常：《北宋初年的北方文士与豪侠——以柳开的事功及作风形象为中心》，《清华学报（台湾）》2006年第36卷第2期。
　　③ 沈松勤：《宋代政治与文学研究》，北京：商务印书馆，2010年，第26页。
　　④ 朱传誉：《中国民意与新闻自由发展史》，台北：正中书局，1974年，第247页。

杨公神道碑》记载，至元十七年授时历成，负责修历的官员入奏。"方奏，太史臣皆列跪。诏独司徒（许衡）及公（杨恭懿），曰：'二老自安，是年少皆授学汝者'。故终奏皆坐，毕其说。亦异礼也。"说明元代御前奏闻时除年老者特许就座外，一般大臣都需要下跪。御前奏闻时与会大臣是立还是跪，折射君臣关系存在着巨大落差。[①]君权象征地位之拔高隐约暗示出专制深入下舆论自由之艰难。

按照钱穆的观点，中国真正的皇权独裁专制乃是在明清时期被塑造。[②]明代不设丞相，废"中书省"，六部直辖于天子，君主专制几乎被绝对化。此外，监察官吏倍增，机构重叠。据彭勃考证，明代监察御史"多至一百一十人，近四倍于元，近二十倍于宋，十倍于唐"，[③]社会控制壁垒空前森严。值得注意的是，就文化层面而言，Dardess亦指出，在明代，儒学开始衍变为某种公共服务式的职业认同（public-service profession）。在这种职业认同之中，"忠诚"（loyalty）成为超越其他标准的最高信仰。而文化精英对朝廷是否忠诚，很重要的影响因素在于朝廷能否提供一种提升儒家信仰的环境与机会。精英阶层与接纳它的政权组织之间，存在一种脆弱的政治承诺或情感依附。[④]在文化精英与国家机器之间的此种微妙关系下，知识分子的舆论发声必然变得慎之又慎。

清代集权专制继续深入，其中央机构大都承袭明制，只是根据自身具体情况略加损益。在舆论控制上，清廷出台了一系列社会保密政策，民众难以接触消息渠道，舆论表达自然更无从谈起。此外，为预防国家内乱，朝廷亦对舆论表达有着一系列迫害。其一方面开设博学鸿儒科，借以笼络汉族知识分子，一方面进行严格的思想控制，"凡有崇信异端言语者，令加严参问罪。若有私行刊刻者，永行严禁。"[⑤]相较于始皇时代的焚书现象，清代之毁书运动，更为体现官方意志的计划性与目的性，形成了一种常态的法制化机制，从而编织出严密的文网控制，建立文化领域的绝对威权。

明清时期的专制威权虽为严厉，但即使在集权政治体系内部，政权存在

---

① 李治安：《元代政治制度研究》，北京：人民出版社，2003年，第5—20页。

② 钱穆：《中国历代政治得失》，北京：生活·都市·新知三联书店，2001年，第102页。

③ 彭勃：《中国监察制度史》，北京：中国政法大学出版社，1989年，第187页。

④ Dardess, J. W.: *Confucianism and autocracy: professional elites in the founding of the Ming Dynasty*, California : University of California Press, 1983.

⑤ 《刑部尚书尼满等为丁翔亢一俟到案即行严审议罪事题本》，康熙三年十二月十八日，取自安双成编译：《顺康年间〈续金瓶梅〉作者丁耀亢受审案》，《历史档案》2000年第2期。

的固有矛盾也会为舆论营造空间。Hucker 以明代政府组织系统为例，认为古代中国的政府系统始终存在三种矛盾，"内廷"（inner court）与"外廷"（outer court）之间的矛盾，"集权"（centralizing）与"放权"（decentralizing）之间的矛盾，军权官僚（military bureaucracy）与市民官僚（civil bureaucracy）之间的矛盾。① 不过，需要指出，此种矛盾冲突下所释放的舆论张力，基本只能徘徊在上层建筑本身，舆论往往只是被权力所有者策略性地运用从而完成其政治意图，民间舆论之自由度其实依然相当有限。

　　总而言之，古代舆论环境一直处于尴尬境地，这种尴尬与上层建筑的舆论观息息相关：一方面，统治者很早便警惕到舆论传播之力量。在强调道德秩序的中国，众人之议似乎很容易招致"圣人"身份的破坏与污点。因而，历代王朝都设立有对舆论的控制措施，其中相当一部分都以法律的形式被明确下来。另一方面，出于维系社会结构之需要，统治者又试图开辟一些舆论渠道用以缓解社会压力，不过，这些渠道毕竟始终被掌握在王权绝对"可控"的范围之内。随着后期极权政治不断加强，至清初乾隆时代，"私"的范围已经被成功由儒家精英向君主体制转移，"皇帝以欧洲历代专制君主所无法相比的方式宰制了中央帝国"，② 君主成为几乎所有社会资源的中心。中国舆论环境也就由此进入一种无可奈何的暗哑状态。

三、华夏舆论传播之主要形态与历史特征

（一）华夏舆论传播的主要舆论形态

　　古代中国之舆论环境由不同社会力量所共同塑造：一方面，中央集权体制下，君主执政开明与否似乎对于社会舆论影响显著；另一方面，伴随封建王朝的兴衰轮替以及传统士族、地主、士大夫、乡绅等不同社会阶层之更迭、介入，舆论生态环境多少呈现出些许极权政治下的生动面貌。本文主要介绍如下不可忽视之舆论形态：

　　其一，言谏制度。中国关于"谏"的传播艺术由来已久，《周礼·司谏》

① Hucker, C. O.：*Governmental Organization of The Ming Dynasty*. Harvard Journal of Asiatic Studies, 1958，21：21-25.
② Wakeman, F.：*Boundaries of the public sphere in Ming and Qing China*. Daedalus, 1998，Vol.127, No.3：176.

曰:"谏,犹正也。以道正人行。"又《周礼·地官·保氏》言:"保氏掌谏王恶"。"谏"一开始便有指正过失之意,其中尤以君主尊长为对象。始皇时期即设有言谏制度,用以"匡正君主,谏诤得失"。《史记·陈涉世家》即载:"扶苏以数谏故,上使外将兵。"而自隋唐开始,随着三省六部、一台九寺政治体制的确立,社会监察制度与言谏制度的配合已经趋于完善。^①言谏制度作为一种合法的舆论形式,乃"专制时代不可多得的舆论力量"。^②同时,言谏制度下亦有诸多极富特色的变体,如"讽谏",其多以一种文学性的书写方式出现,既是个体说服艺术的体现,又代表"某种社会阶级的发声,某种文化习染的投影"^③;又如官方所塑造的,君臣集中讨论的"朝议制度",甚至于包括向来被民间故事所称道的"微服私访"。不过,总的来说,其毕竟是统治者自上而下所缔造的社会"安全阀",受上层建筑之政治风气影响较大,其实际效用有待斟酌。

其二,出版舆论。作为较为大众化的传播方式,古代出版物往往由官方所主导。无论是官刻典籍,还是官报、官榜等出版形式,都由朝廷通过媒介管制,使之按照政治意图进行文化信息选择与引导。不过,游彪以宋代邸报为例,认为尽管邸报以传达政务为令,扮演着朝廷"传声筒"之角色,但仍时常出现指名道姓的时政批评文字。^④这说明在此时期,媒介就作为官方喉舌,发挥着舆论监督的职能。此外,民间出版也发挥着一定舆论功能。宋元时期即有民间小报、小本的新闻传播活动,其内容多是关于朝廷政事,在市场广为流通。《元史》便有禁止"条画民间辄刻小本卖于市"的记载。不过,在封建政权的言禁之令下,这些民间出版物的生存与发展都较为困难。

其三,以知识精英为主体的城镇舆论。封建经济的发展,手工业基础扩大以及拥有一定财富和土地的士绅阶层之聚集为知识分子开展舆论活动奠定了前提基础,其中以"清议""清谈"为代表。这些城镇舆论的开展一般拥有相对独立言论场所,知识分子或通过学理对话影射政见、社会观点,或通过

---

① 一般来说,列朝监察御史可以监察百官,却不能监察皇帝。而谏官则是单独专司规谏皇帝的官职。唐朝时期,谏官归属门下省,并且拥有一部分司法权和人事审查权,使得皇权政治与谏官制度之配合达到一定完善阶段。参见:李凭:《北朝研究存稿》(下编),北京:商务印书馆,2006年,第199—222页。

② 邱红波:《从舆论学角度看中国古代谏诤现象》,《社会科学家》1991年第3期。

③ 郑毓瑜:《直谏形式与知识分子——汉晋辞赋的拟骚、对问系列》,《中国文哲研究集刊(台湾)》2000年第16期。

④ 游彪:《庙堂之上与江湖之间:宋代研究若干论题的考察》,北京:北京师范大学出版社,2011年,第44—47页。

诗词歌赋抒发胸臆，体现了早期公共传播之雏形。此类舆论的代表场所如汉武帝时期设立的太学。尤其在东汉朱穆、皇甫规事件中，太学在学生运动下成为舆论风暴中心，一时之间，"太学风潮"影响颇巨。不过，随着后期科举制出现以及官僚政治体制逐步深入，知识分子进一步被上层建筑收编。在极权政治的"禁言令"下，人们一般不被允许私下集会，城镇舆论的力量也就大为淡化。

其四，民间歌谚。按照林语堂的说法，公众批判以诗歌体裁发端而非散文体裁。普通百姓利用歌谣谚语这一口语传播形式对统治阶层发表舆论意见的现象在古代中国并不少见。只不过，这一事实"在人民对其统治阶层表面的驯服下经常被掩盖起来"。① 民间歌谚在早期采风制度下的夏周就已经颇为普遍，这一舆论传播方式后来在封建集权时代依然得以延续。《史记·项羽本纪》曰："楚虽三户，亡秦必楚。"《后汉书·皇甫嵩传》亦记载张角黄巾起义时，为鼓动反汉舆论所制造的民谣："苍天已死，黄天当立，岁在甲子，天下大吉。"可见，这种歌谚舆论常常在社会动乱时期被人为"炮制"，为"蓄势"某一政权营造合法化空间。

（二）"舆论监督"之渊源：华夏舆论传播的历史特征

舆论在中国古典语境中，向来拥有很高地位。在较早将"舆""论"两字并作一词的《三国志·王朗传》中便有记录："设（孙权）其傲狠，殊无入志，惧彼舆论之未畅者，并坏伊邑。"北宋苏舜钦亦在《诣匦疏》中指出："朝廷已然之失，则听舆论而有闻焉。"说明社会舆论对于上层建筑的政治决策确实有着一定影响。

不过，与源自近现代西方哲学的"公众意见"迥异，在公共领域始终缺席的情况下，中国古代之"舆论"几乎很少出现作为"私人"概念的利益诉求。此种现象的原因固然作用复杂，但往往与农业经济、封建宗法制下的社会共同体联结方式有关：作为个体的自我既无法在经济上实现独立，更无法摆脱家天下的法律与道德契约。Harry 关于晚明东林党的研究可以作为上述观点之佐证。其认为古代中国知识分子的舆论往往导致派系之争，真正公共领域意义上的"私人"（private people）无法达成话语权的实现。并且，这些知识精英的舆论运动往往建立在对商业原则进行抵抗的基础之上，并未对商

① 林语堂：《中国新闻舆论史》，王海、何洪亮译，北京：中国人民大学出版社，2008 年，第 18 页。

品经济表示有多少欢迎。知识分子的种种舆论活动，实际上乃是对自身士绅身份（gentry identity）的重构以及士绅原则（gentry rule）的维系。[1]

有意思的是，如 Cho 所指出，舆论在古代中国还成为与"个人修养"（personal cultivation）相联系的存在，"公共意见"作为一种个人修养的规范被用以服务社会控制，这种社会控制包含三个层次：普通民众、统治者和社会政治系统。[2] 这意味着舆论与传统道德秩序的深刻捆绑：一方面，就个体而言，传播者同时纠结于"慎言"的君子道德暗示以及士大夫历来治国平天下的政治理想矛盾之中。因此，传统知识分子对舆论的使用其实十分慎重。而亦是出于对"道德"的持守，古典舆论环境甚至推动造就了一种独特的以"不言"为表态的舆论方式，即隐士传统（eremitic tradition）的出现——隐士脱离世俗乃是为了超越世俗，从而表达他们自身的一种完美主义情结。[3] 而另一方面，对于统治者或者政治系统而言，舆论很可能会在对道德系统的非议基础上，进而导致政权体系的崩坏。因为与西方哲学视角所强调"每个人通过道德代理的所作所为"中的"道德"（moral）不同，中国传统的"道德"概念常常会归咎于"社会共同体做了什么"，[4] 在讲究"圣人德治"的君主体制下，社会共同体的"道德失格"很容易延伸到君主的"执政失格"，影响政权根基的稳定。按照 Reed 的观点，宋代以来的"新儒学"（Neo-Confucian orthodoxy）确立了政治权威是"圣人"的特权，官员的个人修行品质与政治等级挂钩。这就规定了一种明确的社会政治秩序。[5] 不过，值得注意的是，由于高阶位的执政者一直受到"圣人"教条原则的约束，这也在客观上导致了其面临的道德压力以及对舆论非议的恐慌。可以说，古代社会后期舆论压制程度之不断上升，与此不无关系。

正是基于舆论这种巨大而潜在的政治威胁，在社会抗争时期，舆论经常被地方军阀或起义领袖主动建构用以破坏现有秩序的合法性。三国时代，陈

---

[1] Harry, M.: *Opposition to the Donglin Faction in the Late Ming Dynasty*: The case of Tang Binyin, Late Imperial China, 2006, 27(2): 38-66.

[2] Cho, H.: *Public opinion as personal cultivation*: *A normative notion and a source of social control in traditional China.* International Journal of Public Opinion Research, 2000, 12(3): 299-323.

[3] Vervoorn, A.: *Men of the cliffs and caves*: *The development of the Chinese eremitic tradition to the end of the Han Dynasty*, Hong Kong: Chinese University Press, 1990.

[4] Lai, K.L.: *Confucian moral thinking.* Philosophy East and West, Vol.4, No.2: 249.

[5] Reed, B. W.: *Talons and Teeth*: *County Clerks and Runners in the Qing Dynasty.* Stanford, California: Stanford University Press, 2000: 2.

琳在《为袁绍檄豫州文》中，便是一开始先否定曹操一族的道德优越，意在"布告天下，咸使知圣朝有拘逼之难，"从而为战争制造舆论。与之异曲同工，骆宾王的《代李敬业传檄天下文》亦是以武氏自身经历为引，进而验证政权的非法，其"移檄州郡，咸使知闻"的舆论目的显而易见。面对古代社会"君君臣臣"的深刻观念，比起直接向君主王朝进行抗争诉求，上述舆论手段看起来或许更加行之有效。

　　大体而言，相较于在社会动荡时期，直接面对上层建筑的"抗争舆论"，在奉行"多一事不如少一事"的传统中国，舆论很少被用以实现日常生活中的"私人"利益诉求。在以"忠孝"为价值尺度的社会认证体系内，个人的利益和需求被认为不符合"君子之道"。并且，传统社会自有一套建立在"人情"与"关系"之上的传播系统①，此种系统弥补了舆论之缺席，成为用以协调、解决利益关系的常态。Utter 在研究古代中国人的诉讼观念时也发现，中国人平日总是尽量回避打官司，对私人权益的重视程度并不高。他将这种现象归结于三个因素：孔孟之道，法治信仰的缺乏以及强调小群体的社会共同体防御系统。②因而，强调公众意见的"舆人之论"其在"私域"的范围实则影响有限，反而是作为官方权力的"舆论监督"占据了封建王朝舆论传播的主流地位。

　　这种"舆论监督"的社会控制系统在始皇时代就已经呈现设计雏形：一方面，在民间开展大规模的社会言禁运动，另一方面，则通过御史监察制度等防止官员玩忽职守，即似乎试图依赖民间的"绝对控制"与上层建筑的"相对监督"来稳定政权。此后，虽然王朝历经更改，但这种社会控制模式的本质和功能都未有变化。③并且，还被通过进一步的制度建构所完善修补。Wilkinson 曾从中国古代教育出发，认为儒家道统的传统教育体系吸收并改造了原本属于"非精英个体"（non-elite individuals）的人们，强化了一种介于公共领袖和社会高阶地位之间的双向联结方式。④而魏特夫也以"一夫多

---

① Hwang, K. K. : *Filial piety and loyalty*: *Two types of social identification in Confucianism*. Asian Journal of Social Psychology, 1999, 2: 163-183.

② Utter, R. F. : Dispute resolution in China, Washington Law Review, 1987, Vol. 62, No.3: 383.

③ Tao, P.: *The Chinese Ombudsman and Control System*, St. John's Law Review, 1967, Vol.XLI, Issue 3: 363-364.

④ Wilkinson, R. H. : *The Gentleman Ideal and the Maintenance of a Political Elite: Two Case Studies: Confucian Education in the Tang, Sung, Ming and Ching Dynasties; and the late Victorian public schools (1870-1914)*, Sociology of Education, 1963, Vol.37, No.1: 9-26.

妻制"为例，探讨了东方专制主义的制度。其认为"一夫多妻制"能够使得君主利用独特机会使自己的血亲／姻亲获得显要的社会地位。[①] 这种以亲属为基础的等级附属关系，使得相当大一部分士族阶层被笼络于国家政治机器之中。上述研究都表明，古代社会通过制度运作团结了一批为数可观的权力精英，这些人共同构成了舆论监督的实质主导者，权力共同体由此凝结。因而，舆论，在中国历史中向来就作为官僚政治中的精英意见（elite opinion）而存在。[②] 这支以君主为核心，网络复杂的上层精英意见队伍，既保证着社会有效信息之流通与舆论控制，也共同支撑起了庞大中央帝国的系统运作。

总而言之，在梳理华夏舆论传播的过程中，我们可以发现，传统中国概念中的"舆论"与西方哲学自启蒙运动以来奉为圭臬的"舆论"（或"公众意见"）相比，两者在内涵上呈现出一定区分：西方所谓的"舆论"往往混合了关于自由、民主、法治、理性等诸多概念，是近现代公共领域意义上的观念集合体。因而，这种视野下的舆论十分注重"私人"利益的实现，其讨论舆论与政治机器之间的制约关系，其根本上乃是为实现"私域"利益不受侵犯，实现"自由人"的权利。而古代中国舆论往往强调对一个社会系统的道德评价，这种舆论对于现实政权的实质威胁更大，历来为统治者所恐慌，社会舆论政策之实施也多偏向为注重"防御"而非"疏导"。在整个历史发展时期，舆论皆受上层建筑的影响较大，并在后期集权政治的制度运作中逐渐调整为以上层建筑"舆论监督"为主导的舆论传播模式。这种舆论传播模式在近现代中国舆论环境中得到一定继承，但是，与之显著不同的是，市场经济的发展推动私有财产下独立"自由人"的出现，传统合并在"家天下"理念中的个体被分离出来。同时，现代意义上公共领域的成形和民主力量的强化，使得社会内部，尤其是中下层民众关于具体利益诉求的舆论声音日益扩大，这是古代社会所难以想象的局面，也是当代中国在政治体制改革和民主社会进程中，所面对的挑战、抉择与希望。[③]

（谢清果　王昀）

---

① 卡尔·A. 魏特夫：《东方专制主义》，徐式谷等译，北京：中国社会科学出版社，1989年，第325—326页。

② Judge，J.：*Public opinion and the new politics of contestation in the Late Qing□ 1904-1911*，Modern China，1994，Vol.20(1)：64.

③ 本序曾以《华夏舆论传播的概念、历史、形态及特征探析》为题发表于《现代传播》2016年第3期。

第一章　真命天子：华夏王权合法性
建构的舆论学视角

王权合法性的建构一直是古代统治者和士大夫阶层政治实践的重要内容之一，历史学与政治学等学科对此的研究较为深入，成果颇丰。我们希望立足传播学本位，采用舆论学的视角，重新考察中国古代王权合法性的建构路径，尝试为古代中国的研究提供另一种面向，同时也为拓展传播学自身研究范畴，锻造本土化传播理论做出有益的实践。我们的研究发现，中国古代王权合法性的建构常常包含四个舆论指向：天命而王的"神化"过程；得道而王的"圣化"过程；王必"神""圣"的"王化"过程；"水则载舟，水则覆舟"的"民化"过程。但是这些舆论并不独属于彼此割裂的不同时期，而是在历史脉搏中不断交融、消解、斗争、凸显下走向合流，最终汇成一种广泛而通达的王权舆论思想。

英尼斯（Harold Adams Innis）在《帝国与传播》（Empire and Communications）中提醒世人要从历史构建的"宏大模式"中，深挖"历史运行机制"，注意传播在帝国的扩张与文明的存续中的作用。[①] 因为"社会政治结构与传播结构存在着共协关系"[②]，即有什么样的政治机构，就会带来什么样的传播体制，进而这种传播体制直接表现着社会政治文化机制。从某种意义上说，"一个政府组织的存在方式，也就是他的传播方式"[③]。这其中牵涉到了传播学的一个重要研究领域——"政治传播"。所谓"政治传播"是指"特定政治共同体中政治信息扩散和被接受的过程。"[④] 他的含义包含两个方面，一是，"政治

[①]　哈罗德·伊尼斯：《帝国与传播》，北京：中国传媒大学出版社，何道宽译，2013年，"麦克卢汉序言"第19—29页。

[②]　孙旭培编：《华夏传播论》，北京：人民出版社，1997年，第33页。

[③]　陈谦：《中国古代政治传播思想研究》，北京：中国社会科学出版社，2009年，第233页。

[④]　荆学民，施惠玲：《政治与传播的视界融合：政治传播研究五个基本理论问题辨析》，《现代传播（中国传媒大学学报）》2009年4期。

信息"只能是"政治"的；二是，这种政治信息是在"扩散和接受"状态中的。因此，应在政治秩序的建立、维持、改变与政治运行等一系列政治活动中探讨政治传播。换言之，政治传播是基于政治需要而产生的统摄传播①。现代政治学理论认为，政治活动（包括政治传播）最基本的目的便是建立与维持自身权力的合法性。所谓合法性，即是"对统治者权力的承认"。②这表明统治者必须得到被统治者的同意才具有实行正当统治的理由。如果得不到这种认同，就失去权威，面临丧失政权的威胁。罗素（Bertrand Russell）指出，将权力封闭在无可指摘的绝对权威中，会带来合法性的危机，"权力必须被看作不断地从一个形态向另一个形态转变……想把任何一种形态的权力孤立起来的企图，一向是而且仍然是许多具有重大实际意义的错误的根源"。③简言之，把指涉权力的相关问题封闭在不可触碰的黑暗中是不可取的，而放置于开放的境地，争取世人对正当性的广泛认同，即获得一种舆论共识，应是获得合法性的重要方式。为此，罗素甚至认为："舆论是万能的，其他一切权力形态皆导源于舆论。"④

事实上，多数情况下获得政权合法性的过程都是曲折的，"很少有与生俱来的合法性政权，合法性政权都是经过或长或短的合法化过程而实现的"。⑤在中华民族五千余年的岁月变迁中，葛兆光先生甚至认为，所谓"华夏文明"，其实是逐渐由权力确立它的合法性与合理性，由权力将其扩张与辐射到整个中国，并由时间把它渐渐积淀成"历史"，皴染为"传统"。⑥权力获得合法化的过程，首要便是寻求舆论支持，获取民意、民心。喻国明认为，民意之所向，可以建设一切，也可以毁灭一切。一切社会竞争的事实（包括政治的、经济的、思想文化的等等）都昭示这样一条基本社会法则：谁能更深刻地了解、掌握和运用民意，谁就能在社会竞争中更多地"得分"，谁就能成为顺乎民心，合乎潮流，推动社会事业发展的杰出人物。在一定意义上说，人类自觉活动构成的文明史，就是"民意"地位不断被认识和提高的历

---

① 白文刚：《中国古代政治传播研究》，北京：中国社会科学出版社，2014 年，第 8 页。

② 让-马克·夸克：《合法性与政治》，佟心平、王远飞译，北京：中央编译出版社，2002 年，第 12 页。

③ 罗素：《权力论：新社会分析》，吴友三译，北京：商务印书馆，1991 年，第 4—5 页。

④ 罗素：《权力论：新社会分析》，吴友三译，北京：商务印书馆，1991 年，第 97 页。

⑤ 杨光斌：《政治学的基础理论与重大问题》，北京：中国人民大学出版社，2011 年，第 167 页。

⑥ 葛兆光：《中国思想史》（上），上海：复旦大学出版社，2009 年，第 131 页。

史。[①]回溯中华文明的历史进程，我们发现为维护自身合法性统治而进行的话语权争夺和舆论建构是所有统治者长久以来所孜孜追求的。华夏文明得以绵延不绝，存续五千余年的原因之一，正是建立在王朝更替、政权变革、社会动荡下传播依然得以正常运作，王权政治思想得以延续与发展的结果。因为，传播不仅仅是信息的传递，更是现实的建构。"传播是一种现实得以生产（produced）、维系（maintained）、修正（repaired）和转变（transformed）的符号过程。"[②]"舆论"作为一种重要的传播形态和传播方式，便具有改变现实的能力。不同时期对政权合法性的舆论都在不断建构着彼时的现实与当下的历史，解构与重构都可能为未来的重构提供一种凭借，造成著名史学家顾颉刚所说的"层累地造成"的后果。笔者认为，中国古代政治传播活动中，最重要的一项实践便是建构王权合法性的舆论。它包括：王权来自何处？何人可称王？王权将受到何种力量制约？王权的统摄边界是什么？等等。针对这些问题，千百年来古之为君者大致通过四种舆论建构的方式，将自身的王权置于一种相对安全的境地，即：王权的舆论"神化"，天命而王，君权神授；王权的舆论"圣化"，得道而王，圣人当王；王权舆论的"王化"，圣王合一，君神合一；王权舆论的民化：水则载舟，水则覆舟。正是这四种不断滋生、重塑、叠加的舆论在历史的洪流中实现消解、融合的，最终"层累"地造就了古代中国具有多重面向的王权思想。

第一节 天命而王：王权舆论的"神化"

东汉许慎《说文解字》中对"王"的解释为："王，天下所归往也。"《康熙字典》引用《广韵》解释："大也，君也，天下所法。""王权"是人世间最高统治者君王的权力，拥有裁定一切事务的最高法则的权力。但这种权力的赋予是后天派生性的，并没有生而有之的"王"，也没有毋庸置疑的权力承载者。因此，拥有绝对权力的王需要通过在世俗化的世界中获得一致性的认同，才能真正实现权力的合法性建构。这其中最常见的一种做法就是将王的权力（王权）绑定在更高层面上的天的权力（天命、天志）之上。而这种行为背后是中国古代历来已久、根深蒂固的"天命"信仰的支撑。

---

① 喻国明：《解构民意：一个舆论学者的实证研究》，北京：华夏出版社，2001 年，第 9 页。
② 詹姆斯·凯瑞：《作为文化的传播》，丁未译，华夏出版社，2005 年，第 28 页。

古代中国舆论中的"天"常常并非是一个实体的概念，而是具有人格化意味的世界主宰者，一个"有意志、有情感、无法彻底认识、只能顺应'道'与之和谐共处的庞大神秘活物"。[①]《尚书·泰誓》中说"惟天地为万物之母"，孔子也说："巍巍乎！唯天为大，唯尧则之。"（《论语·泰伯》）《史记》的开篇《黄帝本纪》中，也记载"顺天地之纪"。天不仅具有神性，而且具有人性，懂得将自身的意志传达给世间的具体某个人，而这个世俗中的个人，便承载上天的意志，化身为上天在人世间的代言人。君王作为世间实际权力的拥有者，为了彰显自身身份的特殊性（被上天选定之"人"），常常建构各种"天命而王""君权神授"的舆论，彰显自身统治的合法性。

一、君王称谓与身世的舆论神化

古代中国，君王常常以"天子"相称，而"天子"的称谓便是构建自身合法性的关键一步。"天子"意为"天之子"，具有"天"的意志与属性，自然而然地承载了"受命于天，代天施治"的责任。具体说来，"天子"具有三层含义和政治效力。其一，君权神授，王的所有一切，包括权力都是上天所赐。比如，董仲舒认为："王者天之所予也。"[②]"天者，百神之君也，王者之所最尊也。"[③]古代帝王（天子）也是神的化身，是具有神性的，君王的权力当然也是"神授"的。其二，以天为宗，将天纳为所属的派别和尊奉的客体。比如："君，天也。"[④]"君天下，曰天子。"[⑤]"天子惟君万邦，百官承式。"[⑥]其三，受命于天，承命施治，天子肩负起治理天下的责任和义务。比如《尚书》中所言："天子作民父母，以为天下王。"[⑦]总之，在这个神化的称谓下，王的权力都是先验性的，源于上天。董仲舒在《春秋繁露·为人者天》中论述到："天下受命于天子，一国则受命于君。君命顺，则民有顺命；君命逆，则民有逆命。故曰一人有庆，万民赖之，此之谓也。"[⑧]堪称对天子极致崇拜的代表。天子秉持天命，拥有无上权威，世间万物与之息息相关，不可分割。唐代以

---

① 江晓原：《天学真原》，北京：译林出版社，2011年，第9页。
② 董仲舒撰，陈蒲清校注：《春秋繁露·天人三策》，长沙：岳麓书社，1997年，第128页。
③ 董仲舒，陈蒲清校注：《春秋繁露·天人三策》，长沙：岳麓书社，1997年，第251页。
④ 左丘明撰，冀昀编：《左传》，北京：线装书局，2007年，第202页。
⑤ 戴圣撰，钱玄等注译：《礼记》，长沙：岳麓出版社，2001年，第42页。
⑥ 李民，王健：《尚书译注》，上海：上海古籍出版社，2012年，第168页。
⑦ 李民，王健：《尚书译注》，上海：上海古籍出版社，2012年，第222页。
⑧ 董仲舒，陈蒲清校注：《春秋繁露·天人三策》，长沙：岳麓书社，1997年，第183页。

后帝王的尊号、谥号大多以"统天""仪天""感天"之类的词皆表示帝王同天与天命之间存在特殊的关系，其实是通过这种方式强化君主自身的"天子"属性。

二、政权的获取与君王施政治国的舆论神化

当君王者一旦获得实质性的统治权时，还需补办另一道合法性的手续，即宣称自己的治世理政依照上天的旨意，是天命所为。《尚书·洛诰》中认为君王的统治是"奉答天命"的，《泰誓》中也明确提出："惟天惠民，惟辟（君主）奉天。"百姓"奉天""敬天"最好的方式就是"顺天"，服从上天的安排，既然君王的统治是天命使然，那么服从君王，就是服从上天，也是遵守"天志"与"天意"，这时君王的意志与上天的意志便合二为一了。值得注意的是，天子"天命"的身份不是一经获得就一劳永逸，需要在统治期间不断增持这种身份认可，否则权力就有被褫夺的危险。历史变革中的百姓揭竿而起，或是君王兴兵征伐平定四海，首要都是获得上天的允可，营造"师出有名"的舆论共识，这个"名"即是上天赋予的"法力"。《国语·鲁语下》有言："天子作师，公帅之，以征不德。"夏启征伐不服其统治的有扈氏，便做《甘誓》，声言"有扈氏威侮五行，怠弃三正，天用剿绝其命。"①周武王推翻商纣之后，即声称周是"膺更大命，革殷，受天明命"②，力图阐明周获得天下是顺应天命所为。

除了"奉天"之外，中国古代传统社会中的统治者还积极构建"运"的舆论。所谓"运"，可看作在上的"天"向在下的"人"的重心下移。"运"的本意是运动，旋转，《易·系辞》中说，"日、月运行。"老子认为主宰世界的"道"中便暗含"运"。庄子受此启发提出"天运"的概念，并作《天运》篇，但他的论述是对老子概念的延伸与再阐释，并没有跳出"运"原旨。将"运"与国家和个人的命运想勾连，做理论尝试的重要人物是战国后期的五行创始人邹衍，他提出"主运"概念，并将这种思想发展为阴阳五行主历史之变、朝代更替、帝王福祸以及国策调适等的五德终始说。但邹衍的"运"没有脱离"天"的辖制，是天之所运，本质上还是一种"天命观"。秦始皇泰山祭祀，封禅梁父，刻字于石碑，称"治道运行，诸产得宜，皆有法式"，认为

---

① 李民，王健：《尚书译注》，上海：上海古籍出版社，2012年，第88页。
② 司马迁：《史记》，北京：线装书局，2006年，第14页。

自己的平天下的功劳一方面因为"皇帝躬圣",更重要的是"遵奉遗诏",顺从世间的"运"而已。①东汉班固作《王命论》,专门论述帝王之"运世",又称"世运"。傅干作《王命叙》,论述了王命与天命的关系:"虽有威力,非天命不授;虽有运命,非功烈不章。"三国李康作《运命论》称:"夫治乱,运也;穷达,命也;贵贱,时也。故运之将隆,必生圣明之君。"朝代的更替都是应运而生,"夏殷承运,周氏应期"②,北魏献文帝将自己的政绩也归功于"世之所运"。"朕承洪业,运属太平"③。到了明朝,"奉天承运"成了皇帝昭告天下,书写文书的定语。可见,中国古代对"运"的舆论建构,已经深入到国家政权、社会运转、君王安康等各个方面,并成为它们的行为依据。但这里的"运"只与君主相关而与常人无缘,"运"可看作"天命"的变异,也是一种决定论。

事实上,"奉天"和"承运"代表了帝王的神圣性和不以意志为转移的客观性,也是王权合法性的最高标准。古代君主将自身绑定在不可窥探、不可言说的天与天志方面,通过将高高在上的"天"不断推离与拔高,营造自身不容置疑的权威性。马克思·韦伯(Max Weber)认为这是通过确立已久的传统型权威(traditional authority)获得其政权的合法性,"之所以能够有统治权,或者是因为他的家族一直有统治权,或者因为他是神所选中的,或者因为他是部族会议通过传统的仪式性形式选出来的。"④任继愈认为,包括中国哲学在内的一切哲学讲"天"的意义都在于探索天命与人事的关系。⑤刘泽华认为,中国古代对天的崇拜有着宗教的意义,天人合一带来了帝王的泛教主属性。⑥所谓"天人合一",在葛兆光先生看来,其实是"'天'(宇宙)与'人'(人间)的所有合理性在根本上建立在同一个基本的依据上……在这个背景中,延续和笼罩一个文化时代的知识和思想系统被建立起来,它在一段时期内会呈现出绝对的稳定性,在这个根基上,人们运用思考、联想和表述,知识与思想通过语词似乎完美地表达着世界的秩序和存在的秩序,因为在一个时代中,知识与思想总是需要而且拥有统一的秩序,但是一旦这种根基被

① 司马迁:《史记》,北京:线装书局,2006年,第31页。
② 房玄龄等:《晋书》,北京:中华书局,2000年,第321页。
③ 魏收撰,刘毅编:《魏书》,北京:北京燕山出版社,2010年,第44页。
④ 柯林斯,马科夫斯基:《发现社会之旅:西方社会学思想述评》,李霞译,北京:中华书局,2006年,204页。
⑤ 任继愈:《试论"天人合一"》,《传统文化与现代化》1996年第1期。
⑥ 刘泽华:《王权思想论》,天津:天津人民出版社,2006年,第7页。

动摇，秩序被搅乱，知识与思想就会失去理解和解释世界的有效性"。① 李泽厚认为，中国人"天人合一"的产生是人与自然，个体与群体的顺从、适用的协调关系。既包含着人对自然规律的能动地适应遵循，也意味着人对主宰、命定的被动顺从崇拜。② 简言之，"天人合一"带来了一种政治稳定性。

追求稳定性是所有政治实践的目标。西方世界也在试图建构一种神性化的王权舆论，而且这种建构在某种层面上更为彻底。西方基督教世界被称为"上帝的王国"，上帝与子民之间依靠一种忠诚的承诺维系。《圣经》中记载，神降恩与亚伯拉罕说话，并与之立约："我要与你并你世世代代的后裔坚立我的约、作永远的约、是要作你和你后裔的神。我要将你现在寄居的地、就是迦南全地、赐给你和你的后裔、永远为业。"（《创世记》第 XVII 章第 7、8 两节）"约"就是上帝赐予子民的一种权力约束，这约后来由摩西在西乃山下重新订立，并被浓缩成一种绝对化的权威，上帝谕示摩西对百姓说："如今你们若实在听从我的话、遵守我的约、就要在万民中作（特别）属我的子民、因为全地都是我的。你们要归我作祭司的国度、为了圣洁的国民。"（《出埃及记》第 XIX 章，第 5 节）然而，这种王权没有被降格到上帝的子民身上，比如上帝在回答撒母耳要求立一个王的请求时说："百姓向你说的一切话你只管依从，因为他们不是厌弃你，乃是厌弃我、不要我做他们的王。"（《撒母耳记上》第 VIII 章 7 节）由此可知，上帝本身就是他们的王。

上帝（基督世界实质的王）对"神性"的引渡常有两个指向，一是"圣子"，另一个"先知"，或者称为"大祭司"。"圣子"是圣父、圣子、圣灵三位一体下的第二位格，是上帝所发出的光辉，圣约翰称之为"道成了肉身"（《约翰福音》第 I 章，第 14 节），是上帝完整赋权的对象。先知，在《圣经》中意指将上帝的话传向人间的人，比如亚伯拉罕、摩西、撒母、伊利亚、以赛亚、耶利米等人即是先知。他们可进入至圣内殿，聆听上帝的垂训，获得关怀与指引。"你们中间若有先知，我耶和华必在异象中向他显现、在梦中与他说话……我要与他面对面说话，乃是明说，不用谜语，并且他必见我的形象。"（《民数记》第 XII 章，第 6、7、8 节）先知获取对神谕的解释权，引导他的子民尽忠于上帝："你们去站在殿里，把这生命的道都讲给百姓听。"（《使徒行传》第 V 章第 20 节）随后，这种权力逐渐衍化成为"教权"，到中

---

① 葛兆光：《中国思想史》（上），上海：复旦大学出版社，2009 年，第 47 页。

② 李泽厚：《中国古代思想史》，天津：天津社会科学出版社，2003 年，第 302 页。

世纪时达至高峰，教皇成为基督世界的实际统治者，而国家统治者须从教皇手中获取上帝赋予的权力，即通过一系列仪式性的宗教活动加冕为国王。中世纪著名神学家托马斯·阿奎那（Thomas Aquinas）认为教会和教皇的权威是不容质疑的，在《论王权》中，他建议君王自愿接受教会和教皇，君王必须接受超自然对于自然的优越，或精神对于世俗的优越，因此阿奎那宣布，君王必须服从神职人员，尤其是神职首脑教皇。[①] 基督教中对"圣"的舆论建构更偏向向于"神性"层面，而有别于中国古代舆论所建构的可通过悟道修为而达至"圣"的"道性"层面。英国政治学家托马斯·霍布斯（Thomas Hobbes）认为"圣"必须"神圣"才可称之为"圣"，他直言："'圣'和'专有'两词在上帝的王国中也必然是意义相同的……一个人的生活如果虔诚到仿佛已经放弃一切尘世念头，全心全意地献身于神的话，便也称为圣者。"[②] 霍布斯的观点宗教意味很浓，而且一个人能否放弃"一切尘世念头"，什么才是"全心全意地奉献"的标准，本身也值得商榷。从某种意义上说，基督教历史中更加强调个人圣性进阶过程中上帝的作用是最重要的，因为"国度、权柄、荣耀，全是你的，直到永远"（《马太福音》第六章 13 节 B）。直到 16 世纪开始的宗教改革，加尔文主义者推崇马丁·路德（Martin Luther）的"因信称义"说，主张个人"完全的无能力"（Total inability），上帝拣选的"无条件选择"（Unconditional election），个人只有接受"不可抗拒的恩典"（Irresistible grace），才能实现"有限的代赎"（Limited atonement）。这种宗教观实践上看似解放了教廷对个人的束缚，萌发了马克斯·韦伯笔下的资本主义精神，但确也把上帝推向了更高更远之处，在赋予上帝更大权力的同时，也带来了更多的不可知性。

　　笔者看来，东西方文化如此迷恋的建构权力"神话"，一面在于受制于早期社会的科技水平和认识能力，另一个方面则是神性外衣带来的权力先验性与绝对性，而且这种可以模糊化而又充满神秘色彩的倾向规避了很多现实问题，因而也很难找到针对性攻击的切入口。或者说，神化王权舆论实则是在回避现实世界的质疑。值得一提的是，只靠"神话"构建的权力合法性常常不具有长久的稳定性。在梁漱溟看来，"所谓宗教的，都是以超绝于知识的事

---

① 哈维·C. 曼斯菲尔德：《驯化民主》，冯克利译，北京：译林出版社，2005 年，第 109 页。

② 托马斯·霍布斯：《利维坦》，黎思复、黎廷弼译. 北京：商务印书馆，1985 年，328 页。

物，谋情志方面之安慰勖勉的"。①一切宗教式的东西都有其相通之处的特质："超绝"与"神秘"。"超绝"意为"感觉做未接"，"理智所不喻"，或可统称为"外乎理智"，而神秘更是理智不喻的。宗教的非理智性很难被信任，因而"在人类生活上难得稳帖和洽"。②当附着在权力上的神秘主义色彩逐渐褪色之时，权力的合法性建构必然要寻求一种更自洽的话语，比如由"神"向"圣"的舆论让渡。

第二节　圣人而王：王权舆论的"圣化"

中国古代，当"神化"的王权舆论由于不可触碰的虚无与绝对性在历史的进路中逐渐受到质疑之时，这时"得道而王""圣人当王"便成了一种新的舆论指向。春秋战国时期，社会动荡，如何用贤济世和治国安邦成为突出问题。人们也逐渐体悟到："国将兴，听于民；将亡，听于神。"③"是以圣王先成民而后致力于神。"④现实世界中亟迫问题要求人们从祭天敬神中短暂抽离，实践理性的需要将神性排挤到身后，复杂的社会环境和广阔的舞台带来了"圣人"地位的提高。因此，在用贤使能的浪潮中，"圣"被凸显出来，"圣人"化作人类的救星。那么圣人何以才能带领指引迷途中的大众脱离苦海？首要的问题便是圣人获得世俗世界的政治权力进而为王的问题，并由此衍生出"为何是圣人""圣人何为"等疑问。这一时期，摆在诸子们和其他士人群体面前的问题是如何将圣人推至王位，即如何完成圣、道、王三者关系的舆论建构，如何完善圣人"悟道"而成圣人，圣人"行道"而为天下王的逻辑。

一、首先，圣人与道存在紧密联系的舆论建构

圣人之所以为"圣"，是因为圣人知晓常人所不知的天理运行的法则和世间万物的奥秘，而这恰是"道"的旨指所在。道存于世高于人突出了道的超然性，但将道落实于人就与"圣"或"圣人"发生了关系，体现了道的实在性。圣人与道之间不是简单映射关系的建构，而是通过三种方式建构起更为紧密的关系：其一，将圣人视为道之原，认为天地万物的道发源于圣人。比

① 梁漱溟：《东西文化及其哲学》，北京：商务印书馆，1999年，第96页。
② 梁漱溟：《东西文化及其哲学》，北京：商务印书馆，1999年，第98—99页。
③ 左丘明撰，冀昀编：《左传》（上），北京：线装书局，2007年，第71页。
④ 左丘明撰，冀昀编：《左传》（上），北京：线装书局，2007年，第28页。

如，《易·说卦》曰："昔者圣人之作《易》也……以立天之道，曰阴与阳；立地之道，曰柔与刚；立人之道，曰仁与义。"《中庸》也有言："大哉，圣人之道！洋洋乎发育万物，竣极于天。"其二，认为道高于圣人，独立于天地之间，圣人与凡人的区别只是捕捉与体悟道的多寡而已，所以才有"体道""中道""得道"等词。比如，《易·象传》中说："观天之神道，而四时不忒；圣人以神道设教，而天下服矣。"这里的道源自"上"（天），圣人则来自"下"（地），两者是由高下之别的。其三，将道与圣看作平等的对象，两者皆是孕育天地万物不可或缺的要素，相互完善，相互促进。如《国语》中所言："天地生之，圣人成之"，"天因人，圣人因天；人自生之，天地形之，圣人因而成之。"又如《易·象传》所言："天地之道，恒久而不已也……圣人久于其道，而天下化成。"庄子则说："圣有所生，王有所成，皆原于一。"（《庄子·天下》）所有的言论都表明，"道"无所不在，统摄万物，"道可道，非常道"，道又是变幻莫测，难以捉摸的，也唯有圣人能在最高层级上，洞悉攫取世界的"元语言"，进而成为得道之人，通达于天地万物。

二、其次，圣人具有"行道"之责的舆论建构

既然圣人与"道"之间存在着千丝万缕的紧密关系，圣人作为"道"的代言人，有义务法天行道，将天道引渡人间，践行"体道"之用。老子崇尚形而上的抽象，认为能凭借直观感觉察事物之本、运动之律，通晓万物之道的人才是真正的"得道"之人，才可堪称圣人。"圣人不行而知，不见而名，不为而成。"[1]（《道德经》第四十七章）圣人行道，以"无为"之道治世，"是以圣人之治，虚其心，实其腹，弱其志，强其骨。常使民无知无欲，使夫智者不敢为也。为无为，则无不治。"（《道德经》第三章）"圣人在天下，歙歙焉，为天下浑其心，百姓皆注其耳目，圣人皆孩之。"（《道德经》第四十九章）孔子则认为："所谓圣者，德合天地，变通无方，究万事之终始，协庶品之自然，敷其大道而遂成惰性，明立日月，化行若神，下民不知其德，睹者不识其邻。此圣者也。"[2]（《孔子家语·五议》）这种言论下的圣人"通晓万物之道"，具有理性精神。从某种意义上说，圣人是理性的化身，不仅"悟道"，还能"施道"，即"博施于民而能济众"[3]（《论语·雍也》）。"施道"即是圣人

---

① 王弼：《老子道德经》，北京：中华书局，1985 年，第 43 页。
② 冯国超编：《孔子家语》，长春：吉林人民出版社，2005 年，第 37 页。
③ 杨伯峻：《论语译注》，北京：古籍出版社，1958 年，第 69 页。

治世，秉天道而施之于民向下传递的过程。换句话说，这时圣人已经开始行治世之实了。

三、再次，圣与王紧密相连的舆论建构

圣人践行"道"的义务需加冕"王"的称谓，赋予一种政治权力。为此，荀子提出"尊圣者为王"："天下者，至重也，非至强莫之能任；至大也，非至辨莫之能分；至众也，非至明莫之能和。此三至者，非圣人莫之能尽。故非圣人莫之能王。圣人备道全美者也，是县天下之权称也。"[1]（《荀子·正论》）《荀子·解蔽》又曰："圣也者，尽伦者也；王也者，尽制者也；两尽者，足以为天下极矣。故学者以圣王为师，案以圣王之制为法，法其法，以求其统类，以务象效其人。"墨子笔下，"选天下之贤可者，立以为天子"（《墨子·尚同上》），亦有对圣人为君称王的论述。

圣与王存在一种紧密的联系，或者说圣与王形象的合一，体现在"圣王"舆论的出现。"圣王"一词最早现于《左传·桓公六年》："圣王先成民而后致力于神。"并散见与诸子的著作中，尤以《墨子》为甚，"圣王"一词屡现："故古者圣王之为政，列德而尚贤。"[2]（《墨子·尚贤》）"故古者圣王，明知天鬼之所福，而辟天鬼之所憎，以求兴天下之利，而除天下之害。"（《墨子·天志》）因圣而王，圣人为王，打通了道德、知识和权力之间的通道，为王权的合法性提供了一个重要依据，逻辑上出现了谁是圣人，谁可称王的舆论。儒家著作中多次出现圣王的记载，如"圣王不作，诸侯放恣，处士横议，杨朱、墨翟之言盈天下，天下之言，不归杨则归墨。"[3]（《孟子·滕文公下》）孟子认为"圣王"的显现是荡涤天下，疏通仁义之道的重要途径。荀子肯定圣人、圣王之间的相通性，认为个人只要好学善为，不仅可以成为圣人，也有可能成为圣王："通则一天下，穷则独立贵名。"（《荀子·儒效》）从某种意义上说，这里的"圣王"都寄托了诸子们的道德理念与执政方略，是其心中理想化君主形象的投影。

孔子身后的儒家学者，多尊孔子为"王"。比如宰我认为孔子"贤于尧舜远矣"，而尧舜是公认的圣王，孔子既要比尧舜还贤德伟大，那理所应当也应列入圣王之列。荀子说："孔子仁知且不蔽，故学乱术足以为先王者也。"（《荀

① 梁启雄：《荀子简释》，北京：中华书局，1983年，236页。
② 孙诒让：《墨子间诂》，上海：上海书店出版社，1986年，第26页。
③ 杨伯峻：《孟子译注》，北京：中华书局，1962年，第155页。

子·解蔽》)《孟子·公孙丑上》云:"昔者子贡问于孔子曰:'夫子圣矣乎?'孔子曰:'圣则吾不能,我学不厌而教不倦也。'子贡曰:'学不厌,智者;教不倦,仁者。仁且智,夫子既圣矣!'"孔子自言并非圣人,但在子贡那里,孔子是"仁且智"的圣人。孔子有帝王之德而未居帝王之位,虽孔子无官职、土地与人民,但王势依然存在,因此被后世儒学者尊称为"素王"。释迦牟尼未曾到过中国,更无半点政治权势,却被中国的佛教徒尊称为三界的"空王"。无论是"素王",还是"空王"都可看作后人对得道却没能行王权之人的一种惋惜,通过追谥的方式弥补这种缺憾。

圣、王、王权三者之间关系的舆论建构下,王权合法性逐渐由"天命而王"逐渐转向了"得道而王"。这两者体现了统治者寻求自身合法性不同的路线,前者崇尚神性,要从神那里获取权力;后者则崇尚理性,要通过人的自我完善,政通人和的功业为合法依据。因为政治不只是一个强制占有社会权力的过程,更涉及一个形而上的问题,即通过所谓的"坐而论道"的方式把握"道"的高度,若成为君王、明主(统治者),首先就要"体道""悟道",和道之间构造一种亲密的关系,而且还要践行"行道"之责。简言之,即"法天地",实现"天道、地道、人道及三者的合一"①。

汉娜·阿伦特(Hannah Arendt)指出:"为权力的行使赋予合法性的权威必须来自一个在权力领域之外的东西,并且像自然法或上帝律令一样,必须不是人为的。"②西方世界亦有类似"圣人为王"的论述。比如,柏拉图在《理想国》中构造的"哲学王"。他把希望寄托理性能够处理社会生活中各种关系,构建一个稳定的政治体系上,希冀乌托邦式的、体现在哲学王身上超脱于俗世的理性精神能够演变成一种强制工具,实现政治性的统治。在《理想国》《政治家篇》与《法律篇》中,他通过哲学式的"伟大政治对话"尝试对大量关系模式进行引导,比如主人和奴隶、水手和船客、医生和病人以及牧羊人和羊群等。从历史实践看,柏拉图的努力并没有实现哲学家对城邦的"权威",也没有获得汉娜·阿伦特所说的"超外"的权力。

事实上,无论是"圣人为王"还是"哲学家为王"的舆论建构,都是理性精神参与政治活动的理想化实践。但不同的是,中国古代并没有把西方式的理性精神,直接付诸政治实践,而是把这种理性("圣")做两方面的努力,

---

① 刘泽华:《王权思想论》,天津:天津人民出版社,2006年,第8页。

② 汉娜·阿伦特,《过去与未来之间》,王寅丽、张立立译,南京:译林出版社,2011年,第114页。

一是"虚化"，二是"内化"。"虚化"是指将理性精神虚化为一种"道性"与"德行"，这种精神不是法律条例，也不是政治制度，而是指个人内心或行为的一种约束力，所以不具强制性。因而这种避其锋芒的"虚化"方式巧妙地避开了政治行为中极易产生的倾向性和制度性攻击，得以在复杂诡谲的权力斗争下，畅行无阻，"圣王之为政，列德而尚贤"是统治者所持有的共识。所谓"内化"，是指将这种理性精神内化于个人身上，而不苛求以柏拉图为代表的西方世界追求的哲学家为政，并抱有能够实现获得"永久和平"的幻想。中国古代舆论中倡导内化个人良知、品行，追求"德性"（与西方的理性精神相对，中国式的"理性"）而为圣的思想，也是儒家学士所建构的核心命题。孟子在性善论中提出"四端"与"良知"之说，人皆有之的恻隐、羞恶、恭敬和是非之心，通过后天的努力达至完备。"尽其心者，知其性也。知其性，则知天矣。存其心，养其性，所以事天也。殀寿不贰，修身以俟之，所以立命也。"（《孟子·尽心上》）《大学》中认为，治国为目，修身为纲，"物格而后知至，知至而后意诚，意诚而后心正，心正而后身修，身修而后家齐，家齐而后国治，国治而后天下平"。[1]《中庸》则曰，"赞天地之化育"的能力在于"至诚"与"尽性"。朱熹批解道："天下至诚，谓圣人之德之实，天下莫能加也。尽其性者德无不实，故无人欲之私，而天命之在我者，察之由之，巨细精粗，无毫发之不尽也。"[2]"天下至诚"的关键在于圣人，不在于人如何作用于自然，而在于人如何达至圣人，如何获得"圣人之德之实"。"圣人之德，浑然天理，真实无妄，不待思勉而从容中道，则亦天之道也。"[3]除了"至诚"，还需要"尽性"，而"尽性"的关键还在于"至诚"，因为"至诚惟能尽性，只尽性时万物之理都无不尽了"。[4]王阳明在朱熹的基础上，建构了自己的心性哲学，对"圣人"观，做进一步的内化，认为"心之良知之谓圣"[5]，"君子之学，惟求得其心。虽至于位天地，育万物，未有出于吾心之外也"。[6]正如周敦颐在《养心亭说》中所言："贤圣非性生，养心而至之，养心之善

---

① 朱熹：《四书章句集注》，北京：中华书局，1983年，第3页。
② 朱熹：《四书章句集注》，北京：中华书局，1983年，第33页。
③ 朱熹：《四书章句集注》，北京：中华书局，1983年，第31页。
④ 黎靖德编：《朱子语类》，北京：中华书局，1985年，第381页。
⑤ 王守仁撰，吴光等编校：《王阳明全集》紫阳书院集序，上海：上海古籍出版社，1992年，第214页。
⑥ 王守仁撰，吴光等编校：《王阳明全集》紫阳书院集序，上海：上海古籍出版社，1992年，第239页。

有大焉如此，存乎其人而已。"成圣的关键在于"养心"，即先为"人"，后至"圣"。经由宋儒们的不懈努力，中国古代形而上的"圣"的精神内核逐渐"内化"与"虚化"，一步步走向形而下的"人"这个载体。

第三节 "圣""神""王"合流：王权舆论的"王化"

早期的舆论中，圣是对王的一种内在要求，王需要具备"圣"的品行。但两者之间的关系是分离的，圣人可以不为王，但是王一定要具有"圣"的内在属性，即道性、德性、品性等。如前文所论述，这时的圣人是理想中的完美的人，他们都具有通晓万物变化规律，"明君守始以知万物之源，治纪以知善败之端"①（《韩非子·主道》），又能洞悉政治的治乱与兴衰，"圣人者，明于治乱之道，习于人事之终始者也"。②（《管子·正世第四十七》）圣人虽可"审于是非之实，察于治乱之情也"（《韩非子·奸劫弑臣》），也可代表芸芸众生与天对话，"参于天地，并于鬼神"③（《礼记·礼运》），但并不意味着圣人必能为王。事实上，"圣人为王"更多是现实困境下对理想社会幻想的产物，在孔子看来，也唯有"尧舜"才可堪称圣王。

但是，在漫长的历史变迁中，王权舆论再次出现转向，"王"者逐步开展对"道"的垄断，即对"圣"的占有（即"圣化"），并将其内化为一种先天属性和个人品质。如此，只有真正的圣人才能成为真正的王，成了王的人，就当然也是圣人。这时的舆论开始了由"王应得道，王须是圣人"的应然状态转化为"王必得道，王必圣人"的必然状态。比如在诸子的论述中，称那些著名的先王都是圣王，"帝德广运，乃圣乃神"，"古之治天下者必圣人"④。贾谊也提出："君之为言也，考也。故君也者，道之所出也。"⑤董仲舒甚至认为，"道，王道也。王者，人之始也"⑥，道和王本属一家。

具体来说，王权舆论的圣化的过程是通过把王权、认识、道德和行为准则合而为一，使君主制度及君权绝对化。君道同体是圣化所共有的思维方式。道，概言之，即宇宙的本原和法则以及各种理想化的社会政治规范。"圣人

---

① 张觉等：《韩非子译注》，上海：上海古籍出版社，2007年，第31页。

② 管仲：《管子》，长春：吉林人民出版社，2005年，第318页。

③ 戴圣撰，钱玄等注译：《礼记》，长沙：岳麓出版社，2001年，第304页。

④ 王聘珍：《大戴礼记解诂》，北京：中华书局，1983年，第184页。

⑤ 贾谊撰，卢文弨校：《新书》，北京：中华书局，1985年，第95页。

⑥ 董仲舒撰，陈蒲清校注：《春秋繁露·天人三策》，长沙：岳麓书社，1997年，第53页。

者，道之极也。"①圣王操持着道，掌握着自然和社会的各种必然性。秦人称秦始皇"圣智仁义，显白道理"②，既具有智慧，又有仁爱之心。陆贾说："天生万物，以地养之，圣人成之。功德参合，而道术生焉。"③这种人"统物通变"，当然最是载道的，"故杖圣者帝"。贾谊说："夫帝王者，莫不相时而立仪，度务而制事，以驯其时也。"④成为帝王的人无不是"相时"而"制事"的，所谓的"相时"即是载道之人的体现。古代君王被称为"圣上"，使圣与王一体，君与道统一，从圣人为王的角度把君主专制说成了逻辑的必然。圣化的实质是憧憬和信仰某种绝对化的个人权威，对圣的认同，其最终归宿依然是皈依王权。刘泽华先生认为，"（王权）只要与圣发生联系，便具有不可怀疑和超越的性质。"⑤这点和马克思·韦伯所说的"卡里斯玛（Chrisma）"式的强权人物有某种相通性，他们都具有超自然的力量与品质和与生俱来的带有某种神圣性。

更进一步，当王者将神化（自身受"神性"加持）舆论和圣化舆论统一时，集神、圣、王色彩于一体的君王便实现了对权力话语权的垄断。秦始皇在荡平六国、一统天下的后，宣称说："吾慕真人，自谓'真人'"，而"真人者，入水不濡，入火不蒸，陵云气，与天地久长。"真人其实就是"得道"的仙人。秦始皇在总结自己的丰功伟业时，强调自己是"体道行德"，"今皇帝并一海内，以为郡县，天下和平。昭明宗庙，体道行德，尊号大成"。自己是"体道"的实践者，自己的胜利也是"道"的胜利。⑥于是，自己被称为"秦圣""大圣"；自己的旨意被称为"圣旨""圣令""圣喻"；自己的施撒的恩惠，被称为"圣恩"；自己的决断被称为"圣断""圣决"；自己的功业政事被称为"圣治""圣业"。诸如此类以圣称王的语词不胜枚举。自秦始皇以降，历朝历代的皇帝言必称圣，这种自上至下"舆论一律"的行为方式，深刻影响了国人的王权观念。杨向奎先生指出："古代，在阶级社会的初期，统治者居山，作为天人的媒介，全是'神国'，国王们断绝了天人的交通，垄断了交通上帝的大权，他就是神，没有不是神的国王。"⑦

---

① 司马迁：《史记》，北京：线装书局，2006年，第33页。
② 司马迁：《史记》，北京：线装书局，2006年，第34页。
③ 陆贾：《新语》，沈阳：辽宁教育出版社，1998年，第1页。
④ 贾谊撰，卢文弨校：《新书》，北京：中华书局，1985年，第110页。
⑤ 刘泽华：《王权思想论》，天津：天津人民出版社，2006年，第52页。
⑥ 司马迁：《史记》，北京：线装书局，2006年，第33页。
⑦ 杨向奎：《中国古代社会与古代思想研究》，上海：上海人民出版社，1962年，第163页。

西汉时期，以董仲舒为代表的士子们，采用两种舆论构建的方式逐步完成圣化与神化结合，再次将君王的地位拔高。第一次是"唯天子授命于天"下彰显王的独特地位。董氏认为，王具有"拨乱世，反诸正"的效力。"王者皇也，王者方也，王者匡也，王者黄也，王者往也。是故王意不普大而皇，则道不能正直而方；道不能正直而方，则德不能匡运周遍；德不能匡运周遍，则美不能黄；美不能黄，则四方不能往；四方不能往，则不全于王。"①王之所为有此能力，是因为感应了上天，而且只有王才可承接"天道"。人间的君主"上承天之所为，而下以正其所为，正王道之端云尔。"②但是，这时候的王虽然地位极高，但并不能随心所欲，还要依存天道、天命、世运等来治理社会。第二次是"王道通三"下"天地人主一也"。《春秋繁露·王道通三》中，董氏指出："古之造文者，三画而连其中，谓之王。三画者，天地与人也，而连其中者，通其道也。取天地与人之中以为贯而参通之，非王者孰能当是？是故王者唯天之施，施其时而成之，法其命而循之诸人，法其数而以起事，治其道而以出法，治其志而归之于仁。仁之美者在于天。天，仁也。"③董氏通过对"王"字的解析，创造性地将天道、王道、地道与人道混杂于一体，董氏这种精心而为之的"混通"式演绎，将王道推到了天道的高度。许慎的《说文解字》完全沿用董氏的这种说法，并引孔子的"一贯三为王"来强调"王者参通天地人"。④更有甚者，董氏认为王还可以超越天的制约，"人主立于生杀之位，与天共持变化之势，物莫不应天化"，不再"屈于下"，而是与天并肩，"共持变化之势"，"天地人主一也"。⑤在这里，中国古代所遵循的"天人合一"的重心便转化为了"天王合一"。汉武帝"罢黜百家，独尊儒术"，推崇董仲舒的敬天、尊王的思想，通过"皆绝其道，勿使并进"的方式，使"辟邪之说灭息"，"舆论一律"的压力下规训人们的思想，惩罚"异端"思想的萌芽，王权舆论得以稳固。⑥张分田认为，汉武帝的独尊儒术标志着一次重大文化选择的完成，以儒为宗下，中华帝制及统治思想已基本完成。⑦

① 董仲舒撰，陈蒲清校注：《春秋繁露·天人三策》，长沙：岳麓书社，1997年，第170页。
② 董仲舒撰，陈蒲清校注：《春秋繁露·天人三策》，长沙：岳麓书社，1997年，第183页。
③ 董仲舒撰，陈蒲清校注：《春秋繁露·天人三策》，长沙：岳麓书社，1997年，第192页。
④ 许慎撰，徐铉校定：《说文解字》，北京：中华书局，2013年，第3页。
⑤ 董仲舒撰，陈蒲清校注：《春秋繁露·天人三策》，长沙：岳麓书社，1997年，第192—194页。
⑥ 班固：《汉书》卷五十六《董仲舒传》，郑州：中州古籍出版社，1996年，第784页。
⑦ 张分田：《民本思想与中国古代统治思想》（上），天津：南开大学出版社，2009年，第188页。

唐宋以降，"道统"舆论的出现，也带来了王权的圣化与神化。韩愈在《原道》中认为："由周公而上，上而为君，故其事行；由周公而下，下而为臣，故其说长。"从周公以上，得道之人都在上做君王，因而道能够在具体事务中推行；从周公以下，继承道的都是做臣子，所以道在他们的学说中得以弘扬，无论是君王行道还是君子弘道，都是国家必不可少的。韩愈并没有提及道统与君王政治孰高孰低的问题，但他并没有跳出君王至上的怪圈，认为道与君王两者兼备，才可实现合理的统治："有圣人者立，然后教之以相生养之道；为之君，为之师，驱其虫蛇禽兽而处之土中。""是故君者出令者也，臣者行君之令而致之民者也，民者出粟米麻丝、作器皿，通财货以事其上者也。"[①]牟宗三先生指出，韩愈描述尧禹汤文武周公至于孔子的"道统"传承，看似表彰了古代"圣王"，实则是将传统意义上的"圣王"直接等同于儒家所遵从的"圣人"。[②]

宋明时期，张载、程颐、程颢、朱熹、陆九渊等人对"道统"都有过论述，但他们都将"道统"逐渐转向"道学"，注重对心、性、理等思想的追求与阐发。正如余英时所言，这是一个"内圣外王兼得"与"内圣独存"的过程。[③]儒家学者希望"道统"之说，实现对王权的规训，"以道抗势"下"得君行道"。然而，现实的情况是宋儒们通过对思想的不断调适，退守于"道也""德也"的内圣之域，也逐渐臣服在"通神而圣"的王权身影下。[④]

及至清代，舆论中出现"道统"与"治统"合二为一的现象，王权合法性再次被强固。所谓"治统"，或曰"政统"，即帝王一统天下的制度。清初大儒王夫之否定"舍君天下之道而论一姓之兴亡"的史论，他认为君王之道极其重要。"天下所极重而不可窃者二：天子之位也，是谓治统，圣人之教也，是谓道统。"治统本应该归属"天子"，倘若不幸落在异族人、小人之手，则"天地不能保其清宁，人民不能全其寿命"；倘若"道统"被窃取，必"受罚于天，不旋踵而亡"。[⑤]君王的统治权具有比肩"道"的至高权力，而且君王是载道之人，是社会稳定，国家昌盛的象征，"德足以君天下，功足以安黎

---

① 吴调侯，吴楚材编：《古文观止》，北京：华夏出版社，1998年，第369—372页。
② 牟宗三：《心体与性体》（上），上海：上海古籍出版社，1999年，第12页。
③ 余英时：《朱熹的历史世界：宋代士大夫政治文化的研究》，北京：三联书店，2004年，第13—18页。
④ 白欲晓：《圣、圣王与圣人——儒家"崇圣"信仰的渊源与流变》，《安徽大学学报（哲学社会科学版）》2012年第5期。
⑤ 王夫之：《船山全书》第10册《读通鉴论》，长沙：岳麓书社，1996年，第479页。

民，统一六宇，治安百年，复有贤子孙相继以饰治，兴礼乐，敷教化，存人道，远禽兽，大造于天人者不可忘，则与天下尊之，而合乎人心之大顺"。[1]一言以蔽之，"依道而治"变成了"依王而治"。王权的合法性无法质疑，只好将治统希望寄托在君王对道统的践行上，只要治统永存，道统也将永续。林毓生先生认为，传统儒者对于道统与政统（治统）的认识存在着分歧，但是，"他们从未怀疑作为理想的'内圣外王'的合理性……政教合一理想的合理性与作为文化中心象征与社会中心象征，秉承天命在结构上体现政教合一的天子制度，在传统中国从未崩溃"。[2]

总之，将世人对"天"的崇拜，引入对"道"的敬畏，通过拔高"圣道一体"中的圣人的形象，进而凸显"圣王相通"下兼具"圣人"属性的王的光辉。古代王权的合法性，看似是由"天"，到"道"，再下自"圣"，最终出于"人"（王）的权力不断下放的过程，实则是隐蔽的反向巩固自身合法性的实践。原因大致有二：其一，将对敬天祈神宗教仪式下不可得的"天意""天志"信仰转移至对万物之本的"道"的追求，而这种"道"可感、可悟（体道、悟道），有时也可衍变成指导某种行为或活动的规律（如言谈之道、交往之道，"道"的本意即为规律），具有可接近性。其二，圣人载道，圣王相通，在王即圣人的舆论建构中，拔高圣人形象，也等同于反向提高自身的光辉形象。此外，圣人非神，个人通过后天的修为与努力，亦可达至圣人境界。君王作为"天子"，为君之时，恩施百姓、惠泽天下，便更能体现其圣人之实。如此，形成了逻辑上的自洽。如果说"王权神授"具有某种感性色彩的话，那么"圣者当王"其理性色彩无疑更为突出。因而，在这种舆论的构建合法性政权的过程中，王权的根基愈加庞大而牢固。刘泽华认为，君王在构建统治秩序时，多半是先把天人化，然后又以天为依据论证他们所认定的社会秩序是合理的、必然的。也就是说，多半是先把主观客观化，再把客观主观化，其特点是主观和客观循环论证，主观与客观混为一体。而在主观的因素中，又不是人人相同的，其中帝王（还有圣人）扮演着主要角色，起着决定性的作用，或者说，这种秩序根本上就是为帝王而设的。[3]王权披裹着的"圣化"与"神化"外衣再次被不断强化，地位不断被推高，在这一个转化过程中，形成了毋庸置疑的绝对权威。表面看来这是对王进行的制度改造与道德约束，

---

[1] 王夫之：《船山全书》第 10 册《读通鉴论》，长沙：岳麓书社，1996 年，第 852 页。
[2] 林毓生：《政治秩序与多元社会》，台北：联经出版事业公司，1989 年，第 19—24 页。
[3] 刘泽华：《王权思想论》，天津：天津人民出版社，2006 年，第 2 页。

实质上当王占据"圣"与"神"的属性后，便实现了王权合法性的再一次舆论强固。

第四节　"水则载舟、水则覆舟"：王权舆论的"民化"

李冬君指出："王权的理性化总是适可而止的，圣王一旦在理性化的过程中实现了对必然性的垄断——圣道同体，理性化便会裹足不前，因为彻底的理性化最终必将否定王权。这样王权便从理性化转向神秘化。从实际的政治过程来看，王权不仅需要理性的解释，而且需要神秘主义的非理性因素的参与。秦汉大一统以后，随着'王化'的完成，统治者已餍足了理性，转而寻求神秘化，这样'神化'就取代了'道化'而成为当时政治和文化的中心问题。"[①] 笔者赞同李冬君关于圣道同体后理性精神对王权掣肘的描述，也认可其"王化"的政权不可能从一而终的观点，但并不认为王权舆论只有转向"神化"一种路径。回溯历史，我们发现这种路径还有可能转向"与民分权"的实践。

事实上，不管是王权舆论的"神化""圣化"还是"王化"都可以看作君王为实现自身合法性的自主建构过程。君王并没有把"民"看作王权是否合法的决定者，而是把民众悬置在一个"使民""愚民"的角色地位，最终目的还是希望获得广泛的舆论支持，进而实现更加稳固的统治。王权舆论的建构看似是不断下移式的分权，其实并没有将权力真正的赋之于民，或者改变民众的地位。如果说前三种舆论建构是一种收紧权力的取向，那么第四种舆论建构则是扩散权力的取向，即王权舆论的"民化"转向。这种舆论建构路径，突破了王权在封闭中自我塑造的窠臼，作为古代中国统治者为实现政治合法性构建的一次有益尝试，让王权舆论在与民互动的实践中获得了权力建构的广泛基础。具体说来，古代君王与士人阶层大致通过三种方式逐步实现王权舆论的"民化"过程。

一、"帝天之命，主于民心"：王权"天与之"与"民与之"的舆论建构

首先，天立君为民的舆论建构。古代舆论中多次涉及"立君为民"的言论。孟子引《泰誓》曰："天佑下民，作之君，作之师。"君主之所以得到上

---

① 李冬君：《孔子圣化与儒者革命》，北京：中国人民大学出版社，2004年，第128页。

天的保佑，是因为他是百姓之师的特殊身份。在《孟子·梁惠王下》中，孟子进一步阐明君主特殊身份下的使命是，"惟曰其助上帝，宠之四方"，即君主作为上天对万民施行恩宠的一个中介，上天的恩惠最终落实到民而非君身上。这样王的地位被削弱了，民的重要性被凸显了。《尚书·洪苑》中，有"天子作民父母以为天下王"，《后汉书》中也有"万民者，天之所生"，上天爱其子民"犹父母爱其子"等论述。"天下王"是"民父母"，如果做不到爱民如子，就违背了上天眷顾民的初衷，便失去了作为王的权力。对于民来说，不管王是为师、还是为父母，都可看作君为民而设，即"天生民而立之君"①。正如荀子所言："天之生民，非为君也。天之立君，以为民也。"（《荀子·大略》）亦如朱熹对孟子"民为贵，社稷次之，君为轻"之言的批解："盖国以民为本，社稷亦为民而立，而君之尊，又系于二者之存亡，故其轻重如此。"②明代大儒黄宗羲提出"天下为主君为客"，他认为"臣之与君，名异而实同"，因此主张"立君为民"，设官分职，应"为天下，非为君也，为万民，非为一姓也"。③

其次，民意等于天意的舆论建构。这种舆论凸显百姓是神明的主人，神明听从百姓的意志。早在《尚书》中就多次出现这种论调，比如："天棐忱辞，其考我民。"④"天矜于民，民之所欲，天必从之。"⑤"天聪明，自我民聪明。天明威，自我民明威。达于上下，敬哉有土。"⑥这里将百姓的意愿等同为天的意愿，国家兴亡，依照神的旨意，也需按照百姓的民意，即"国将兴，听于民；将亡，听于神；神，聪明正直而壹者也，依人而行。"⑦《尚书·多士》曰："惟我下民秉为，惟天明畏"，意思是下界人民的所做所为，代表了上天的扬善惩恶和上天威严的命令。换句话说，民心即天心、民意即天意。

最终，王权依赖于民的舆论建构。孟子认为"天子不能以天下与人"（《孟子·万章上》），尧传位于舜，也非个人意愿所决定，而是"尧荐舜于天而天受之，暴之于民而民受之"。"使之主祭，百神享之"，就会"天受之"；"使之主事而事治，百姓安之"，就会"民受之"。然而，"百神享"很难得知，"民

---

① 左丘明撰，冀昀编：《左传》（上），北京：线装书局，2007年，第339页。
② 朱熹：《四书章句集注》，长沙：岳麓书社，2008年，第504页。
③ 黄宗羲：《明夷待访录译注》，北京：中华书局，1981年，第1—3页。
④ 李民，王健：《尚书译注》，上海：上海古籍出版社，2012年，第248页。
⑤ 李民，王健：《尚书译注》，上海：上海古籍出版社，2012年，第195页。
⑥ 李民，王健：《尚书译注》，上海：上海古籍出版社，2012年，第38页。
⑦ 左丘明撰，冀昀编：《左传》（上），北京：线装书局，2007年，第71页。

享"却又可以实在地显露。因而在孟子这里，君权的"天与"，实际上就是"民与"，王权最重要的就是"民受之"。"舜之相尧，禹之相舜也，历年多，施泽于民久"，尧舜禹之所以能承接王位，是因为施惠于民，得道了民众的认可。商鞅也认为"尧舜之位天下也，非私天下之利也，为天下位天下也。"①《尚书·康诰》中周公劝诫康叔说，文王之所以为王，是因为他的这些德行被上天知晓，才被委以大命。"惟乃丕显考文王，克明德慎罚；不敢侮鳏寡，庸庸，祗祗，威威，显民。""惟时怙冒，闻于上帝，帝休，天乃大命文王。"因此，为王者最重要的是要做到遍求先贤圣哲的教导，让百姓生活安乐，发挥上天的大德，才可以"不废在王命"。周公认为"用康保民""宏于天"，这是古之圣贤的遗训，君王须谨遵恪守。《尚书·多方》亦云天之所以降命于商汤，也是因为成汤"罔不明慎法"，"乃劝厥民"，"天惟时求民主，乃大降显休命于成汤，刑殄有夏"。西周提出的"天命不与常"，到了春秋则进一步明确为"社稷无常奉，君无常位"②。"与常"与"不与常"，"常位"与"不常位"，皆以民的态度为转移，这就从哲学的高度进一步提升了民的地位。由"天立君为民"到"民意即天意"的舆论建构下，民与天实现了勾连。君之为民即是为天，君权神授（君权天授）即是君权民授，最终将君王的王位确立在"天与之"和"人与之"共同作用的结果下。因此，为君者揣度民心，安保百姓的职责比天还要大，需要的是要不停地去完成的王命，只有不断地追求为民、利民，获得民众的认同和舆论的支持，才能拥有更具合法性的权力（王权）。

二、"民惟邦本，本固邦宁"：庶民是王权稳固根基的舆论建构

中国古代的舆论中，多次论及民心或者民意所向是国家与政权（包括君王王权）稳固的政治基础。《国语·周语下》中记载，大禹治水"疏川导滞，钟水丰物，封崇九山，决汩九川，陂鄣九泽，丰殖九薮，汩越九原，宅居九隩合通四海"。由于泽披万物，"惟殷于民"，所以"民无淫心"，得到民众的拥护。《尚书·康诰》中，周公告诫康叔要"敬德保民"："丕则敏德，用康乃心，顾乃德，远乃猷，裕乃以；民宁，不汝瑕殄。"君王只有彰显内心的诚意，不忘记德行，不要被不当的道理蒙蔽，人民就会珍重他。"勿替敬，典听朕告"，恪守爱民尊民的思想，才能"以殷民世享"。这里暗含了民对君制约

---

① 商鞅：《商君书》，长春：吉林人民出版社，2005年，第113页。

② 左丘明撰，冀昀编：《左传》（下），北京：线装书局，2007年，第635页。

的思想。《史记·殷本纪》引《汤诰》曰："人视水见形，视民知治不。"民是水，君只有在水中看见自己的倒影，才能知道自身的本来面目来喻指民作为君王政治活动好坏的评价标准。"国之兴也，视民如伤，是其福也。其亡也，以民为土芥，是其祸也。"①"国之将兴，其君齐明、衷正、精洁、惠和，其德足以昭其馨香，其惠足以同其民人。神飨而民听，民神无怨。"②君、民、国，三者休戚相关。

古代舆论中，多次出现庶民在国家与政权中的占据重要地位记载。比如，鲁哀公问政于孔子，孔子明确回答说："为政在人"。《礼记》中记载："古之为政，爱人为大。"孟子曰："保民而王。"（《孟子梁惠王上》）韩非子说："凡治天下，必因人情。"（《韩非子·八经》）墨子认为，评判君王一切是非曲直的标准就是"本于古帝王之事"，"原察百姓耳目之实"和"观其中国家百姓人民之利"。（《墨子·非命上》）《大戴礼记》中，认为"重社稷故爱百姓"，就能"兵革不动而威，用利不施而柔"，实现国家和平。

君王在治理国家时不但要重视民，更要保护民和爱护民。在孔子看来，爱民的表现是要推行"仁政"，即君主要"敬事而信，节用而爱人，使民以时"（《论语·学而》），而仁政的落脚点还是在民身上。孟子继承和发展了"仁政"的思想，孟子在回答梁惠王如何实现国家强盛时，劝告君王要"施仁政于民"：只有"省刑罚，薄税敛，深耕易耨"，才可以"壮者以暇日修其孝悌忠信，入以事其父兄，出以事其长上"，最终实现"使制挺以挞秦楚之坚甲利兵矣"（《孟子·梁惠王上》）。朱熹认为，孟子倡导的君王为民而推行"仁政"之举，是导致百姓"尊君亲上而乐于效死也"③的原因。因为，"民之归仁也，犹水之就下，兽之走圹也"，因此"天下之君有好仁者，则诸侯皆为之驱矣"（《孟子·离娄上》）。总之，"行仁政而王，莫之能御也"（《孟子·公孙丑上》）。

孔孟仁政的核心是"以人为本"，只有推行仁政，君王才会吸引更多圣贤之士的辅佐，社会才能有道。所以，孔子提出："邦有道，则仕；邦无道，则可卷而怀之"（《论语·卫灵公》）。孟子进一步认为，君臣之间的关系是共生互利的："君之视臣如手足，则臣视君如腹心；君之视臣如犬马，则臣视君如国人；君之视臣如土芥，则臣视君如寇仇。"（《孟子·离娄下》）倡行"仁政"，不仅能俘获庶民阶层的民心，也将获得士人阶层的辅佐与支持。

---

① 左丘明撰，冀昀编：《左传》（下），北京：线装书局，2007年，第681页。
② 左丘明：《国语》，长春：时代文艺出版社，2009年，第：20页。
③ 朱熹：《四书章句集注》，长沙：岳麓书社，2008年，第280页。

三、"政之所废，在逆民心"：民意所怨是王权消亡缘由的舆论建构

中国古代舆论中，将王权的合法性完全寄托在民众身上，最为代表的言论当属孟子所说的"得乎丘民而为天子"（《孟子·尽心下》）。天子所做一切的目的就是"得乎丘民"，"得丘民"就是"得民心""得民意"，只有"得民心者得天下"，否则"失民心者失天下"。管子说："政之所废，在逆民心。"（《管子·牧民》）当君王失去民心之时，他的王权自然也会殆尽。

商纣"俾暴虐于百姓，以奸宄于商邑"，以致"诞惟民怨"，武王"恭行天下之罚"，于是殷就"既坠厥命"了。《左传》昭公三十二年记载，"社稷无常奉，君臣无常位，自古以然"，这就像"高岸为谷，深谷为陵"一样，是"天之道也"。太史墨认为害民之君（鲁君）客死异乡是符合天道的：鲁君"世从其失"，昭公"世修其勤"，"民忘君矣"，因而昭公取而代之，发生地位上的转化，"社稷无常奉，君臣无常位，自古以然"。君王没有固定不变的权力与地位，"三后之姓，于今为庶"。① 吕不韦在《吕氏春秋》反复劝诫君王要得"民心"："凡举事，必先审民心然后可举。"② 《贵公》中言："昔先圣王之治天下也，必先公，公则天下平矣。平得于平……天下非一人之天下也，天下之天下也。"③ 倘若失去民心，便会失去天下。贾谊在《新书·保傅篇》中总结秦亡教训，认为秦人之所以"亟绝"，是因为："其轨迹可见也，然而不避，是后车又覆也。"国家显露出民怨，但为君者视而不见，避不作为的结果。所以"夫民者，万世之本，不可欺……与民为敌者，民必胜之"④《后汉书·隗嚣传》。隗嚣发布的讨伐檄文亦称："百姓襁负流亡，责在君上。既安其业，则无责也。"⑤ 意在强调百姓流离失所是君主的无能与失责，不配拥有王权。明儒黄宗羲感慨之："天下之治乱，不在一姓之兴亡，而在万民之忧乐"⑥。

其实，古代中国舆论中表达君民关系最生动的比喻当属"舟水"之喻。这种说法，最早见于春秋时期，后经由士人的倡导而逐渐被接受为中国传统政治文化的一种隐喻。《荀子·哀公》中："且丘闻之，君者，舟也；庶人者，水也。水则载舟，水则覆舟，君以此思危，则危将焉而不至矣？"《孔子家语·六本第十五》中，孔子曰："舟非水不行，水入舟则没；君非民不治，民

① 左丘明撰，冀昀编：《左传》（下），北京：线装书局，2007年，第635页。
② 吕不韦等撰，冀昀编：《吕氏春秋》，北京：线装书局，2007年，第173页。
③ 吕不韦等撰，冀昀编：《吕氏春秋》，北京：线装书局，2007年，第19页。
④ 贾谊撰，卢文弨校：《新书》，北京：中华书局，1985年，第91页。
⑤ 范晔：《后汉书》，长沙：岳麓书社，2008年，第186页。
⑥ 黄宗羲：《明夷待访录译注》，北京：中华书局，1981年，第4页。

犯上则倾。"刘向在《说苑·复恩》中，将君与臣的关系比作舟与水："吾闻之，天子济于水，造舟为梁，诸侯维舟为梁，大夫方舟。方舟，臣之职也，且敬太甚必有故。"①《后汉书·皇甫张段列传》中，东汉名将皇甫规以"贤良方正"之名义，向梁太后提出治国建议，也引用了"舟水"说："夫君者舟也，人者水也；群臣乘舟者也，将军兄弟操楫者也。"②皇甫规主张君民相依，亦如舟水相赖，贤君名臣应铭记这一道理，重视民众的力量，尊重群民。及至唐代，魏征在《贞观政要·论政体》再次提及："君，舟也；人，水也。水能载舟，亦能覆舟。"③在《谏太宗十思疏》中，魏征进一步劝诫君主李世民要"畏人言"，并提出了"载舟覆舟，所宜深慎"的论断。唐太宗说："天子者，有道则人推而为主，无道则人弃而不用，诚可畏也。"由舟水之喻可窥知古代君王对于民心、民意的态度。

"以人为本""立君为民"等舆论的出现，代表着"民本思想"的形成，但它既没有弃置"君本"而形成独立的理论体系，也没有脱离君权而展开独立的政治实践，实际上是一种系统论证、全面规范君主制度的思想，依然属于官方意识形态的范畴。正如张分田先生所言，"民本思想"只是中国古代统治思想的另一种表达方式。④

结　语

所谓政治，就是建立合法的社会/生活秩序。⑤一个制度的充分有效，必须具有适用于整个政治空间的普遍有效性和政治意图的得以完全传递的通达性。一个权力无法涉及的"法外之地"的存在，必是后续一切混乱和无序的根源。在此逻辑下，一种广泛而通达的王权舆论建构，实现自身统治的稳固和洽是古代中国历代君王所不倦追求的。不管是君主的"神化""圣化""王化"或者"民化"都可看作君主与追随君主统治的士人阶层为获取广泛的舆论支持而开展的政治传播实践，舆论的建构是中国古代政治运作的重要部分。

① 刘向撰，卢元骏注释：《说苑今注今译》，天津：天津古籍出版社，1977年，第182页。
② 范晔：《后汉书》，长沙：岳麓书社，2008年，第767页。
③ 吴兢编著：《贞观政要》，长沙：岳麓书社，1991年，第20页。
④ 张分田：《民本思想与中国古代统治思想》（上），天津：南开大学出版社，2009年，第1—2页。
⑤ 赵汀阳：《天下体系：世界制度哲学导论》，南京：江苏教育出版社，2005年，第21页。

　　值得注意的是，这些王权舆论思想并不处于彼此割裂、绝无关系的不同时期，也不是逻辑层面上单向度的演进过程，而是在历史岁月脉搏中，强势舆论与弱势舆论不断交融、消解、斗争、凸显的漫长演变与律动的过程，但无论如何，再强势的舆论都很难使思想变得整齐划一，孱弱微茫的火光在意识形态与政治权力的干预下从历史大幕的喧哗中退场，但退却并不代表消失。葛兆光先生坦言，无论哪一种被压抑的思想（舆论），"只要后来的生活世界出现类似的语境，它又常常被有心人回忆出来，就会再度复活并滋生膨胀，成为历史中的思想资源。"① 正是由于这些王权舆论思想在历史的光影中不断复活，反反复复地交叉、重叠与镌刻，最终形成了古代中国胎生暗结，根深蒂固的王权思想。

（张丹　谢清果）

---

① 葛兆光:《中国思想史》（上），上海：复旦大学出版社，2009年，第131页。

第二章 禅让传位：华夏舆论的制度形态

　　本章另辟蹊径从舆论学的角度探讨禅让制度，试图将禅让制视作中国古代舆论的一种特殊形态来考察，本研究是历史学和传播学的一次跨学科领域研究的尝试。为了让读者能够更清晰理解禅让制的相关研究，这里首先从禅让制的研究、中国古代舆论研究以及禅让制和其他学科交叉研究这三个方面对以往文献进行简单梳理。

第一节 禅让制研究的文献回顾

一、有关禅让制的研究

　　禅让制是一种"非血统继承制"产生国家领导人的制度，也是中国独有的一种国家最高权力的转移方式。古往今来，禅让制一直是一个重要且具有争议的议题，其中一个非常重要的研究视角就是有关禅让制真伪的问题。从先秦诸子百家到民国大家，直至当今学者都有相关论述。郭沫若在《中国古代社会研究》中指出"禅让制是原始社会民主选举酋长的制度"[①]。相当于肯定了禅让制的真实性，钱穆在《唐虞禅让说释疑》也持相似的观点，但是顾颉刚在《秦汉的方士与儒生》中则认为禅让制是墨家鼓吹出来的故事[②]，否定了禅让制的真实性。近年来，随着郭店楚简和上博简的出土，禅让制的真实性得到越来越多学者的认可，出土文物结合传世文献也成为学者新的研究视角。如罗新慧的《〈容成氏〉、〈唐虞之道〉与战国时期禅让学说》[③]，梁韦弦的

[①] 郭沫若：《中国古代社会研究》，北京：人民出版社，1954 年，第 83—85 页。
[②] 顾颉刚：《秦汉的方士与儒生》，上海：上海古籍出版社，1998 年，第 149—150 页。
[③] 罗新慧：《〈容成氏〉、〈唐虞之道〉与战国时期禅让学说》，《齐鲁学刊》2003 年第 6 期。

《郭店简、上博简中的禅让学说与中国古史上的禅让制》[①] 和彭邦本的博士论文《先秦禅让传说新探》[②]，等等，都有相关论述。无论作为一种政治制度的禅让制是否真实存在，但禅让制下的舆论现象均是有史可考的，也为笔者研究提供了大量文本资料。

除了有关传说时代禅让制真伪性的讨论，西汉以降禅让实践也成为学者的研究对象。郑杰文的《禅让学说的历史演化及其原因》就将历史上的禅让实践和禅让学说进行了区分[③]，徐冲在《"禅让"与"起元"：魏晋南北朝的王朝更替与国史书写》[④] 一文中对西汉至魏晋南北朝的禅让事件进行了梳理，同样有此贡献的还有王强的《"篡逆"还是"禅让"——史学视角下的"新莽代汉"与"汉魏故事"》[⑤]，可见，无论是传说时代的禅让学说还是后世的禅让实践，在研究中都有其重要地位。因此，二者都将成为笔者研究过程中的重要史实来源。

二、有关中国古代舆论的研究

有关中国古代舆论的研究，就不得不提林语堂先生的《中国新闻舆论史》[⑥] 一书，先生梳理了中国古代几次舆论高潮的发展与特点，证明了我国古代的官方报纸虽不具备反映舆论、引导舆论的作用，但舆情在中国古代确实存在，打开了对中国古代舆论研究的大门。有从整体对中国古代舆论进行概览的，如谢清果、王昀的《华夏舆论传播的概念、历史、形态及特征探析》[⑦] 一文通过回溯传统华夏舆论传播活动，进而探究中国当代舆论传播机制如何成形。也有学者以小见大，如邱江波的《从舆论学角度看中国古代谏诤现

---

① 梁韦弦：《郭店简、上博简中的禅让学说与中国古史上的禅让制》，《史学集刊》2006年第3期。

② 彭邦本：《先秦禅让传说新探》，四川大学博士学位论文，2006年。

③ 郑杰文：《禅让学说的历史演化及其原因》，《中国文化研究》2002年第1期。

④ 徐冲：《"禅让"与"起元"：魏晋南北朝的王朝更替与国史书写》，《历史研究》2010年第3期。

⑤ 王强：《"篡逆"还是"禅让"——史学视角下的"新莽代汉"与"汉魏故事"》，《郑州大学学报（哲学社会科学版）》2013年第2期。

⑥ 林语堂：《中国新闻舆论史》，北京：中国人民大学出版社，2008年。

⑦ 谢清果，王昀：《华夏舆论传播的概念、历史、形态及特征探析》，《现代传播（中国传媒大学学报）》，2016年第3期。

象》①和李晓瑞的《政治谣谚:中国古代社会一种重要的舆论形态》②,都具体探究了中国古代某一社会活动的舆论学意义。

同时,从时间上看,有关中国先秦时期的舆论研究也不少见,夏保国的博士论文《先秦舆论思想探源》③和发表的文章《试论虞夏时代氏族舆论力量的蜕变》④都通过传世文献和考古材料对上古时期的舆论现象展开研究。可见,"舆论"一词虽然是舶来品,但是在中国漫长的历史长河中,舆论现象一直存在。史文静在《近现代中国"舆论"语义内涵的演变》⑤一文中对"舆论"语义内涵演变进行了历史性梳理,作为公众意志或是中国士大夫阶层参论国事的意见表达虽然在不同历史时期呈现出不同的具体形态,但绝不能否认其舆论性质,这也证明了我们从舆论学角度研究禅让制有其价值和科学性。

三、跨学科视角下的禅让制

禅让制特殊的性质及其丰富的内涵决定了对禅让制的研究从来不是史学家的专利,特别是 21 世纪以来,涌现了大量针对禅让制的跨学科研究,涵盖了政治学、文化学乃至人类学等方方面面,其中以政治学为最。如杨永俊的《禅让政治研究》⑥,肯定了禅让制的政治价值;刘明涛的《在历史与理想之间:对〈史记〉中尧、舜、禹时期政治形态的解读》⑦从儒家民本思想,反映了儒家在政治制度方面的构想,还有陈浩宇的《禅让制的蝴蝶效应与政治发展》⑧和《西晋既得利益集团执政理念与政策失误分析》⑨,等等。除了大量从政治学角度出发研究禅让制的文献和著作,还有文化学方面胡明权的《"禅让说"文化品格解读(上、下)》⑩,法学视角黄晓平的《禅让制与传统中国政权危机化

---

① 邱江波:《从舆论学角度看中国古代谏诤现象》,《社会科学家》1991 年第 3 期。

② 李晓瑞:《政治谣谚:中国古代社会一种重要的舆论形态》,《新闻爱好者》2007 年第 2 期。

③ 夏保国:《先秦舆论思想探源》,吉林大学博士学位论文,2009 年。

④ 夏保国,刘金友:《试论虞夏时代氏族舆论力量的蜕变》,《黑龙江社会科学》2013 年第 1 期。

⑤ 史文静:《近现代中国"舆论"语义内涵的演变》,《国际新闻界》2015 年第 2 期。

⑥ 杨永俊:《禅让政治研究》,北京:学苑出版社,2005 年。

⑦ 刘明涛,高民政:《在历史与理想之间:对〈史记〉中尧、舜、禹时期政治形态的解读》,《探索与争鸣》2005 年第 11 期。

⑧ 陈浩宇:《禅让制的蝴蝶效应与政治发展——禅让制开启的政治制度发展与政治思想发展的互动》,《渤海大学学报(哲学社会科学版)》,2010 年第 1 期。

⑨ 陈浩宇:《西晋既得利益集团执政理念与政策失误分析》,《兰台世界》2015 年第 3 期。

⑩ 胡明权:《"禅让说"文化品格解读(上、下)》,《康定学刊》1996 年第 3 期。

解——基于宪法视角的考察》①，人类学方面陈心林的《"金枝国王"：禅让制起源的人类学阐释》②。

可见，有关禅让制跨学科的研究呈现出多样性的特点，但是从舆论学角度对禅让制进行研究在学界尚是空白，而禅让制所蕴含丰富的舆论内涵，使得笔者认为有在此领域进行深耕的必要。但是，将禅让制放置在舆论学视角下进行研究，也有不少难度，上述所提及的研究成果和研究视角，都将为笔者进一步研究提供基础和参考，此次跨学科研究的新尝试是在前人研究的"肩膀"上完成的。

第二节 舆论学意蕴下的禅让制

从舆论学角度对禅让制展开研究，是基于中国古代舆论传播的特殊语境下进行的。因此，对中国古代舆论传播情况进行钩沉、整体上把握很有必要。同时，作为一次跨学科的新尝试，厘清禅让制与舆论之间的关系是进一步开展研究的基础。

一、中国古代舆论传播：舆论形态的特殊性和多样性

"舆论"是西方语境下"public opinion"一词的汉译词，往往用来形容在行政领域之外，依社会、经济、政治形势而出现的，影响政治决策的集体性看法。"舆论"一词虽然是舶来品，但舆论概念在中国历史上却是由来已久。起初，"舆"在古汉语中作"车、乘"解，如《道德经》中"虽有舟舆，无所乘之"就是此意。同时"舆"还有"众、多"之意，如《左传·僖公二十八年》中"听舆人之诵"，《晋书·王沈传》中"自古圣贤，乐闻诽谤之言，听舆人之论"都是作"众人"解。"舆论"作为一个词组，最早见于《三国志·魏·王朗传》中"没其傲狠，殊无入志，惧彼舆论之未畅者，并怀伊邑"，此时的"舆论"代表了公众的言论和意见，十分接近西方"public opinion"之意。可见，作为"公众意见"表达的舆论现象在中国古代并不罕见，

不过，这种"舆论"与现代传播学所议"舆论"有所差别。由于中国古代并没有通常理解的报纸等表达舆论、传递舆论的大众媒介，因此中国古代

---

① 黄晓平：《禅让制与传统中国政权危机化解》，北京：中国政法大学出版社，2012年。

② 陈心林：《"金枝国王"：禅让制起源的人类学阐释》，《西南民族大学学报（人文社会科学版）》2014年第12期。

的舆论通常以一种极具中国特色和历史特征的特殊形态存在。同时，作为与政治密切相关的舆论，伴随中国古代封建政治的不断发展，舆论生态环境也呈现出一种生动丰富的面貌。此外，在对中国古代的舆论梳理中，笔者发现，中国古代的舆论活动有着鲜明的阶级特征，士大夫阶层与老百姓有着各自不同的舆论形态和舆论传播方式。这些因素共同决定了中国古代舆论形态的特殊性和多样性。

在以往学者研究中，提及的中国古代舆论形态主要有谏鼓，采风，谏诤，谣谚，出现在乡校、太学等公共空间以知识分子为主体的城镇舆论；官刻典籍等出版舆论，等等。这些没有现代新闻媒介作为传播介质的公共意见，其"舆论"性质往往是隐藏在其外在功利作用之下的，如谏诤的政治意义和采风、谣谚的文学意义，因此也常常被称为特殊的舆论形态，他们虽然无法产生现代舆论广泛而深刻的效力，但在当时均产生了不小的社会影响，对于注重道德和声誉的中国古代统治者来说，往往能产生巨大的威慑力量。因此，我们对于中国古代舆论的研究不应拘泥于现有的定义，而应将其放置在特殊的历史条件和社会背景中具体考察，正确认识中国古代特殊的舆论形态。

二、唯物史观下禅让制的舆论性质

禅让制是中国古代政权的一种转移方式，"禅"意为"在祖宗面前大力推荐"，"让"指"让出帝位"，是一种"非血统继承制"产生国家领导人的制度。其中，最为人们津津乐道的禅让实践是尧舜禹"禅让"的历史传说，它反映了上古中国的民主制度。事实上，严格意义上的禅让制应该在夏朝之前就结束了，后世的更多是一种禅让形式。形式上，禅让是在位君主自愿进行的，是为了让更贤能的人统治国家。通常，禅让是将权力让给异姓，这会导致朝代更替，称为"外禅"；而让给自己的同姓血亲，则被称为"内禅"，不导致朝代更替。作为一种国家最高权力过渡的政治制度，禅让制的舆论学意义又是如何解读呢？

首先，一个完整、合法的禅让通常包含了3个阶段，即受禅者掌握政治权力、提升政治地位阶段，受禅仪式阶段和禅让结束之后的善后阶段，一次禅让实践实则是一个长期的过程，在此过程中，利益各方的博弈不仅仅表现在政治力量、军事力量的较量，还体现在舆论场上的角逐。因此，禅让活动有着丰富的语义内涵，而在不同阶段涌现的内容各异的舆论活动，则为禅让制附着了作为舆论形态的特殊性质。

其次，笔者结合了中国历史上的一些禅让事件以及史学家对于一些"禅让"行为的争议（如"新莽代汉"究竟是篡位还是禅让）发现，表面上作为一种王权和平过渡的禅让制度，其实背后隐藏着政治的血雨腥风（甚至包括上古时期，究竟是不是和平的权利过度因为资料太少都是不可考的），其作为一种理想的政权更替方式已经脱离最初的含义，更像是新的掌权者用来证明自身政权合法性的外衣，并传播给百姓，还通过史学家的记录传给后世，对外传递出一种确实存在或者捏造出来的民意，那么这种信息的传递就像是一种舆论力量，更像统治者利用或者亲自制造的一场舆论。由此可见，将禅让制作为一种特殊的舆论形态有其科学性和合理性，能从舆论学的角度把握其历史意义和作用。

此外，如前所述，从舆论学对禅让制进行把握的根本问题在于我们如何定义、看待中国古代舆论，如果我们不能秉持历史唯物史观，结合历史环境对禅让制进行历史的研究，而是一味地用现代舆论传播理念去套接、研究中国古代禅让行为，用现代人的舆论观去观照中国古代的禅让状况，结果只会是如入森林而不见树木。事实上，禅让过程中的舆论活动是非常活跃的，无论是传世文献还是出土文物都有着丰富的文本材料可供研究，笔者将在下一章对此进行具体梳理阐述。

第三节　作为舆论现象的禅让制历史形态

禅让制的起源、发展几乎贯穿了整个中国古代史，其大致可以分为两种形式：一是传说时代的"以德传德"模式，即权力在圣贤、大德者之间传递，如尧舜禹的禅让传说；二是秦汉以降"有德代无德"的模式，有德之人取代失德君主成为新的统治者，如汉魏禅让。禅让形式的多样性，决定了在不同的历史条件和社会背景下，作为舆论力量的禅让有其不同的历史形态。

一、传说时代：作为影响禅让进程重要力量的舆论

在上古传说时期，关于尧舜禹时期的政治理想式禅让是否存在一直存有质疑，《荀子·正论》记载了荀子的疑问："夫曰尧舜禅让，是虚言也，是浅者之传，陋者之说也。"[①]《韩非子·说疑》记载战国末的韩非的言论道："舜逼尧，

---

① 《荀子·正论》，见王先谦《荀子集解》，北京：中华书局，1988 年。

禹逼舜，汤放桀，武王伐纣，此四王者，人臣弑其君者也。"① 不仅否认了"禅让"之事，还说舜和禹继承帝位，是"臣弑君"的结果。墨家提倡"尚贤"，直接鼓吹"禅让"。儒家"祖述尧舜"，也对"禅让"大加宣扬。

可见，有关上古时期的禅让实践在史学界是一直存在争议的，但是在百家争议和历史记载中，我们总能发现舆论的影子。首先，传说时代的禅让实则是让辟制度。即通过民主推荐，初步确定帝位候选人，然后通过各种各样的考查，对其品行和能力进行全面的考核和鉴定，拟定为帝位继承人，使其摄政锻炼并进一步考察。当上一代君王逝世，天下守孝三年后，将政权还于"法定"继承人（上代君王的亲子，习惯上的继承人），之后根据民意所向确定真正的下一代君王。民意和舆论在此过程中发挥着非常重要的作用。以尧舜禹时期为例，《史记·五帝本纪》中记载，尧在选择继位人提出"悉举贵戚及疏远隐匿者"，于是，众人推荐了舜，理由是"舜年二十以孝闻"，"闻"字就体现了舜当时拥有良好的舆论评价，并且传播效果显著，这为舜获得了继承人候选人的资格。此后，在舜接受考察的过程中，民间舆论场中不断涌现关于舜优良品质的言论，在此舆论的引导下，出现了"诸侯朝觐者不之丹朱而之舜，狱讼者不之丹朱而之舜，讴歌者不讴歌丹朱"② 的社会现象，舜自然而然成为新一任的继承人。在舜传位禹的过程中，也出现了"天下诸侯皆去商均而朝禹，禹遂即天子位"的舆论现象。在这一时期，舆论通常是以口语传播的形式出现，人们口耳相传或是形成相对稳定的歌谣、谚语，这种来自氏族部落的舆论力量还是非常强大的，往往能左右受禅人选。

二、西汉以降：作为禅让附庸的舆论力量

如果说传说时代的舆论对禅让实践起着一种比较主动、积极的推动作用，那么伴随着中国封建帝制的不断发展，中央集权的不断加强，舆论对于禅让的影响力量被不断削弱，舆论作为禅让选择的前提基础逐渐演变为在禅让过程中出现的所谓民心民意，甚至有不少学者认为，这种公民意见实际上是受禅者对民意操控的结果，虽不尽然，但这也表明统治者在舆论中主体地位的提高。这一时期禅让中的舆论形态不仅表现为来自民间的议论和意见，还有来自官方舆论场的意见表达。

---

① 《韩非子·说疑》，见陈奇猷《韩非子集释》，上海：上海人民出版社，1974年。
② 司马迁：《史记》卷一《五帝本纪》，延吉：延边人民出版社，1995年。

如前章所述，中国古代的士大夫阶层是古代舆论表达的重要力量。在禅让过程中，知识分子阶层也在制造舆论、传播舆论中扮演着重要角色。西汉以降的禅让有一个共同点就是受禅者在接受禅位之前往往会谦拒一番，此时群臣就会以民心所向、天下归王的舆论为由劝进受禅者接受禅位，如魏王曹丕接受汉献帝禅位时百般推让，此时陈矫、桓阶就劝谏说："……殿下践祚未僭……四方不羁之民，归心向义，唯惧在后，虽典籍所传，未若今之盛也"[①]，"盛情难却"之下，受禅者接受禅位，颁布玺书、诏书，进一步强调、传播自己接受禅位是应舆论的要求，此时，统治者颁布的诏书也成为禅让过程中舆论的具体表现形态，如梁武帝萧衍受禅时的诏书就有"于是群公卿士，咸致厥诚，并以皇乾降命，难以谦拒……衍自惟匪德，辞不获许。仰迫上玄之眷，俯惟亿兆之心……"[②]事实是否如此并不重要，受禅者只是需要借助百姓舆论来证明禅让的合法性，用舆论来消解其非法获得政权的意义。

在禅位过程中，除了借助民意，天意也是未来掌权者常常宣扬的舆论内容。伴随天意产生的就是各种带有神话色彩的奇闻异事，如受禅者接受禅位前，总会有各种祥瑞在各地出现，在科学并不发达的中国古代，百姓对诸如此类的天象深信不疑并争相传播，形成了受禅者接受禅位是天命的积极舆论，如王莽代汉前突然出现的放有"赤帝行玺某传予黄帝金策书"的铜柜，就是典型。除此之外，杨坚的"天子之相"、萧道成"梦遇神人""龙影朦胧"等都是出于此种目的。从今天来看，这些祥瑞、吉兆都是虚假的，但在当时都形成了一股重要的舆论力量，为禅让的顺利进行推波助澜。

无论这些有关禅让的民心民意究竟是当权者捏造的假象，还是当时客观存在的政治意见，他们都展示了中国古代或真或伪的舆论现象，不能说失实的舆论就不是舆论了。并且，经过西汉以降禅让的多次实践后，人们似乎接受了并认同了这种前朝统治没落而进行的相对平稳的王权让渡形式，继而形成一种政治习惯，为后世的禅让运行提供了民意基础。

三、禅让在经史子集中的舆论形态

经史子集对禅让事件不仅仅是历史记载的作用，还为禅让顺利进行提供着历史依据和舆论基础。在古代中国，"尊古"是传统，重大的政治行动总需

---

① 陈寿：《三国志》魏书二《文帝纪》，北京：北京出版社，2008年，第46页。
② 姚思廉：《梁书》卷二《武帝中》，北京：中华书局，1973年，第23页。

要从祖先那里找到先例，禅让也是如此，这样往往更容易获得民心民意的支持，使政权合法，而这些祖制，来源于经史子集。《礼记·中庸》有云"仲尼祖述尧舜，宪章文武"，表明孔子认可尧舜、文武帝这种恪守旧制的禅让形式，这也成为后世诸多禅让行为的依据。久而久之，禅让制被广泛接受，正式成为国家政制并盛行千年，而这种国家最高权力（皇权）过渡形式，因其和平性、道德性、低成本的特点，在民间舆论场中拥有极高的认可度。官方舆论场中的士大夫阶层在劝进权臣接受禅位时也常常以经史子集为据，如陈崇在为王莽歌功颂德创造舆论时，曾大量使用《诗经》《尚书》《礼记》等儒经中的典故，像《尚书·禹贡》记载的"伯禹锡玄圭"①和《礼记·明堂位》中的"周公受郊祀"②都曾被陈崇引用，来为王莽受禅提供依据。

禅让过程中，另一个基于舆论考虑，记载于经史子集上的典型行为就是国史纪元的书写。即皇权来源正当性的问题。中国历史上大多通过暴力获得政权的史实中，建朝的"太祖"是通过否认前朝政权合法性，即否认自己前朝之臣、前朝之民的身份来实现自身政权的合法性。而在禅让过程中，情况恰恰相反，受禅者通常不会掩盖其前朝之臣的身份，相反通过鼓吹前朝政权的合法性，来证明自己受禅获得"让渡"政权的合法，营造有利于自身的积极舆论。常见的做法就是在国史纪元中，创业的"太祖"往往采用的是前朝的纪元，是前朝之臣，只有在禅让全部完成，才采用新年号，即将"启元"后移。在经史子集中这样的例证非常多，比如《三国志·武帝纪》中的有关太祖曹操的历史记载采用的就是汉献帝的建安纪元，甚至还大肆宣扬其在前代王朝的"功臣"身份。通过"启元"的后移在舆论上占据先机，使禅让行为拥有"不可否认"的正当性。

第四节　禅让制作为特殊舆论形态的发生机制与历史作用

前章所述在中国古代不同的历史时期，有着多样的国家最高权力变更方式。在这些纷繁复杂的政权变更选择中，禅让方式何以发生？又和舆论有着什么样的关系？而在以禅让为权力过渡方式的实践中，在不同社会环境和历史条件下，其舆论的具体表现形态也是不同的，所形成的舆论效果和历史作

① 李民，王健撰：《尚书译注》，上海：上海古籍出版社，2004年，第83页。
② 杨天宇撰：《礼记译注》，上海：上海古籍出版社，2004，第391页。

用因而也是多元的。这些问题笔者都将在本章节中展开探讨。

一、禅让制发生机制：政治权力与社会话语权的博弈

中国古代政权的确立需要强力与合法性，而禅让的实质就是一种政治合法性身份的转移。不同于西方"以权制权"的权力制衡观念，中国古代的制衡观念是以"道义"制约权力，道德的约束和舆论的制约在此条件下就有了一定力量，而这种作为社会话语权的舆论力量强大与否、与政治权力的关系问题，都对禅让制有着巨大的影响。

（一）上古时代：政治权利与社会话语权的合一

禅让发生的机制，笔者认为当是政治权力与话语权力的关系问题。在传说时代，奉行的是贤人政治，即尧舜禅让，是一种非对抗性的权力转移，只能发生于部族人少地小的政治环境，这种禅让的成功主要体现在政治权力与社会话语权力的合一，二者既不分裂也不对抗，是实现禅让的关键所在，也是中国古代思想家吹捧的"以德传德"的禅让理想状态，达成的效果是"非对抗性"的政治权力成功转移。

此后先秦时期，也就是春秋战国，政治权力与社会话语权的关系变化是禅让制鲜少发生的重要原因。此时，政治环境已发生变化：首先，社会组织不是部族，而是诸侯国；其次，宗法制为基础的礼乐制度形成（而这两点意味着贤人政治时期的真正意义的禅让不可能再发生）；最后也是最为关键的，旧贵族下降，士大夫阶层开始形成，这一政治变化意味着政治权力与社会话语权力开始分离。于是形成这样一种局面，掌握政治权力的诸侯不具有话语权力，开始掌握话语权力的士大夫并没有完全掌握话语权力，因为尚存在一个形式上的周天子和残存的礼乐制度。这个时候士大夫阶层不足以影响政治权力，只能够试图以自己的主张尽量影响诸侯，而周天子的权威仅仅只是形式上。因此在这一时期，政治权利和社会话语权力分离，甚至出现对抗，然而，政治权力对社会话语权力呈现压倒性优势，所以，在这一时期，禅让不会发生，春秋末年的三家分晋史实就是典型代表。

（二）西汉以降：政治权利与社会话语权的分离

西汉以来的政权变更方式最为复杂。这一时期的总体特点是政治权力（皇权及官僚）与社会话语权力（士大夫）的完全分离。这一时期还可以分成两

个具体形态来考察。一种是常态的君主政治（西汉之后的大部分时期），一种是变态的君主政治（东晋门阀政治时期）。在常态时期，君主与士大夫以一种合作与共谋的关系为主，士大夫需要与君主合作才能使自己的社会话语权力演化为政治权力施加对社会的影响，皇帝也需要依靠士大夫帮助自己完成舆论与意识形态的建设来维护自己的地位与统治。这一时期，君主与士大夫阶级势均力敌，当二者可以相互合作时，政治较为稳定，当某一皇帝失去士大夫支持时，士大夫就会选择新的君主展开合作，这就是改朝换代的发生。而旧的君主已经在士大夫的支持下具有了合法性，所以这个时候新的君主要取代旧的君主必须有政治合法性的"让渡"才能树立自身的合法性，而这种让渡无非也就是一个"交代"，有了这种让渡，士大夫阶层不仅可以解释为什么之前支持旧君主合法，而且现在支持新君主仍然合法。所以在这种情况下，会有"禅让"实践的产生。

而在这一时期，存在一个变态的形态，就是东晋门阀政治。东晋门阀政治虽然有君主存在，但是君主完全沦为士族门阀的门面和装饰。在这一时期，士族门阀阶层拥有社会主导权，但是这种主导权依赖于一个重要条件，就是士族内部的力量平衡。士族门阀阶层压倒君主，但是一旦有一个强大的门阀想取代君主，其他的门阀同样也会干涉和压制这个想取代君主的门阀。因为一旦有一个强势门阀成功取代君主，那么门阀政治就会演变为君主政治。一个突出的例子，就是强大的门阀桓温想通过禅让的方式篡位，但是另一大门阀谢安在政治和军事力量完全不敌桓温的情况下，居然仅仅凭借士族门阀的社会话语权力，就阻止了这次禅让与篡位的发生。因此，在这一时期，虽然士族门阀掌握的社会话语权力对皇权呈现压倒性优势，但是由于维持门阀政治的必要条件中仍然需要有一个形式上的君主平衡士族门阀内部力量。所以，在这一时期，禅让也不会发生。

总的来说，社会话语权力与政治权力分离，但是二者势均力敌，掌握社会话语权力的阶层与掌握政治权力的君主旧的合作关系的瓦解，有新的君主占据旧君主的位置取得与社会话语权力阶层的合作关系，禅让行为发生。而社会话语权力与政治权力只有对抗而无合作（春秋战国时期）、政治权力呈压倒性优势（春秋战国时期、夏到西周期间）、社会话语权力呈压倒性优势（东晋门阀政治局）。在上述三种情况下，禅让都难以发生。

二、作为特殊舆论形态的禅让制的历史作用

（一）上古时代禅让传说的舆论作用

尧舜禹时期的禅让是最接近其原意的政治理想式的民主制度，而此时的舆论力量也是最强大的，受禅对象的选择往往正是由来自氏族部落的民心民意所决定。不过，由于尧舜禅让的真实性在史学界尚有争议，其舆论作用也就无从判断。但是，从文本中考察上古时期的禅让传说对后世的舆论影响却是明晰的，如前文所述的诸子百家有关上古禅让真实性的争锋，实则反映的是各流派迥异的政治观点，禅让传说中"立君为民"的舆论现象成为各家鼓吹学说主张的例证支撑，其中最为活跃的当属墨家和儒家。

墨家通过认可尧舜禅让的真实性，主张君位禅让应该在贤者之间进行，符合其"尚贤"的价值观，因此墨子笔下的舜就成了"古者舜耕于历山，陶河滨，渔雷泽，尧得之服泽之阳，举以为天子，与接天下之政，治天下之民"[1]的贤者形象。由于这一学说在当时舆论传播中尤为盛行，连主张贵族政治的儒家也接受了，孔孟皆非常赞赏尧舜禅让。《孟子·万章上》中对尧舜禅让的评价为"唐虞禅，夏后殷周继，其义一也"[2]，不过，学者黄晓平在通读《论语》《孟子》后尚未发现孔孟有明确主张以禅让代替世袭或暴力革命的言论，"孔孟赞赏尧舜禅让，或许仅仅将禅让视为一种可望而不可即的美好政治理想"[3]。除了传世文献，郭店楚简中的《唐虞之道》中有云："尧舜之行，爱亲尊贤。爱亲故孝，尊贤故禅"[4]，符合"爱亲尊贤"的贤人才能获得受禅资格的舆论支持，其对受禅理想的推崇和鼓吹可见一斑。

（二）西汉以降禅让实践的舆论作用

禅让制作为事实上的政治制度，可能主要出现在夏朝之前。但是后面的朝代，"禅让"的形式也一直存在。如魏晋南北朝的王莽、曹丕、司马氏，后世的杨坚、李渊、李世民、赵匡胤都是通过禅让的形式来获得政权王权的。如果从舆论的角度来说，在之后的改朝换代中，不废弃"禅让"，主要考虑的

①　墨翟：《墨子》，北京：中国华侨出版社，2002年，第32页。
②　杨伯峻译注：《孟子译注》，北京：中华书局，2005年，第123页。
③　黄晓平：《禅让制与传统中国政权危机化解》，北京：中国政法大学出版社，2012年，第37页。
④　李零：《郭店楚简校读记》，北京：中国人民大学出版社，2007年，第123页。

是政治合法性的问题。对于一个短命割据王朝，如果被新王朝所替代，那么新王朝可以说这个旧王朝"非法"，所以自己取代这个"旧王朝"，具有合法性；但是，如果旧王朝是一个非短命非割据的统一王朝，得到广泛认可，拥有良好的舆论基础。那么新王朝很难通过证明旧王朝"非法"来说明自己"合法"。所以这个时候，就需要以合法性"让渡"来树立自己的"合法性"。因此中国自古就有"灭其国，不绝其祀"的传统，比如，周朝灭掉商朝，却仍然把商朝王族后裔微子分封到宋，允许宋国行商礼而不行周礼。魏晋时期采用前朝纪元，禅让完成后才新起纪元。清兵入关，首先是祭祀明朝的崇祯皇帝。对于一个有着广泛认可度的前朝，不可贸然否定，但可以否定前朝的某届政府，来取得"合法性"，这种"合法性"，在某种程度上来说就是能够得到广泛认可和凝聚作用的舆论力量。统治者采取"禅让"形式获得政权，大概是从这种舆论合法性的现实利益角度考虑。

"禅让"也是新王朝没有取得决定性优势的妥协性办法，因为没有绝对的力量优势，只能以妥协的形式先缓和局势，获得舆论支持从而团结更多的人，而"禅让"就是能在合法性的层面上，既让自己取得合法性，又起到团结和抑制的作用。比如清朝入关后，只要明朝旧臣愿意依附，可以保留其俸禄和爵位，对于不想归附的，只要不反抗，也绝不打扰。"祭祀崇祯皇帝"这一举动，团结了还拥有很大力量的明朝旧臣。而到了清朝的"康雍乾"三朝，才大兴文字狱，因为这个时候清廷已经取得了决定性的优势，不用再妥协了。"禅让"的另一个作用就是"团结"和"打压"旧臣，前朝"主动禅让"，前朝旧臣再反抗，就失去了反抗的合法理由，而如果不走禅让这个程序，那么前朝旧部反抗就有很强的号召力和合法性，这也算是一种舆论力量。

结　语

禅让制作为中国特有的一种最高权力的转移方式，几乎贯穿了整个中国古代历史。每一次的禅让行为都不是一蹴而就，而是一个长期且复杂的过程，这决定了禅让制鲜明的制度个性和丰富的语义内涵，使之成为学术研究的热门领域，众多学者从各自的学科领域对禅让制进行多元化的解读。但是，纵观有关禅让制的跨学科研究，从舆论学角度出发的尚是空白，而禅让制中所蕴含的丰富的舆论内涵，作为华夏传播的重要组成部分，我们不应忽略它，而应给予全面、公正、科学的解读。特别是伴随新媒体舆论研究的兴起，有关中国古代社会的舆论研究也再一次成为学界重点关注对象。基于此，本章尝试将禅让制作为中国古代特殊的舆论形态，从舆论学的角度对其展开，论证禅让制作为一种舆论形态的合理性及意义所在。由于禅让制有上古时代的"以德传德"的禅让传说和西汉以降"有德代无德"的禅让实践这两种主要模式，因而其展现的舆论形态也不能一概而论，笔者立足于当时的时代背景和社会环境，具体考察在不同禅让模式下所展现的舆论形态。也试图探究禅让制的发生与舆论的关系问题，社会话语权与政治权力的关系问题为何是禅让制的重要发生机制。同时，正是因为禅让制的多面性，其产生的舆论效果、政治影响和历史作用也是多样的，需要具体问题具体考察，只有这样我们才能合理论证禅让制的舆论学价值，才能对那一时代禅让制的舆论学意义进行正确定位，符合华夏舆论传播研究中应当遵循的辩证唯物史观。

禅让制的舆论学研究是涉及历史学、政治学、传播学、舆论学等多种学科的复杂课题，本文的研究只是冰山一角。在对中国古代常见的舆论形态进行钩沉梳理的基础研究，尚有许多未尽之处。如舆论作为一种社会制约平衡力量，在中国古代政治活动中能起到的作用较小，因此禅让过程中舆论不仅有作用，其受到的局限也颇多。还有我们研究古代政治活动中的舆论情况不应该拘泥于就史论史，最终目的应该是以史观今、古今中外对比研究，以期对中国当代舆论传播提供经验与借鉴。笔者本文当是抛出的小砖，希望今后将会有更多学者关注这一领域，在新的时代背景下，为当代中国政治舆论传播实践提供理论指导。

（陈丹玮　谢清果）

第三章　风吹草偃：华夏舆论的理论表达

本章以"风草论"为切入点，运用舆论学的方法研究古代舆论观念的内涵和思想体系，重点研究其中的主体、客体、持续时间和功能效应，对当前社会舆情治理的研究具有一定借鉴意义。

我们都知道西方的"魔弹论"，而实际上中国古代社会因为体制等原因，使得舆论传播有区分于西方的明显之处。作为本土文化中的"风草论"，无论从舆论学角度中的主体、客体、持续度、功能效应出发来分析，都具有独特性和极其值得研究的价值，因为在一定程度上从中也体现了基于人的和谐统一的舆论传播方式，对于如今的舆论平等性和自由性传播与控制具有借鉴意义，将之系统研究运用于当今中国的社会更具有实践意义。

实际上，"风草论"作为一个研究切入点，出现的时间并不久。传播学界的"风草论"一说，最早是由厦门大学黄星民教授在一次学术会议上提出的。此后学者们大多认为"风草论"将是中国学者对传播理论本土化的一大突破，并进行研究。例如中南民族大学的杨小玲的《"风草"传播模式说及其政教合一传播思想——〈论语〉传播学再解读》跳出了传统传播理论的条条框框，基于中国经典古籍《论语》，[1]并历经从古至今的不断阐扬；另外最具有代表性的作为华夏传播研究系列之下的《华夏舆论传播的概念、历史、形态及特征探析》[2]，由谢清果、王昀教授撰写，出版于 2016 年 5 月，这些研究从中国漫长的历史变迁与社会传播的激荡中，逐步将"风草论"这一思想提炼成一个富有深刻传播观念内涵的本土化思想体系。针对"风草论"专门进行研究的论文是由谢青果、陈昱成撰写的刊登于《现代传播——中国传媒大学

---

①　杨小玲：《"风草"传播模式说及其政教合一传播思想——〈论语〉传播学再解读》，《中南民族大学学报》2014 年第 5 期。

②　谢清果，王昀：《华夏舆论传播的概念、历史、形态及特征探析》，《现代传播》（中国传媒大学学报）2016 年第 3 期。

学报》之上的《"风草论"：建构中国本土化传播理论的尝试》①一文，对"风草论"蕴藏的华夏传统传播观念进行了系统的分析。总的来说，近年来，学者对于"风草论"的研究主要分为几个方面：邵培仁、姚锦云撰写的《传播模式论：〈论语〉的核心传播模式与儒家传播思维》②，从受众主体性对这一模式进行研究；于翠玲等学者基于古代史料分析风草含义的演变，从而总结出其规律；其他学者则通过比较的方法等等进行分析。

当今中国正经历各项改革，社会正处于大发展和大变化中，西方的一些传播理念是基于西方的国家特征和制度，有些不一定符合我国的国情，基于此，研究中国传统文化中的传播理念和方法就特别重要，对于如今措施等的施行具有重大的参考价值。然而以"风草论"角度研究中国古代舆论观念的研究力度还远远不够，因此本课题以中国传统社会的舆论观点之"风草论"为切入点，试图为这一空白贡献一些绵薄之力。

本章以"风草论"为切入点，采用舆论学的研究方法，进行资料检索，通过梳理古代舆论传播的规律，分析舆论发展的受众即草层主体、客体、持续时间和传者对受众舆论传递的功能效应，对当前社会舆情的控制具有可借鉴的意义。

第一节　"风草论"的舆论意蕴

"风草论"作为一种舆论观念，有着悠久的历史和渊源，为了便于理解，以下从"风草论"观念和本文以舆论学为切入点，对舆论学视角下的"风草论"观念进行阐释。

一、"风草论"的源起

自 20 世纪 80 年代西方传播学全面引入中国，"传播学本土化"就开始成为中国传播学者追求的目标，并做了长期的努力，取得了一系列的成果。

实际上，在中国古代，传播学就已经运用在对人民的教化当中，其中，孔子用"风行草偃"指以仁德教化人民。从此语的字面义看，只是"风一吹，

---

①　谢清果，陈昱成：《风草论：建构中国本土化传播理论的尝试》，《现代传播》（中国传媒大学学报）2015 年第 9 期。

②　邵培仁，姚锦云：《传播模式论：〈论语〉的核心传播模式与儒家传播思维》，浙江大学学报（人文社会科学版）2014 年第 4 期。

草就随着伏倒"，看不到与"仁德教化人民"有什么关系。之所以此语指"仁德教化人民"，是与此语在《论语》①中的语境有关。《论语·颜渊》中有"君子之德风，小人之德草，草上之风必偃"这样的话。这段话与这样一件事有关：季康子向孔子问怎样治理政事时，说"要不要用'杀掉没有道德的坏人，亲近有道德的好人'的办法？"孔子回答说："哪里用杀人？"接着就说了引文的话：君子的道德像风，小人的道德像草，草上有了风，就会倒伏。言外之意就是施政者以仁德教化人民，人民就会服从。后来就从孔子的话中提炼出"风行草偃"作为成语，表示上述"言外之意"，也表述"上级一有命令，下面的人会一律服从"。如《周书·武帝纪》："风行草偃，从化无违。"宋陈亮《又癸卯秋书》："使秘书得展其所为，于今日断可以风行草偃。"两文中的"风行草偃"均指"下级服从上级的命令。"此外此语也作"风行草靡（倒下）""草偃风行"。用例依次是《南齐书·高帝纪上》："麾旆所临（指挥大旗所到之处），风行草靡。"《官场现形记》第二十回："现在几个月下来，居然上行下效，草偃风行。"②

二、"风草"词义演变

"风"原本是从自然而来的词，表现自然界中的现象。王力先生在《汉语史稿》中说："自然现象的名称应该是远古基本词汇的一个主要部分。"③由此可见"风"是汉语中一个历史悠久的常用词。通过研究古籍可以看出在长期的历史发展中，"风"衍生出许多丰富的意义，与文学、语言学等方面都有关联。目前学界研究"风"一词的论文大多数是《诗经》背景下的"风诗"研究、中国古代文艺美学中的"风骨"范畴研究、音乐学等某一学科视阈下的"风"研究等，代表论文如巩本栋先生在 2008 年出版的论文《〈文心雕龙〉风骨论辨证》④。其他只有少数论文是围绕"风"的字义演变进行研究，专篇探讨仅有过常宝先生 1998 年发表在《北京师范大学学报》上的《"风"义流变

① 《十三经注疏》整理委员会：《论语注疏（十三经注疏）》，北京：北京大学出版社 2000 年版，第 166 页。本章所引"君子之德风，小人之德草，草上之风必偃"均引自《论语注疏（十三经注疏）》。
② 《为何用"风行草偃"指以仁德教化人民》。http://blog.sina.com.cn/s/blog_780d8f1a0102vxr7.html，2016 年 12 月 20 日访问。
③ 王力：《汉语史稿》，北京：中华书局 2006 年版，第 562 页。
④ 巩本栋：《〈文心雕龙〉"风骨论"辨证》，莫砺锋编：《周勋初先生八十寿辰论文集》，北京：中华书局，2008 年，第 204 页。

考》①，大致梳理了商代以后"风"字义的演变过程，不过其后针对"风"字字义的研究稀缺。最近的由李姝雯和徐毅发表在《语言文学研究》上的论文《"风"的历史演变考察》②，在前人研究的基础上结合中国古典文献对"风"的意义做了历时考察分析，研究了其本义和引申义，不得不说是这一方面的一大突破。

"风"本义实际上是作为现实中的自然现象，在最早就被人们意识到了，作为其本义一直沿用。不过在早期并无专门的"风"字，甲骨文中"风"假借"凤"，金文中则"风""凤"皆无。郭沫若引王国维释"凤"："从佳从凡，即凤字，卜辞假凤为风。"③究其这一字源发展原因，一方面，"风"作为一种自然现象，无色无形，难于造字，加上人们认识有限。另一方面，古人将凤凰视作"风神"，凤凰飞翔时产生的气流便是"风"。由此可见，在商周及春秋早期，古人已经开始关注到与劳动生活密不可分的"风"这个自然现象，但他们尚不能认识到风是冷热空气对流产生的，因而将"风"神化。随着社会发展，"风"字本义逐渐脱离神话色彩，而常与"气"并提，被认为是"气"在天地间的流动。后世的辞书中也多有对"风"本义的解释。《尔雅·释天》云："春为青阳，夏为朱明，秋为白藏，冬为玄英，四气和，谓之玉烛。春为发生，夏为长嬴，秋为收成，冬为安宁，四时和，为通正，谓之景风。甘雨时降，万物以嘉，谓之醴泉。南风谓之凯风，东风谓之谷风，北风谓之凉风，西风谓之泰风，焚轮谓之颓，扶摇谓之猋，风与火为庉，回风为飘，日出而风为暴，风而雨土为霾，阴而风为曀。"④

所以，"风"最初是来源于神鸟，后来经过转化意义引申为讽，尤其在现代汉语中，"风"和"讽"的意义似乎毫不相干。但是经"风"用作"讽"在古代汉语中是有由来的，并且这一由来历史悠久。⑤

讽，《新华词典》中有两个义项：1．用含蓄的话劝告或讥刺。2．背书。第二个义项现在已经不常用到。⑥

---

① 常宝：《"风"义流变考》，《北京师范大学学报》1998 年第 2 期。

② 李姝雯，徐毅：《"风"的历史演变考察》，《文教资料》2015 年第 18 期。

③ 郭沫若：《郭沫若全集》考古篇《第 2 卷》，北京：科学出版社 1982 年版，第 283 页。

④ 李学勤：《十三经注疏》，北京：北京大学出版社 2000 年，第 161 页。本章所引《尔雅》均引自该书。

⑤ 董华伟，叶正渤：《"风"、"讽"的词义演变》，《成都大学学报（社科版）》2011 年第 1 期。

⑥ 《新华字典》编辑部：《新华字典》，北京：商务印书馆 2004 年（第 10 版），第 131 页。

"讽"的本意在东汉许慎《说文解字·言部》"讽，诵也，从言风声。"① 而《六书故·动物四》中说："天地八方之气吹嘘鼓动者命之曰风。"那么风实际上的本义就是"空气流动形成的自然现象"，② 这从风产生的现象诠释了它命名的来源。

繁体"风"写作"風"。在这里，段玉裁解释了"风"字从虫："八主风，风主虫，故虫八日而化，谓风之大数尽于八，故虫八日而化，故风之字从虫。"③ 这里采用的是"风"的本意。

其后"风"由空气流动这一自然现象，引申为代表社会上流行事物，如风俗、风气等，采风一说便形成了，代表就是古代收集地方民歌、民谣的行为。宋朱熹《诗集传·国风一》："风者，民俗歌谣之诗也。"④《诗经》中的《国风》就是收集的民俗歌谣。《毛诗序》："故诗有六义焉：一曰风，二曰赋，三曰比，四曰兴，五曰雅，六曰颂。"⑤

風，二曰賦，三曰比，四曰頌。○比，必履反。興，虛。音訟。【疏】「故詩」至「六曰頌」。言詩功既大，明非一義能周，故又歷上文未有「詩」字，不得逕云「詩各自爲文，其實一也。彼注云：「賦之言鋪，直鋪陳今之政教善化。賦之言鋪，直鋪陳今之政教善不敢斥言，取比類以言之。興，曰卷第一（一之一）

Figure 1《毛诗正义》截图

① 段玉裁：《说文解字注》，上海：上海古籍出版社，1988 年，第 1487 页。
② 王力：《王力古汉语字典》，北京：中华书局，1998 年，第 87 页。
③ 段玉裁：《说文解字注》，上海：上海古籍出版社，1988 年，第 1187 页。
④ 姚海燕：《论朱熹〈诗集传〉之"淫诗说"》，《上海师范大学学报（哲学社会科学版）》1998 年第 1 期。
⑤ 李学勤：《十三经注疏》本《毛诗正义》卷一，北京：北京大学出版社，2000 年，第 14 页。

这个时候，"风"已经用作婉辞劝谏。这在先秦文献中已经出现：《尚书·说命》"呜呼！四海之内，咸仰朕德，时乃风。"①"讽"即讽刺劝告的意思。

《尚书》《诗经》中"风"已经具有了教化、劝告等意义，也就是说，具有了"讽"的词义，它的命名与"风"的命名有直接关系，从口中呼出气体发出声音的现象与天地八方之气吹嘘鼓动万物的现象相像，同样是"无形而至者"，于是在"风"的基础上加言旁，另造一字"讽"。《尚书》《诗经》中并没有出现"讽"字，而表示讽刺劝谏的字都用"风"字，由此可知"风"是"讽"的古字。实际上"讽"是一个后起形声字，最早出现在战国，《韩非子·八经》"故使之讽，讽定而怒。"②从这个文献中才出现"讽"字，不过在之前，"风"在表示委婉劝告时已经有"讽"的意义在。

《诗·大序》："风，风也，教也，风以动之，教以化之。"③又："上以风化下，下以风刺上，主文而谲谏，言之者无罪，闻之者足以戒，故曰风。""风"由假借为"讽"表示婉辞劝谏义，进而引申为恶意的讥刺、嘲讽。

上层听了下层百姓的讽刺进谏，又以无形的风化作用悄无声息地形成社会风化和教化进而影响民众。

"君子之德风，小人之德草。草上之风，必偃。"孔子提出以"德"对"民"进行引导，从而维持和谐的社会秩序。这句治理国家的名句中"风"是"君子"良好品质的喻体，"草"是"小人"主体品质的喻体，"风"将良好品质授予"草"，孔子认为，"小人"接受"君子"影响，就好比"草"与"风"的关系，风向决定草的方向倒伏。在这之中，孔子对于风化的主体——君子，也经历了一个由位（地位高的贵族统治者）到德（有道德的人）的演变，《诗经》中，有道德品格的人因其"德"处于传播的上位，平民百姓或缺乏道德品格的处于传播的下位，且上位对下位具有极大的传播效力，产生风化的作用。

从《尚书》《诗经》风字具有的风化性质，《论语》中把风化的主体中心，君子塑造成政教合一的形象，再到《韩非子》出现"讽"字，讽刺劝谏的意义单独罗列，君子的风化形成的风俗潜意识地进入民众生活中，通过官方舆论和民间舆论形成社会约守。

---

① 《十三经注疏》整理委员会：《尚书注疏（十三经注疏）》，北京：北京大学出版社2000年，第101页。本文所引《尚书》均引自《十三经注疏》。

② 南哲镇：《由"讽"和"谕"的字义来看"讽谕"的意味》，《修辞学习》2004年第2期。

③ 《十三经注疏》整理委员会：《毛诗正义注疏（十三经注疏）》（下），北京：北京大学出版社，2000年，第14页。

　　以上是从风的词义转变来说，而"风""草"比喻意义的变化也在发展。张晓东《汉语中"风"的转喻和隐喻研究》，对 500 条含有"风"的词语进行研究，发现汉语中"风"通过隐喻可以映射到"消息""音乐""风气""原因"和"良好举止"等认知域中；而通过转喻关系可投射到"声音""疾病""春风"和"秋风"等认知域中。①

　　这一点，也可以从《礼记·礼器》中得到应证：颂诗三百，不足以一献；不献之礼，不足以大飨；大飨之礼不足以大旅；大旅具矣，不足以飨帝。②从这里看出，"诗三百"和"献""飨"一样，都用于祭祀上帝，而不是为了观民风。民间采风行为最初是为了供于宗教祭祀，在民间祭祀中产生，后来经拥有巫职的瞽史的采集、整理后，集中到太师手中，再献给君王，用于宫廷祭祀。风作为政治的工具，是到了春秋时期，随着理性精神的发展，宗教的式微，《诗经》便逐渐从宗教中脱离出来，成为政治、外交、教育的工具，从而与音乐、舞蹈分开来。所以《诗经》的某些文化遗留现象，和初期的巫术宗教背景是离不开的。只是这一时期较为短暂，上层风化君子为了达到巩固政权形成社会认知构架，风大多数被用作政治手段。

　　所以"风"含义的变化大致经历了以下的过程：

风 ⟹ 讽 ⟹ 风
（空气中的自然现象）（讽刺进言）（上层向下层风化、教化）

　　相对于"风"的研究，"草"的说法较为统一，"草民"一词的词源出自孔子。"君子之德风，小人之德草。草上之风，必偃"——语出《论语》。其义是说，"小人"就像草，"君子之德"的"风"吹来，他们一定就会顺着倒下去，不能直起来。而"草民"真正奠定是出自礼的确立，《礼记》记载："尊者丘高而树多，卑者封下而树少。天子坟高三刃，树以松；诸侯半之，树以柏；大夫八尺，树以栾；士四尺，树以槐；庶人无坟，树以杨柳。"③意思是天子坟高两丈四尺，坟头栽松树；诸侯坟高一丈二尺，坟头栽柏树；大夫坟高八尺，坟头栽栾树；士坟高四尺，坟头栽槐树；平民呢，不能立坟头，栽杨柳。这就是说平民死了之后，用简单的棺材埋掉，不能有坟头，一片平地，

---

①　张晓东：《汉语中"风"的转喻和隐喻研究》，东北师范大学硕士学位论文，2013 年，第 35 页。

②　《十三经注疏》整理委员会：《礼记注疏（十三经注疏）》卷第二十四，北京：北京大学出版社，2000 年，第 745 页。本文所引《礼记》均引自《十三经注疏》。

③　张燕军：《天子陵墓前为何不种柏树》，《羊城晚报》2011 年 8 月 13 日第 B11 版。

只能任由地面杂草丛生。故此，平民称为"草民"。

三、舆论学视角下的"风草论"

陈力丹教授在 1999 年出版的《舆论学——舆论导向研究》曾指出，任何一种意见，只要同时具备七个要素，可视为一种舆论[①]：

舆论的主体——公众，舆论的客体——现实社会以及各种社会现象、问题，舆论自身——信念、态度、意见和情绪表现的总和，舆论的数量，舆论的强烈程度，舆论的持续性（存在时间）；舆论的功能表现——影响客体。

杨张乔在《声张自我的艺术——舆论社会学》中指出："舆论是公众的自我声明，是具有统一和非统一的双重性的和一定时空形态的公意。"[②] 马乾乐、陈渭在《舆论概论》中指出："舆论，是再现社会集合意识并对社会某一事态有影响力的多数人的倾向性意见。"[③]

综上所说，舆论具备的要素主要有三个：一是具备社会舆论的客体，即社会上的某一事件、某一问题等；二是拥有社会舆论主体，他们形成了共同的倾向性看法；三是群体特征意识的表达。

在中国古代社会，舆情便具有上述特点而存在了，不过因为社会局限性等的情况，舆论形成的主体、过程、客体，都具有区分于现阶段的地方。舆论从原始社会的建立开始便产生了，只是作为一种最原始的形态存在。而"风草论"最先开始出现于《论语·颜渊》，最初的含义是为政的上行下效，这就是说上层的风化主体构建良好的品行，下层草层仿效，而后随着封建等级制度的建立，这种上行下效的模式更加加入了上层风化者的意识形态，包括对文化价值、社会规范等的宣传，例如周朝出现了采诗官，上层风化君主对草层受众主体，收集他们的观点，再融入风化与教化中，构建社会认知体系，这种群体式的表达方式，经过封建制度的强化，显示出了和当代不一样的明显的特点，并逐步加以深化，作为高层风化代表方的统治者利用"风化"进行潜移默化的教化传播，具体体现在其传播中显现出来的入、伏、顺特点，所以，综上所述，"风草论"具备社会舆论的客体，也就是社会上不断发生的

---

① 陈力丹：《舆论学——舆论导向研究》，北京：中国广播电视出版社，1999 年，第 11—23 页。

② 张乔：《声张自我的艺术——舆论社会学》，北京：中国国际广播出版社，1988 年，第 197 页。

③ 见《我国古代社会舆情的表达、功能及其治理的局限性》。http://media.china.com.cn/cmyj/2014-05-04/172500.html，2016 年 12 月 20 日访问。

事件或者问题等；拥有社会舆论主体，即草层受众，他们形成了共同的看法；拥有群体特征意识的表达特征，只不过这种模式由于古代政治传播理念多带有上层主体意识传达的特点。因此，"风草论"作为一种舆论观念，以风草论舆论视角进行研究，更具有创新性和特殊性。

第二节　"风草论"的舆论观念要素

我们知道舆论总的来说要具备三个基本要素：主体、客体、倾向性意见。中国古代社会因为自身特点在舆论观念形成上具有本土化的特征，由于中国社会的一元传播机制的政治制度，因此中国社会舆论的传播机制就有很大不同于西方的特点，"风草论"就是这其中的典型代表，是基于中国社会实际情况总结出来的本土化传播观念，具备社会舆论的客体，大家会围绕社会上不断发生的事件或者问题等进行讨论；拥有社会舆论主体，即草层受众，形成共同的看法；除此之外还拥有群体特征意识的表达特征，只是，因为中国信息社会的不平衡性，导致社会公认的道德规范多为风化上层不断向下输入给草层受众，基于此，鉴于搜集材料所限，本文就按照陈力丹教授对于舆论的七个方面区分，从"风草论"这一本土化舆论观念的主体、客体、持续时间、功能表现进行分析。在对于受众主体的分析中，我们知道风者由于地位和草层受众的不平衡，为了达到统治的需要，广开言路进行舆论搜集，从而出现了采诗官，而采诗官是否完全地搜集民众心声，社会上是否形成体现草层受众心声的道德规范，上层风者还是起着决定作用。

一、作为古代舆论观念传播的主体，受众主体意识减弱

一是从风者采集草层民众信息来说。中国古代社会的舆论源于周代的采风制度："古有采诗之官，王者所以观风俗，知得失，自考正也。"[1] 到了秦汉朝，集权统一政权确立，建立了从中央到地方庞大的官僚机构。秦汉制度设置，虽然追效周制，不过要对全国进行有效的统治，对庞大官僚机构加强控制、管理和协调则特别有必要，因此强化了御史监察和以谏（议）大夫为主的谏官谏议制度，这一制度在中国古代草层民众民意舆论宣传方面发挥了特别作用。监察御史制在一定程度上是专制制度的内部修补机制，林语堂在《中

---

① 班固撰，颜师古注：《汉书艺文志讲疏·六艺术略》，上海：上海古籍出版社，2009 年，第 42 页。

国舆论新闻史》这样说过："皇帝御史监察制度不是对报纸或人民的审查，而是对政府和皇帝自己的审查。"①

从周代的采风到谏议制度的形成，尽管在采集上基本代表了草层民众的声音，不过这种"言路"是否开通，君主之风起到决定性的作用。在昏庸的君主和残忍的宦官面前，不恰当的舆论批评只会带来无情杀戮，因此，中国古代社会上仅有的三次较大的舆论反抗活动都以失败告终，大多情况下，草层民众作为线性单方面传播的接收者，只能接受来自上层风者的舆论宣传。

二是从舆论传播模式来看。虽然中国古代的舆论传播呈现单一化的传播模式，不过以儒家思想为核心的推崇君子道德的认识来看，其更多地从传者本位即风者出发，提出了对风化者的要求，如《论语·泰伯篇第八》中"君子笃于亲，则民兴于任，故旧不遗，则民不偷"②，对君子的行为进行约束，从而在社会形成固化的模式，使得受众即草层民众唯有跟从，成为亘古不变的规范。

二、古代舆论传播客体特点

舆论的客体指的是社会现象及社会公共问题。中国古代舆论由于空间和条件限制，加上君主等统治者对风化德行的推崇，大多倾向于身边的事物，如《诗经》中最大篇幅地说到农事、婚恋等社会问题；到了唐朝，没有了采诗官，代之以谏官，但谏官有时候却不尽其职。"不是章句无规刺，渐及朝廷绝讽议。净臣杜口为冗员，谏鼓高悬作虚器。""夕郎所贺皆德音，春官每奏唯祥瑞。君之堂兮千里远，君之门兮九重闭。"白居易在他的诗歌《新乐府采诗官》中指出谏官的缺陷在于不知民情，不像古代采诗官一样行于乡野之间。他呼吁"欲开壅蔽达人情，先向歌诗求讽刺。"③

可以说，古代的舆论，一方面受到上层君主风者的控制，一方面受草层民众地位所限制，扎根原来的土地，只能关注同区域的问题和事情，不能像地位高的风者任意吹拂，搜集信息，往往只能囿于地域限制关注家长里短。

三、"风草论"下的古代舆论持续时间长

"风草论"下的"风化"指的是通过学校教育等的手段灌输社会民众，

---

① 林语堂：《中国舆论新闻史》，上海：上海人民出版社2008年，第60页。
② 耕之：《君子笃于亲则民兴仁》，《走向世界》2014年第24期。
③ 白居易：《新乐府·采诗官》，《白居易集笺校》卷四，上海：上海古籍出版社，1988年，第263页。

"风行"指的是文化普及后在社会民众中形成认同感继而遵守。我国古代社会的风化和风行具有深厚的时代基础，儒家提倡政教合一的传播模式，主要是从传者本位出发，也就是从风化者一方出发，进而构建社会认知，这一点，可以从我国长期以来形成的教育模式和社会舆论构建场所中看出。

（一）太学生作为代表的舆论风化表达

我国古代社会大体上是官学一体的，"万般皆下品，唯有读书高"，因为读书通过科举，方才可以出仕。古代中国自西汉设立官学，逐渐完善从中央到省、府、州、县的官学体系，尤其在隋唐以后，更加重视科举选士，直到清朝。于是选贤、推贤，成为古代文化和道德传承的系统和体系。[1]

（二）宗祠、族谱的舆论风化表达

法国学者施韦泽在《文化哲学》里说，"世界观来自生命观，而不是生命观来自世界观"，"思想的本质在于对世界观的努力探寻，其形式则是次要的"。[2]

宗祠、族谱与家谱，是乡间的思想观念和文化的重要载体，也是底层社会舆情表达和沉积的典型。这是中国长期以来的文化积淀，一方面，舆论观点在这里酝酿、发酵，譬如在关于太平天国运动的史料中，早期许多活动存在于宗祠和教会组织中——1951 年 1 月 11 日，洪秀全等在广西桂平金田村内的韦氏大宗祠，举行拜上帝仪式，并宣布国号为太平天国。另一方面，社会舆情也可能被修复、平息，从而避免社会矛盾激化。[3]

（三）功能表现——风化影响舆论主体

可以说，古代的舆论传播，尤其在封建社会建立之后，君主等上层阶级的风化导向控制着舆论的方向，这在社会上逐渐形成一种封闭的传播闭环——君主等上层为人民树立舆论引导思想，以经典为指向，在经典中为统治阶级正名，这从我国封建社会长期以来控制舆论发展和在社会上树立君子道德典范形象可以看出。因此，以下从这两部分进行分析。

---

① 见《我国古代社会舆情的表达、功能及其治理的局限性》。http://media.china.com.cn/cmyj/2014-05-04/172500.html，2016 年 12 月 20 日访问。

② 陈泽环：《文化哲学》，上海：上海人民出版社，2008 年，第 197 页。

③ 罗尔纲：《太平天国史》，北京：中华书局，1991 年，第 904 页。

1. 风化一方具有绝对的信息掌控权

在五千年前的中国氏族社会，人们已经开始使用符号和简单的文字，到了殷商奴隶社会，中国的文字发展到了相当好的水平。于是舆论通过口头传播逐渐变成文字传播。从周代到春秋战国，中国古代新闻舆论传播仍然靠口头，文字主要用于王侯大将私人间的信息沟通。真正开始把文字作为面向群众的新闻传播是从秦代开始的。公元前221年，秦始皇兼并六国，建立了封建集权的大帝国，实行"书同文"政策，消除了文字传播信息的障碍。而秦代的传播媒介是皇帝的诏书。到了汉代，同样以诏书的形式向地方发布新闻，汉武帝有"昭告天下，令明知朕报萧相国德也"的诏书。

发展到唐代，产生了古代的报纸。君主通过报纸发布舆论，作为社会风向标。后来产生了宋代的官报和民报，元代时候取消了进奏院，也没有中央级的封建官报，邸报制度也被中断，到了明清时期对新闻传播更加有诸多禁令，对邸报抄传的内容都有规定，对读者也有规定，如清初禁止"胥役市贩"阅读官报。清代的康雍乾三朝，是文字狱十分严酷的时代，对民间报房小报加以约束和限制。三朝之后，小报活动基本被禁绝。

中国古代舆论的构建其实是封建地主阶级及其政治代表意识的体现，在漫长的封建社会时期，中国古代的报纸，不论是官方的邸报，还是民办的小报和京报，都必然要和当时的封建统治者保持一定的联系，受他们的制约。官方的邸报固然是封建统治阶级的喉舌和御用的宣传工具，民办的小报和京报也只能在封建统治阶级的控制下活动，不能越雷池一步。封建统治者绝不允许可以自由报道一切消息和自由发表一切意见的报纸存在。这在一定程度上限制了草层民众对于舆论选择的自由性，在信息的接收上，风者已经对舆论做了筛选，中国古代报纸的历史，基本上是封建统治阶级掌握传播媒介，控制舆论工具。

2. 作为信息权力中心的君主，接收到主体的信息反馈，又将之用于教化民众，在社会上树立德行典范

这一点在《论语》中多有表述：

君子学道则爱人，小人学道则易使也。(《论语·阳货》)[1]

君子之德风，小人之德草。草上之风，必偃。(《论语·颜渊》)

[1]　《十三经注疏》整理委员会：《论语注疏（十三经注疏）》卷第十七，北京：北京大学出版社，2000年，第232页。

在孔子看来，确认道德规范和文化修养的权威并不是对身份认定的否认，君子作为一种身份的概念在孔子的思想里是一以贯之的，他对道德的强调反而从另一侧面重新确立了君子在社会中尊贵的地位。所以，君子就有双重的含义：首先是身份的认定，其次是道德的修为。孔子心目中的道德概念只能是"君子之德"，代表着贵族阶层行为方式和价值观念，不可能反映出一般人的价值倾向和利益要求。孔子讲君子与小人的对立，目的是确认君子身份的优越地位，以论证等级制度的合理性。

在孔子及历代儒学思想家那里，关于道德的隐含命题是"道德即权力"。道德不仅被用来驯化民众的精神，而且被用来论证统治者权力的合法性。这也在一定程度上体现了君主长期的风化影响——潜意识的深入化的传播，君主设立的典范，成了民众遵从的道德规则，例如"三从四德"作为古代社会设立的典范，长久地作为社会风化的指向标，直至今日，"三从"实与汉代所提倡的"三纲五常"中的三纲恰是相互对应的，"从"字含义广泛，在这里有着听从、跟从、顺从的意思。在古代则是君为臣纲、父为子纲、夫为妻纲。这一理念作为长久的指向标，给草层民众树立典范并且长期形成压服作用，使得百姓听从。

第三节 "风草论"舆论观念特征

作为古代舆论观念的"风草论"，在封建等级社会的政治制度下，具有同现代社会不一样的特点，通过上述从主体、客体、持续时间、功能表现的分析可以得出"风草论"作为一种舆论观念呈现出以下的特征。

一、分散性

从舆论采集的时间上看，"采诗"活动是在春天三月的时候进行，说明民间采集舆论有一定的时间性，而不是长期持续的状况。巡检御史和钦差就更有时间限制，对于一地来说，几年能有一次都属难得，巡访时间却又相对较短。何况，这些人带有明确的目的而来，察民风、知民情不过是附带的任务，遇上敷衍塞责的，根本不会想到要去了解社会舆情。

县一级政府比较掌握当地的社会舆情，不过县令要经过考核和调配，为了保护乌纱帽，县官会千方百计地压制当地舆情，不让上司得知。要捅破这层窗户纸，仗义执言的人就需要等待有巡检御史和钦差之类的官员来，而且也要冒风险。

从舆论采集的范围来看，有很大的随意性和偶然性。由于没有适当的制度安排，舆情采集较大程度上取决于采集人的态度和活动的范围。而我们知道全面、准确的舆情采集必须建立在均衡分布、覆盖社会各阶层的样本上，以一种客观的态度来对待舆情。这在过去是不具备的。范围过于狭窄和随意性带来的后果是舆情只代表某一部分群体的利益，由于广大民众被"代言"，真正的社会舆情会被掩盖和歪曲。言官制度的设计本义很好，但是实际运作中，也有一些言官偏听偏信，以歪曲的舆情为根据，又掺杂了私人和小团体利益，相互攻讦，形成党争。

从舆论采集的群体来看，主要看重士子阶层和绅士阶层，底层的民众没有得到应有重视。通常，士子可以通过官府和学府两大系统来表达，而官制的行政与监察系统，也比较重视士子的意见，不能也不屑于采集底层的意见。除此之外，所谓御史巡查、微服私访，其对象大多是当地的绅士，有家产和有影响力的家族，包括后期兴起的商人阶层。

二、隐匿性

君主专制体制下对于道德等的推崇形成了社会的风向，整个社会形成了一种道德层面的范式进行遵循；另一方面，上文提到，民间的舆情表达常体现在学府及宗祠，执行者也通常是风者树立的道德典范中的长者等，这些地方有时可以采取直接的行动，譬如对违犯族规的人进行惩罚等。这个权力的赋予，一是来自官方的默许，因为官衙管不过来；二是某一群体如宗族，依照传统道德授予的。这些行为不但是隐性的民意被凸显，也是民意的修正和整合，从而在社会上形成更加合理和统一的舆论传播给草层受众。

三、权威性

刘建明认为：获得权威性——舆论形成的最终标志。这里的权威性指的是使人信从的力量和威严，能产生一种能统治多数人的心理强制性。[1]

从上述功能表现中分析可以得知，风化的一方，即君主等上层统治阶级，对于舆论的掌握和把控具有权威性的作用，例如舆论控制发展到最高潮的时候是明清时期对新闻传播的诸多禁令，官方对邸报抄传的内容有规定，对读者也有规定，如禁止"胥役市贩"阅读官报等等。正如我们所知的，清代的

---

[1]　古和孝：《人际关系心理学》，王康乐译，天津：南开大学出版社，1886年，第47页。

康雍乾三朝是文字狱十分严酷的时代。具体来说这一权威性通过三个方面表现：皇权至上——通过舆论使全民相信皇帝是国家唯一合法统治者；文化禁锢——树立儒家和佛教为国家正统信仰，取缔其他任何思想源泉；严苛刑罚——使人民不敢触碰红线。

上层君主使用了风化一方舆论的权威作用，激发和唤起草层民众的信念，对于稳定社会思想和社会发展具有一定的作用。然而另一方面，这种权威性的放大化可能具有一定的负面作用，也就是风化一方对舆论的绝对控制造成社会沟通通路的闭塞，尤其在封建社会晚期文字狱的发展等等，这会导致社会的落后。

四、意向性

发布舆论的一方期望舆论主体做出自己希望的行为，具有一定的实践意向性，将思想转化为行为，这是意向性的内涵。如果没有产生舆论发布者所期望的行为，那么舆论发布者就有可能采取一系列行动对舆论进行强化，在"风草论"下的舆论观念中，这一特点被放大，在封建等级严苛的制度之下，上层发布舆论，很大程度上已经决定了草层民众的行动取向，草层百姓只能通过官方信息了解社会，从而构建各项活动。

结　语

以舆论学视角研究中国古代的"风草论"舆论观念，弥补了相关研究上对于这方面的空白，同时对于现阶段的社会管理和舆论导向也有重要的借鉴意义，例如"成风化人"，是习近平总书记提出的新形势下党的新闻舆论工作职责和使命的重要内容，具有鲜明时代特点和丰富内涵。在当今社会研究古代的"风草论"舆论观念，具有重要的意义，这也是本章探讨的目的所在。

（李婕雯　谢清果）

第四章 圣人垂范：华夏舆论的管控主体

自古以来，圣人都是民众所推崇的对象。本文将从舆论学的角度将圣人作为古代舆论管控的主体进行剖析。圣人在舆论管控中扮演了意见领袖的角色，诸子百家利用神化人物、树立榜样奠定了圣人舆论管控的基础，圣人通过听言纳谏了解舆论、仪式活动影响舆论、道德教化引导舆论、法规制度约束舆论。这对于今天中国政府的舆论管控工作仍有一定的借鉴意义。在网络时代，政府也应当积极打造舆论领袖、加强舆论监测、注重软硬兼施，以此助力于新媒体平台上良好舆论环境的形成。

在泱泱华夏五千年的文明中，圣人文化无疑占据了十分重要的地位，无论是对中国人的思想还是生活都产生了不容低估的影响。在中国古人的心目中，圣人是一种最理想的人格形式。它不仅体现了人们对完美人格的追求，而且渗透到政治、思想文化中，被赋予了丰富的内涵。甚至还时常被用来作为政治甚至日常生活中各种活动正当性的依据。

学界对于圣人问题的关注由来已久，目前针对圣人的研究也已经不在少数。在著作方面，王文亮曾在《中国圣人论》一书中，用充分的文字史料证明了"圣人"在中国文化系统和政治思想中的重要地位，分别从圣人与人的本质、学问修德、士人性格、帝王政体、经典权威、夷夏秩序等七个方面来探究中国历史中逐渐积淀而形成的圣人观念，通过"圣人"这个独特的视角检视和揭示了传统文化的特质。[①]李冬君和刘刚所著的《中国圣人文化论纲》从政治思想史的角度出发，以孔子的圣化为切入点，提出了中国文化的"三段论"——神化、圣化和公民化，圣化文化的"两条路线"——圣王路线和王圣路线，"三种模式"——孔子"下学上达"、孟子"反身而诚"、荀子"化性起伪"，揭示出圣化文化的两个核心理念——人民性和革命性。[②]张加才在

---

① 王文亮：《中国圣人论》，北京：中国社会科学出版社，1993年。
② 李冬君、刘刚：《中国圣人文化论纲》，山西：山西教育出版社，2014年。

《圣王之道〈孟子〉》一书中以《孟子》经典为例，论述了其中蕴含的治国平天下的圣王思想，并提出了对于今人的启发和借鉴意义。① 成云雷《先秦儒家圣人观与社会秩序建构》一书主要就圣人人格与社会秩序建构之间的理论关联进行了反思，认为儒家圣人不仅是个人修身的道德典范，也是社会秩序建构的主体。作者利用相关的典籍文献与出土材料，对先秦儒家圣人和秩序建构的内涵作了界定，并在此基础上探讨了先秦儒家圣人构建社会秩序的途径、条件和依据。② 而在朱义禄《从圣贤人格到全面发展——中国理想人格探讨》一书中则讲述了中国传统社会中对于圣贤理想人格的各种形态表现及其衍变发展的过程，借此引出现代人格的理性审视。③

　　在论文方面，我们经过梳理归纳，发现学者对于圣人的研究大多集中在以下几个方面：

　　（一）对于圣的文字学起源的解析或圣人概念的历史追溯。诸如顾颉刚的《"圣""贤"观念和字义的演变》中提出"圣"最初的意义只是聪明人的意思，它所有的各种崇高和神秘的意义，完全是后人一次又一次地根据时代的需要加上去的。④ 陈仁仁在《"圣"义及其观念溯源》中则提出"圣"字初义当为"听治"，引申为"善听"。"圣"义及其观念主要不是知识意义上的"聪明"而是德性意义上的宽容、通达（包括通神）、自制、顺从等含义。⑤ 王卫东《"圣"之原型考——兼论中国古代的圣人观》使用了大量的资料论证了圣的原型是远古之巫祝。⑥ 而吴震的《中国思想史上的"圣人"概念》一文从中国思想史的角度对圣人概念做了观念史的考察，⑦ 潘祥辉的《传播之王：中国圣人的一项传播考古学研究》一文从传播学的角度对中国圣人的概念进行了分析，并指出圣人内涵的演变经历了从巫圣到儒圣以及王圣的演变，但不变

---

　　① 张加才：《圣王之道〈孟子〉》，北京：中国民主法制出版社，2010 年。

　　② 成云雷：《先秦儒家圣人观与社会秩序建构》，上海：上海古籍出版社，2007 年。

　　③ 朱义禄：《从圣贤人格到全面发展——中国理想人格探讨》，上海：复旦大学出版社，2006 年。

　　④ 顾颉刚：《"圣"、"贤"观念和字义的演变》，《中国哲学（第一辑）》，北京：三联书店 1979 年，第 80 页。

　　⑤ 陈仁仁：《"圣"义及其观念溯源》，《伦理学研究》2011 年第 6 期。

　　⑥ 王卫东：《"圣"之原型考——兼论中国古代的圣人观》，《楚雄师范学院学报》2006 年第 11 期。

　　⑦ 吴震：《中国思想史上的"圣人"概念》，《杭州师范大学学报（社会科学版）》2013 年第 4 期。

的是圣人始终是善沟通、行教化的能动传播者。①这些文章从"圣"字义的演变或从圣人概念的变迁着手，进行了详细的论述。

（二）对于诸子百家的圣人观的研究。诸如魏霏霏的《先秦儒家圣人观演变探析》通过对先秦儒家圣人观的梳理，论述了先秦儒家圣人观产生、发展与演变的规律及其原因。②沈顺福的《从半神到人到神：儒家圣人观的演变》则论述了从孔子崇尚的半神半人圣人，到孟子与荀子的作为完美之人的圣人，再到汉儒将圣人从人上升为神，成为神圣的权威，圣人之言成天经地义的变化历程。③付晓琼的《评儒家"圣人"境界说》对儒家设计的理想人格的最高境界——圣人境界进行了考查，认为儒家的圣人是个体自我和道德本体的统一，是内圣和外王的统一，其中"德合天地"或"天人合一"是圣人的最高境界。④龙泽黯的《道家圣人观——从〈老子〉到〈庄子〉》指出道家所推崇的圣人，实质上就是道在人类社会中的化身，圣人的所作所为，都是以"道"为准绳进行的。⑤方波的《论〈墨子〉中的圣人形象》通过梳理《墨子》中的圣人形象，从而发现《墨子》一书中的圣人形象就是墨家思想主张的代言人，具有律己、爱人、任贤等特点。⑥

（三）针对各个思想家的具体的圣人观的研究。如楼燕芳的《荀子的圣人观》重点分析了荀子的圣人观中的知礼统一、圣王并重、尽善尽美等方面特征。⑦王棣棠的《孟子的圣人观浅析》认为孟子眼中的圣人是立足于现实，非抽象化的，但他也夸大了圣人的作用和影响，并极力美化孔子，开了春秋之后神化孔子的先声。⑧孙浩然的《〈老子〉的圣人观》中认为老子圣人观中包含着圣人引导百姓复归本性，绝圣弃智，使民百利的圣民关系。⑨邹彩娟的《孔子和老子的圣人观比较》指出孔子的圣人观侧重人与社会的关系，老子的圣人观强调人与自然的关系。孔子和老子的圣人观有两个共同的维度：其一，圣人是是非标准的化身，其二，圣人境界是最高的精神境界。⑩田涵

① 潘祥辉：《传播之王：中国圣人的一项传播考古学研究》，《国际新闻界》2016年第9期。
② 魏霏霏：《先秦儒家圣人观演变探析》，山东师范大学博士学位论文，2014年。
③ 沈顺福：《从半神到人到神：儒家圣人观的演变》，《江西社会科学》2013年第12期。
④ 付晓琼：《评儒家"圣人"境界说》，《重庆师院学报（哲学社会科学版）》2000年第4期。
⑤ 龙泽黯：《道家圣人观》，湘潭大学硕士学位论文，2014年。
⑥ 方波：《论〈墨子〉中的圣人形象》，《西南农业大学学报（社会科学版）》2011年第7期。
⑦ 楼燕芳：《荀子的圣人观》，浙江大学硕士学位论文，2009年。
⑧ 王棣棠：《孟子的圣人观浅析》，《兰州大学学报（社会科学版）》1982年第3期。
⑨ 孙浩然：《试论老子的圣人观》，《玉溪师范学院学报》2007年第7期。
⑩ 邹彩娟：《孔子和老子的圣人观比较》，湘潭大学硕士学位论文，2015年。

在《朱熹圣人观研究》中指出朱熹以做到圣人为人生最高理想和为学最大宗旨，他在继承自孔孟至二程之圣人观的基础上，结合自身的经历与体悟对其内容进行发挥，使圣人观更加具体化、深入化。①

总之，"圣人"在中国学界是一个非常独特、重要的观念，前人已经进行了很多工作。但从目前的研究来看，已有的研究大多是从哲学史或者是思想史的角度对中国圣人概念的变化进行了梳理，抑或对单个思想家或者某一流派的圣人观进行了剖析，将圣人置于舆论学的视角下展开论述的文章还有所欠缺。本文创造性地将圣人作为古代舆论管控的主体，在前人对圣人已有研究的基础上挖掘出圣人的新内涵。

第一节　舆论学视角下的圣人

一、圣人的本义

圣人之学离不开"圣"字，对于"圣"的诠释，《说文解字·耳部》中曾写道："圣，通也。从耳，呈声。"段玉裁为此注为："凡一事精通，亦得谓之圣。"②《古文尚书·大禹谟》中也说："圣者，无所不通之谓也。"③《周礼·大司徒》中亦有诠释："圣，通而先识。"④可见"圣"字的原义为通，而对于其具体的精通之物，又包含了多重内涵。

其中，圣人之通既包括通天人之变，诸如阮籍在《通老论》中谈到："圣人明于天人之理，达于自然之分，通于治化之体，审于大慎之训。"⑤《周髀算经》里也有"知地者智，知天者圣"⑥一说。在这里，圣人的内涵主要与通达至上神意志的能力或技艺有关，他能听到、知晓并向众人反映超自然者的命令和意志。此外，圣人之通也包括通达于思维，即圣人是聪明睿智的代表。《尚书·洪范》中就有云："思作睿，睿作圣。"⑦荀子也有提及"圣人者，道之

①　田涵：《朱熹圣人观研究》，曲阜师范大学硕士学位论文，2015年。
②　段玉裁译注：《说文解字注》，上海：上海古籍出版社，1981年，第592页。
③　江灏，钱宗武译注：《今古文尚书全译》，贵阳：贵州人民出版社，1990年，第318页。
④　林尹译注：《周礼今注今译》，天津：天津古籍出版社，1988年，第134页。
⑤　阮籍撰，陈伯君校注：《阮籍集校注》，北京：中华书局，2014年，第273页。
⑥　程贞一、闻人军译注：《周髀算经译注》，上海：上海古籍出版社，2012年，第11页。
⑦　王世舜译注：《尚书译注》，成都：四川人民出版社，1982年，第152页。

极也"①（《荀子·礼论》）。"所谓大圣者，知通乎大道，应变而不穷，辨乎万物之情性者也。"②（《荀子·哀公》）可见圣人是具备了通晓大道的智慧人格，拥有了常人不可及的才能学问。当然，圣人之通还包括通达于美德，正所谓"圣达节，次守节，下失节"③《左传·成公十五年》，"节"是行为的规范，"达节"是一种遵循礼仪行为规范的超自由状态，更是圣人所拥有的一种高境界美德。儒家自古以来都将圣人视为仁、义、礼、智、信等美好品德的完美化身，更是真善美优秀人格的杰出践行者。孟子就曾说道："圣人，人伦之至。"④《孟子·离娄上》除此之外，通达于治国能力也是圣人的内涵之一。荀子说"故非圣人莫之能王。"⑤（《荀子·正论》）此处的圣人是治理天下的统治者。之所以将其视作统治天下的不二人选，是归因于其出众的治世能力。《易传》中曾有言："圣人以通天下之志，以定天下之业，以断天下之疑……备物器用，立功成器，以为天下利，莫大于圣人。"⑥（《易传·系辞上》）《唐虞之道》中也有言"古者圣人廿而冒，卅而有家，五十而治天下，七十而致政……圣者不在上，天下始坏。""圣人上事天，教民有尊也；下事地，教民有亲也；时事山川，教民有敬也；亲事祖庙，教民孝也。"⑦由此可以看出，圣人拥有无人能与之匹敌的治世之才，作为处理政事的能人，人类文明的缔造者，他在协调人与人、人与天、地的关系中居于关键地位，是民众百姓当之无愧的教诲者和领导者。

二、圣人成为古代舆论管控主体的原因

舆论作为一个完整的概念首次出现在《三国志·王朗传》中。在该书记载的曹魏谏臣王朗给文帝曹丕的奏疏中曾提道："往者闻权有遣子之言而未至……设其傲狠，殊无入志，惧彼舆论之未畅者，并怀伊邑。臣愚以为宜敕别征诸将，各明奉禁令，以慎守所部。"⑧在这里，文帝"惧彼舆论之未畅"所指的舆论就是东吴的士大夫知识分子群体的意见。而后，从汉魏到明清时

---

① 荀况著，周先进编著：《荀子全本注译》，北京：中国文史出版社，2013 年，第 286 页。
② 荀况著，周先进编著：《荀子全本注译》，北京：中国文史出版社，2013 年，第 459 页。
③ 左丘明著，李梦生译注：《左传今注》，南京：凤凰出版社，2008 年，第 8561 页。
④ 钱逊：《〈孟子〉读本》，北京：中华书局，2010 年，第 318 页。
⑤ 荀况著，周先进编著：《荀子全本注译》，北京：中国文史出版社，2013 年，第 191 页。
⑥ 徐志锐：《〈易传〉今译》，沈阳：辽沈书社 1991 年版，第 64 页。
⑦ 李零：《郭店楚简校读记》，北京：北京大学出版社，2002 年，第 59 页。
⑧ 陈寿撰：《三国志（上）》，北京：中华书局 2011 年，第 344 页。

期又出现了反映士大夫知识分子言论的"清议""党议"等词，我国学者认为这也是中国古代的重要舆论现象。① 可见，我国古代社会中同样存在舆论，它主要是指有一定社会地位（主要是士大夫知识分子群体），能够参与国事的人所表达的信念、态度、意见和情绪表现的总和。

而根据林语堂先生所论："理论上讲，统治者和被统治者之间总是存在着一种潜在的对立。统治者和民众之间总是存在着一种拔河式的博弈和较量……"② 舆论无疑就是民众在与上层阶级博弈较量过程中的思想表达，从而实现对舆论进行有效管控，将消极性舆论转换为积极舆论，这是维系社会稳定发展的重要环节。

因此，舆论有传播主体，也会有其对立面管控主体。而在本文中笔者之所以将圣人视作古代舆论管控主体，主要原因还是圣人在古代生活中具有极高的权威性。

从上节对"圣人"本义的诠释也可以看出，圣人通达于思维，是智慧代表，这就为其赋予了思想权威。作为人类历史进程基本原理的领悟者，圣人具有最高智慧，这使得他在社会中能发挥百世之师的作用。孔子曾提出的"三畏"之中就有"一畏"是"畏圣人之言"③（《论语·季氏》），圣人之言是圣人智慧的结晶，是人类文明进步的成果。民众敬畏信奉圣人的言语，这在无形之中也会对各民众的意见表达和思维方式形成潜移默化的影响。

圣人通达于美德，是道德模范，这又为其赋予了道德权威。圣人能通过其人格影响力将诸子百家宣扬的道德品质推广到万千民众当中去，为社会营造良好的社会风尚。都说"弟子规，圣人训"④（《弟子规·总叙》），从一个"训"字便可看出作为道德表率的圣人在对民众行教化时的权威力之大以及传播效力之好。民众乐意听取圣人的教导，并在其熏陶中规范自我的行为。

圣人通达于治国之才，拥有通天人之变的能力，这无疑又为其赋予了政治权威，同时也为其实现对民众舆论的导控提供了便利条件。圣人杰出的治世才能、道德品行总能让民众心悦诚服，因此当圣人作为意志的施加者，需要民众扮演圣人意志接受者的角色时，享受或期待圣人之治的福利的民众也

① 骆正林：《中国古代社会舆论活动的主要类型和特征》，《洛阳师范学院学报》2008 年第 4 期。
② 林语堂：《中国新闻舆论史》，王海、何洪亮译，北京：中国人民大学出版社，2008 年，第 3 页。
③ 杨伯峻译注：《论语译注》，北京：中华书局 1980 年，第 256 页。
④ 马金亮译注：《弟子规译注》，上海：上海三联书店，2013 年，第 2 页。

就心甘情愿地接受了圣人传播的意志。古时皇帝经常将自己宣扬成为圣王或圣君，把自己下达的命令或发表的言论称为圣旨、圣意等，这也是借圣人之权威向民众落实统治者意志并把控民众舆论的表现。

　　总的来说，不论是拥有通天人之变的能力、治国之才能的圣人，还是作为道德模范，智慧代表的圣人，都是民众崇拜的对象，是社会权威的代表。从"见而民莫不敬，言而民莫不信，行而民莫不说"①（《中庸·第三十一章》）中可知，在圣人的言行感染下，民众对圣人饱含敬重、信任、愉悦之情。这使得圣人具备了古代社会中"意见领袖"的资质，他们是万人敬仰效仿的对象，其言行举止都能受到世人瞩目。他们通过其个人的影响力，所掌握的媒介资源、权利资源能有效地对公众的意见、行为、信念、情感、价值观等进行引导，在中国古代社会的舆论管控中发挥重要的作用。

三、圣人舆论管控的基础：神化人物、树立榜样

　　圣人是一种世人理想主义的化身，要实现有效的舆论管控，必须保证其具有足够的典型性和代表性，这就涉及将圣人偶像化和标杆化的造圣运动，唯有将圣人不断地拔高，才能真正成为让世人尊崇信奉、学习效仿的意见领袖，从而发挥引导世人的作用。

　　在这一造圣过程中，夸张式地神化代表人物是最常使用的手法。诸如被后世塑造为上古圣人的尧舜禹等，就被不断赋予了各种优于常人的特殊能力。《淮南子·修务训》中有描述"尧眉八彩，九窍通洞而公正无私，一言而万民齐。舜二瞳子，是谓重明，作事成法，出言成章。禹耳参漏（即三穴），是谓大通，兴利除害，疏河决江。文王四乳是谓冬停，天下所归，百姓所亲。皋陶于嗌，是谓至信。"②《春秋元命苞》也提到"武王齿并齿，是谓刚强。"③在这些文献经典中，尧舜禹等被塑造成了拥有八彩眉、双眼珠、三耳四乳，双重齿的人物，他们在身体构造上就异于常人，在道德智慧和个人能力方面更是超凡脱俗。此外，《史记·五帝本纪》记载黄帝"生而神灵，弱而能言"，帝喾"生而神灵，自言其名"。④《初学记》卷九引《帝王世纪》提及帝颛顼

　　①　王文锦译注：《大学中庸译注》，北京：中华书局，2008年，第203页。
　　②　张双棣撰：《淮南子校释》，北京：北京大学出版社，2013年，第1796页。
　　③　顾廷龙主编：《续修四库全书》，上海：上海古籍出版社，1999年，第598页。
　　④　司马迁著，裴骃、司马贞、张守节注：《名家注评史记》，天津：天津古籍出版社，2010年，第2354页。

"生十年而佐少昊，十二而冠，二十登帝位"。①《淮南子·修务训》中提及"史皇（仓颉）产而能书"。② 这都强调了作为圣人先天的神异。他们非比寻常，值得被世人顶礼膜拜。

除了神化圣人的身体和天赋，造圣过程中还会极力将圣人的成就推至顶峰。这在后世对于孔子的圣人化中可以体现。《孟子·公孙丑上》曾提及"以予观于夫子，贤于尧舜远矣。""自生民以来，未有夫子也。""自生民以来，未有盛于孔子也。"③ 这些说法都对孔子的评价极尽了赞美之词：孔子的才能甚至超过尧舜，无人能与之匹敌。而司马迁在《史记·孔子世家》也曾直接写道"孔子布衣，学者宗之。自天子王侯，中国言六艺者折中于夫子，可谓至圣矣！"④ 其用"学宗、至圣"充分肯定了孔子的地位，将孔子推崇至了万世之师、天下楷模的地位。学者陈嬿如曾在《心传》一书中提及了榜样的作用，其认为在传播过程中，若有一个所传讯息的践行者的"榜样"存在，必定能够大大促成传播效果的实现，也更易服众。此外，她还提及了一个观点：人即讯息。在传播过程中，个人的言行情思都会传递出相关的信息，对传播效果的产生发挥着中心作用。⑤ 圣人代表人物的成功打造也是为世人树立了一个榜样标杆，它为世人的言行确立了一个效仿的对象和信服信念的理由，也促使了舆论管控基础的奠定。

第二节　圣人舆论管控的途径

一、听言纳谏了解舆论

要有效地把控舆论，需要全面地认识和了解舆论，把握导控对象。而在中国的圣人文化中，"纳谏"一直占据着重要地位。谏议就是臣下向君上进言以规谏过失的言论行为，主要发生在君主和贵族进行政治决策、协商的环节中，或者国君或最高执政根据客观需要主动征求贵族们的谏议，或者贵族们

---

① 徐坚等著：《初学记》，北京：中华书局，1962年，第51页。
② 张双棣撰：《淮南子校释》，北京：北京大学出版社，2013年，第1796页。
③ 钱逊：《〈孟子〉读本》，北京：中华书局，2010年，第489页。
④ 司马迁原著，裴骃、司马贞、张守节注：《名家注评史记》，天津：天津古籍出版社，2010年，第5382页。
⑤ 陈嬿如：《心传：〈传播学理论的新探索〉》，厦门：厦门大学出版社，2010年，第77页。

出于维护政治决策的正确性而主动出谋划策，发表谏议，以备参考。[1]"黄帝立明台之议者，上观于贤；尧有衢室之问者，下听于人也；舜有告善之旌，而主不蔽也；禹立谏鼓于朝，而备讯矣；汤有总街之庭，以观人诽也；武王有灵台之复，而贤者进也。词古圣帝明王所以有而勿失，得而勿忘者也。"[2]（《管子·桓公问》）从中就可见，远古时期，圣人就已经千方百计地进行纳谏，并鼓励人们进谏，开放了各种各样的平台来作为采纳民意的场所。这也逐渐使世人形成了"圣人善于纳谏"的观念。在这一观念的影响下，力主其他的君主向远古圣人看齐从谏如流的主张也不在少数。诸如《尚书·说命上》中提到"惟木从绳则正，后从谏则圣。"[3]其认为民众谏言有如矫正木条的准绳，君主只有乐于纳谏，才能成为圣明之君。《管子·牧民》中也提到"言室满室，言堂满堂，是谓圣王。"[4]荀子曾以君主对于"谏"的态度将君主划分为圣君、中君和暴君几种类型。"事圣君者，有听从，无谏争；事中君者，有谏争，无谄谀；事暴君者，有补削，无挢拂。"[5]在管子和荀子看来，谏言繁荣与否已经成为衡量君王圣明程度的重要标志。而韩愈也把"从谏如流"[6]（《争臣论》）视为天子的一大美德，可见纳谏在成圣之路上的关键程度。

从舆论的角度来看圣人从谏，这其实是圣人了解民情民意的表现，也是实行舆论管控的重要前提。不论是在官者的"官谏"，还是在民者的"民谏"，都能帮助君民之间实现舆论互动。

在民者的谏议，其舆论内涵是毋庸置疑的；在官者的谏议，其除了代表贵族自身的个体意见和所属群体的舆论之外，也可以代表一定程度的民众舆论，谏官往往会依靠自己的情报系统，或通过官员的民间巡视、微服探访等方式了解民情，并以进谏的方式让君主知晓。因此，在这个意义上谏议制度虽然主要是统治阶层内部采纳舆论的机制，但无疑也是形成君民之间舆论互动的中间环节。而圣王要管控社会舆论，离不开对舆论的充分了解，因此听言纳谏也就成了圣人舆论管控中的重要途径之一。

---

① 赵映诚：《中国古代谏官制度研究》，《北京大学学报（哲学社会科学版）》2000年第3期。
② 赵守正译注：《管子注译》，广西：广西人民出版社，1982年，第211页。
③ 王世舜译注：《尚书译注》，四川：四川人民出版社，1982年，第39页。
④ 赵守正译注：《管子注译》，广西：广西人民出版社，1982年，第14页。
⑤ 荀况原著，周先进译注：《荀子全本注译》，北京：中国文史出版社，2013年，第171页。
⑥ 金锋主编：《唐宋八大家文集》，北京：九州出版社，2004年，第589页。

二、仪式活动影响舆论

远古圣人很早就利用统一神权，借助宗教祭祀或巫术等仪式活动来使大众信服。古时民神杂糅，"夫人作享，家为巫史"①（《国语·楚语》）。人人都能通神，传达神的意志。为了打破这种人人都能各表其民意的自由社会舆论状态，圣人颛顼"命南正重司天以属神，命火正黎司地以属民，使复旧常，无相侵渎，是谓绝地天通"②（《国语·楚语》），从而独占了与神对话的权利。

司马迁《史记·五帝本纪》也有记载说五帝时代"依鬼神而制义"。③圣人借由下层民众对于神的意旨深信不疑的心理来维护社会秩序，以实现社会的统一意志和统一行动。这开启了"神道设教"的社会舆论控制机制。《周易·观卦》就曾记载："观天之神道，而四时不忒，圣人以神道设教，而天下服矣。""圣人以神道设教而天下服矣者，此明圣人用此天之神道，以观设教而天下服矣。天既不言而行，不为而成，圣人法则天之神道，唯身自行善，垂化于人不假言语教戒，不须威刑恐逼，在下自然观化服从，故云天下服矣。"④可见圣人通过"神道设教"，树立"天道"秩序，问"正道"于天，最终顺化万民，垂范万民，并一统民意。

圣人神道设教最常用的表现手法就是卜筮和宗教祭祀。《汉书·艺文志》就有言："蓍龟者，圣人之所用也。"⑤王充在《论衡·辨祟》中也有言："圣人举事，先定于义，义已定立，决以卜筮，示不专己，明与鬼神同意共指，欲令众下信用不疑。"⑥圣人在行事之前，通过卜筮获得兆象和象数，假托鬼神之意顺利地控制了民众舆论。而《吕氏春秋·顺民》也记载："昔者汤克夏而正天下，天大旱，五年不收，汤乃以身祷于桑林……于是翦其发，枥其手，以身为牺牲，用祈福于上帝，民乃甚说，雨乃大至。则汤达乎鬼神之化，人事之传也。"⑦可见圣人商汤为求雨，置身于桑林之中，减去自己的头发，挤压自己的手，通过这一充满了仪式感的祭祀活动来进行人神沟通，进而顺化

---

① 陈桐生译注：《国语》，北京：中华书局2013年版，第90页。
② 陈桐生译注：《国语》，北京：中华书局2013年版，第90页。
③ 司马迁原著，裴骃、司马贞、张守节注：《名家注评史记》，天津：天津古籍出版社，2010年，第742页。
④ 宋祚胤译注：《周易译注与考辨》，长沙：湖南人民出版社，1987年，第27页。
⑤ 顾廷龙主编：《续修四库全书》，上海：上海古籍出版社，1999年，第234页。
⑥ 王充著，北京大学历史系《论衡》注释小组注释：《论衡注释》，北京：中华书局，1979年，第157页。
⑦ 吕不韦等编撰，张双棣等译注：《吕氏春秋译注》，长春：吉林文史出版社，1987年，第758页。

了民心。

不论是卜筮还是祭祀，都是仪式活动的体现。而根据法国著名社会学家涂尔干的观点，他认为仪式活动的功能就在于强化作为社会成员的个体对其所在的集体形成依附关系。[①]从舆论控制的意义上说，古之圣人通过这些以神人沟通为核心的仪式活动进一步提升了自身的权威性和舆论形象，强化了社会民众的凝聚力，从而使民众在普遍认同的情况下进一步推动了舆论管控的实现。

三、道德教化引导舆论

舆论和其他意识形式的重要区别在于，它们在人类意识的结构中所居层次不一样。舆论是一种表层意识，其形成过程、意见倾向与作为深层意识的思想与信仰密切相关。在相同的社会背景下，不同思想和信仰的人往往具有不同的价值观。当对某一社会事件或社会人物进行评价时，不同价值取向的人大多都根据自己固有的价值标准进行评价，形成不同的意见。这些不同意见的集合便构成了社会中不同的舆论。虽然舆论的多样性无法彻底消除，但是将混乱无序的多样化转变为相对有序的多样性则是可能的，转变的关键就在于集合意识的形成。而通过教化的方式，可以统一思想，移风易俗，从而形成民间集合意识，达到引导社会舆论的目的。

古之圣人无不重视教化，教化是圣人治世的首要课题，他们"建国君民，教学为先"[②]（《礼记·学记》）。譬如舜曾看到"百姓不亲，五品不逊"[③]（尚书·舜典），就命令契担任司徒之职，掌管教化，使得民风日渐淳化。王阳明也曾在《传习录》中提到希望效仿尧舜禹时期，普及圣人之学，以教化来实现思想高度统一，没有异端的理想社会。"唐虞三代之世，教者惟以此惟教，而学者惟以此惟学。当时之时，人物异见，家务异习。安此者谓之圣，勉此者谓之贤，而背此者，虽其启明如朱，亦谓之不肖。下至闾井田野，农工商贾之贱，莫不皆有是学，而惟以成其德行为务。"[④]（《传习录》）再说古时大圣人孔子，其本人本身就是一个重视私人办学、成就卓越的教育家。而他正是

---

①　涂尔干：《宗教生活的基本形式》，渠东、汲喆译，上海：上海人民出版社，1999年，第5页。

②　王梦鸥译注：《礼记今注今译》，天津：天津古籍出版社，1987年，第352页。

③　王世舜译注：《尚书译注》，成都：四川人民出版社，1982年，第83页。

④　王阳明著，邓阳译注：《译注传习录》，广州：花城出版社，1998年版，第446页。

通过对他人孜孜不倦的道德教化广泛地传播了儒家的价值观念与理念，引领了社会舆论的走向。通过君君臣臣、父父子子和仁义礼智等伦理道德观念的传播影响了社会大众的认知，从而在一定程度上规范了社会舆论。

此外，《朱子文集》曾提及"古之圣人，作为六经，以教后世。"[①]晁说之也说过："圣人之意具载于经，而天地万物之理管于是矣。"[②]（《晁氏儒言·新》）可见《六经》作为儒家所标榜的思想渊源，是圣人之道的载体。古时圣人把《六经》视为道德教化的重要工具，以此教育民众，淳化民风，统一思想，实现"比屋可封"的盛世。而世人也多借助于它形成了意识当中的行为规范、道德准则、理想抱负等。

与此同时，礼乐对舆论的引导作用也不容忽视，古之圣人尤为重视通过礼乐施行教化从而控制舆论。"圣人作乐以应天，制礼以配地。礼乐明备，天地官矣；天尊地卑，君臣定矣；卑高已陈，贵贱位矣。"[③]（《礼记·乐记》）《周礼·地官》也有云："以五礼防万民之伪，而教之中。以六乐防万民之情，而教之和。"[④]就礼对于舆论的意义来说，它作为一种等级制的生活和行为方式，起到了社会舆论的过滤器的作用，当它作为一种价值观念被大众接受认可后，任何"非礼"的人和事往往会成为社会舆论抨击的对象，而合乎礼仪的行为则会受到社会舆论的褒扬。"乐"是一种由诗歌、音乐、舞蹈合为一体的艺术形式，本身就具有"防民情，教之和"的作用，可以帮助民众调节身心，平复血气。而《周易·豫》中写道："先王以作乐崇德。"[⑤]古帝王们之所以热衷于"作乐"，常常是为了宣扬各种符合统治要求的德行。诸如周武王克殷之后，则命周公作《大武》之乐，颂扬武王伐纣除民之害之功。这些记录圣人功绩的乐舞，是宣扬符合其统治利益的政治伦常及行为规范的重要载体，也是教化民众引导民众舆论重要方式。陈力丹也曾提及"文学艺术对于促进生成健康、稳定的良性舆论的循环过程，具有重要的意义。"[⑥]可见无论是《六经》还是礼乐都大大助力了圣人对于古代社会舆论的管控。

---

① 朱熹撰：《朱子文集》，北京：中华书局，1985 年，第 174 页。
② 中国国家图书馆编：《原国立北平图书馆甲库善本丛书》，北京：国家图书馆出版社，2013 年，第 1205 页。
③ 王梦鸥译注：《礼记今注今译》，天津：天津古籍出版社，1987 年，第 360 页。
④ 林尹译注：《周礼今注今译》，天津：天津古籍出版社，1988 年，第 273 页。
⑤ 宋祚胤译注：《周易译注与考辨》，长沙：湖南人民出版社，1987 年，第 76 页。
⑥ 陈力丹：《舆论学：舆论导向研究》，北京：中国广播电视出版社，2012 年，第 135 页。

四、法规制度约束舆论

圣人除了会采用软性的道德教化引导民众舆论，也会辅助硬性的政治制度或刑罚措施来管控制约民众舆论。诸如孔子曾曰："圣人之治化也，必刑政相参焉，太上以德教民，而以礼齐之。其次以政焉导民，以刑禁之，刑，不刑也。化之弗变，导之弗从，伤义以败俗，于是乎用刑矣。"①（《孔子家语·刑政》）荀子也提出因为人性本恶，需要以刑法进行规范。"以善至者待之以礼，以不善至者待之以刑。"②（《荀子·王制》）对于一些发布奸说邪说混淆社会舆论又不顺教化的人，甚至主张坚决予以诛杀。"奸说，奸事，奸能，遁逃反侧之民，职而教之，须而待之，勉之以庆赏，惩之以刑罚。安职则畜，不安职则弃……才行反时者死无赦。"③（《荀子·王制》）而在《二程集·粹言》中，程颐主张"圣王为治，修刑罚以齐众，明教化以善俗。刑罚立则教化行矣，教化行而刑措矣。"④《朱子语类》指出"圣人为天下，何曾废刑来！"⑤《商君书》的《赏刑》篇中也说："圣人之为国也，一赏，一刑，一教。一赏则兵无敌。一刑则令行。一教则下听上。"⑥可见必要的刑罚制度是圣人当政的必要条件，它能给予被统治的民众一定的威慑作用，从而维持社会秩序实现圣人之治。

而这对于圣人的舆论管控来说，同样适用。如果说道德教化是从内部影响民众的价值观，从而引导民意的形成的话，刑罚制度则是从外部施压限制民众的思想和行为，从而约束民意的表达。但是如此一来，统治者很容易因为把握不好刑罚的尺度而由圣君落入暴君的行列。对于刑罚的过度使用，会导致舆论高压政策的出现，当舆论压制到一定程度便很容易造成恶性反弹。诸如秦统一天下后，秦始皇采纳李斯的建议，"下焚书之命，行偶语之刑"，开始了君主思想专制的恶例。这无疑是已经走向了极端的舆论管控，不利于社会健康的舆论体系的形成，只会导致进一步的舆论失控。因此才会有了后来的"伐无道，诛暴秦"的起义造反舆论的大爆发，加速了秦王朝的灭亡之路。明清文字狱不断，民众的只言片语可能都会招致杀身灭族之祸。这些舆论专制政策，只会造成社会恐怖、文化凋敝，从而禁锢了思想，摧残了人才，

---

① 王盛元译注：《孔子家语译注》，上海：上海三联书店，2012 年，第 249 页。
② 荀况原著，周先进编著：《荀子全本注译》，北京：中国文史出版社，2013 年，第 171 页。
③ 荀况原著，周先进编著：《荀子全本注译》，北京：中国文史出版社，2013 年，第 171 页。
④ 程颢、程颐著：《二程集》，北京：中华书局，2004 年，第 1212 页。
⑤ 黎靖德编：《文渊阁四库全书》，上海：上海古籍出版社，2003 年，第 2483 页，第 547 页。
⑥ 高亨注译：《商君书注译》，北京：中华书局，1974 年，第 603 页。

严重阻碍社会的发展和进步。而这也就与真正的圣人之道相去甚远了。

第三节　圣人舆论思想对我国政府舆论管控的启示

对于我国当今社会来说，舆论管控的最大主体就是政府机关。在网络时代的新媒体环境下，公众舆论更趋复杂多变，这也为舆论管控工作带来了一定的挑战。但古时的圣人论说体现出来的智慧对于当下依然有很大的借鉴意义。

一、打造舆论领袖

古之有圣人尧、舜、禹、孔子等作为身体力行的榜样，为舆论导向树立了标杆，促成了有关圣人理念的传播，也为后世借用圣人论说实现进一步的舆论管控提供了便利。今之政府同样可以打造一批可供效仿和代言发话的权威对象。以目前最为活跃的新媒体舆论平台微博为例，政府完全可以适当地培养和鼓励知名专家学者和媒体人士作为舆论领袖，一面放大这群精英人士所拥有的高水平知识素养、职业素养以及出众的道德品行，塑造其权威性，一面利用其影响力在微博上与公众进行广泛的沟通，积极发声，发挥正面的舆论引导作用。

二、加强舆论监测

听言纳谏是古时成圣的标准，古之圣人鼓励要多取民意了解民意，才能更好地为把控舆论打下良好的基础。反映至当今社会，就需要政府加强舆论检测，以全面掌握舆情现状，为广大群众提供更广泛、更便捷的诉求、咨询、投诉等服务通道，构筑一个常设、透明、广泛、互动的信息交流平台。在网络环境中，尤其需要设立一个全方位的舆情监控网络，通过舆情搜索引擎和智能抓取技术，对各大论坛、帖吧、社交平台等舆论聚集地进行全网实时抓取、监测以及时掌握舆情热点，把握舆情动态，捕捉各类带有苗头性的群众问题，防患于未然。

三、注重软硬兼施

圣人治国以"道德教化"为先，但也需"行政相参"，在政府舆论管控的过程中同样如此。仍以网络舆论管控为例，为了在泥沙俱下的网络环境中有效地管理各类流言谣言。一方面需要对民众加以劝导性的宣传，提升群众的网络道德水平和媒介素养，但另一方面也需在依法管理上下功夫。俗话说，无规矩不成方圆，一定的规章制度与惩戒措施能够让网民意识到自己应为自己的网络言论承担相应的责任，对不良的网络言行起到一定的震慑作用。可在此过程中同样需要注重尺度的把握，力求保持舆论管控力度与言论空间的平衡，避免因过于压制堵塞了民意发声的渠道。

（侯霁　谢清果）

第五章 民歌谣谚：华夏民间舆论的表达方式

　　学界对于中国古代民间歌谣的研究始终保持着很高的关注，从不同角度解读民间歌谣的文本不胜枚举。本章借助舆论学的视角，将中国古代民间舆论视为一种中国古代"不完美"的舆论。文章分别从范围界定、定义辨析、主体探究、呈现过程和文本符号解读四个方面进行探讨。

第一节 舆论学视角下的民谣

一、何为民谣？

　　一直以来，人们对于民谣的概念并不十分清晰，有称"民谣""歌谣""谣谚"，论者常以"歌谣"或者"谣谚"等词泛指。

　　"歌"与"谣"的区别较为明显，最初的区别就在于音乐，"歌"一半能够合乐而发，在韵律和声调上都有所要求。钟敬文在《民间文学概论》中解释"歌"与"谣"说："民歌受到音乐的限制，有比较稳定的曲式结构，所以歌词也有与之相适应的章法和格局；民谣大多没有固定的曲调，唱法也近于朗诵，所以谣词多为较短的一段体，在章句格式上要求不像民歌那么严格。"① "谣"的语句比较简短，句子长短不一，是因为吟诵者是为了抒发自己对于时间的观点和意见，它的叙事性和议论性高于抒情性和艺术性。

　　"谣"与"谚"也是不同的。"谚"是谚语，属于一可以传播的口头韵语，从形式上来看，两者很难区分。吕肖奂在《中国古代民谣研究》中对民谣和谚语做了更为详细的辨析："民谣一般针对具体的事物和人物，无论颂怨瑶还是讖谣，其颂扬、怨恨以及讖示预言的都是具体的人和事；而谚语则针对具有普遍性的一类人和事，偏重发现众多人事背后所潜藏的内在规律并且加以

---

① 蔡金成：《宋代民间歌谣研究》，南京师范大学硕士学位论文，2012年，第8—12页。

总结，形成一种哲理，给后人一种借鉴和警示，所以讽劝、训诫类的谚语是社会谚语中最多的一种，从这个意义上讲，谚语是民众的哲学，而民谣是民众的政治关怀。"[①] 对此他总结："一般说来，民歌重在抒情，民谣偏于叙事描述，而谚语则侧重在议论，因此民歌以声情摇曳、一唱三叹见长，谚语以睿智聪慧、其警新锐而擅长，民谣则以形象鲜明、质朴浅近而取胜。"[②]

民谣从奴隶制社会就开始形成了，在夏商时期的典籍中就有民谣的记载，周代的民谣主要保存在《诗经》和其他一些先秦文籍中。秦汉时期是我国封建社会发展和强化时期，其民谣的内容和政治事件紧密结合，既有对专制压迫的反映也有对农民起义的预言和支持。南北朝和隋唐时期，民谣的艺术性进一步加强，尤其是唐代的民间谣言与民歌更加相融，形象描绘和语言精练上有所发展，韵律和谐，朗朗上口。宋元时期，民歌不及唐代繁荣，但是它的政治性更加尖锐、矛盾更加凸显，这与当时民族矛盾激化和政治黑暗有直接关系，但是这一时期的民谣依托印刷技术的进步，在辑录数量上有突破。明清时期和近代出现了许多关于各朝代的歌谣谚的专集，比较著名的有《古今风谣》《古谣言》。《古今风谣》是明代的杨慎所写，收录了上古到明代嘉靖时期的民谣280多首，杨慎在著书中没有为"谣""谚"进行分类，但是却能在归类时将不同类型的作品进行准确分类。《古谣言》是清代的杜文澜收纳整理先秦至明代的3300余首民谣而成，引书860种，可以说内容丰富且全面。但是《古谣谚》中并没有将"谣"与"谚"进行区分，因而使民谣的界定比较混乱。

民谣在其发展中呈现出鲜明的历史性和政治性特征。1.历史性。民谣的内容生动记录了历史前进和发展的过程。民谣虽然是民众口口相传的一种语言文本，而且形式往往是碎片式和片段化的，但是这些来自民间的话语恰恰是历史最好的缩影，能够辅助正史的正式文本内容，为后世还原一个较为完整的历史面貌。民谣或赞扬功绩，或针砭时弊，或记录流行风尚，不管是对流世民谣的形式和内容进行分析，都有相当丰硕的研究结果。2.政治性。每当国家有重大的军事、政权、经济变动时，都会有民谣应运而生。它是下层民众在中国古代社会中发出自己话语的重要方式，能够抒发百姓们对于现实社会的态度和情感，民谣简洁易懂易传唱的特点恰恰满足民众对于社会问题

---

① 吕肖奂：《中国古代民谣研究》，成都：巴蜀书社2006年，第17—18页。
② 吕肖奂：《中国古代民谣研究》，成都：巴蜀书社2006年，第19页。

的评论诉求。

二、民谣何以是一种舆论形态

要探究民谣与舆论是否有联系，首先需要了解舆论。舆论是从西方的"public opinion"一词翻译过来的，里面包含的"人民主权"的理念产生于西方文艺复兴时代，直到 18 世纪，卢梭在他的《社会契约论》中提出了"opinion publique"，舆论才成为一个独立词组。因此"舆论"一词从诞生开始就更多地带有西方民主思想的元素。

（一）从舆论学的定义出发

我国的陈力丹教授对于舆论学的研究颇有建树，他提出，舆论应该有衡量的标准，以区别舆论和不属于舆论的其他意见，并且他概括出八个衡量舆论的标准。它们分别是：能够自主发表意见的公众组成的舆论主体、反映问题或社会现象的舆论客体、作为情绪流露的舆论自身、舆论的范围数量（一致性）、强烈程度、持续性、能够影响舆论客体的功能表现、舆论的质量。其中前七大要素是判断一种意见或观点是否构成舆论的必需要素。以此八大标准来看，中国古代民谣由于历时长、多为二手资料的原因，在一致性、持续性和强烈程度上无法进行衡量，在剩下的四个必要要素中，最受争议的就是对于舆论主体是否具有自由权利的问题。陈力丹教授认为，舆论的主体应当是公众。"如果发表意见的人不是自主的人，发出的意见就不是舆论。"[1]这是陈力丹教授从现代舆论的理念出发对于舆论的解读，但是用今天的理论去研究古代的歌谣，还是应当结合当时的实际情况。对于舆论主体的自由程度，徐宝璜在他的《舆论之研究》中提到自由的意见是人民自由选择某种意见的自由，而并不是"意见必出于主动也"，社会大众通常缺乏对于社会问题的判断能力，因此对于许多事情并不能都有自己的意见，因此他们一般是"而以其所信任或所仰望者之意见为意见"。[2]徐宝璜的这一说法，提出背景是 20 世纪的中国，他更注重从当时中国的文化土壤出发，因此，他所说的拥有自由选择意见权利的大众更符合中国古代舆论的主体，这也就与民谣的传唱主体有相契合的范围。

---

[1] 陈力丹：《关于舆论的基本理念》，《新闻大学》2012 年第 5 期。
[2] 王颖吉：《从〈舆论之研究〉看徐宝璜对我国现代舆论学的开创性贡献》，《毕节学院学报》2006 年第 5 期。

（二）从民谣的功能来看

民谣的功能更倾向于诺伊曼在她"沉默的螺旋"中体现出的舆论观，反映的是一种舆论集中化或是舆论寡头化的趋向，这种舆论的目的更多地表现在意见的整合上，这实质上指出的是舆论本身与促进民主并无关系，它的重点主要在于整合社会、防止社会过度分化。而民谣作为中国奴隶社会到封建社会的民意的具象形式之一，在各个朝代中所起的作用实际上是统治阶级为巩固政权及其统治地位的工具，这一点在民谣的呈现机制中体现得更加明显。

结合中国古代的历史语境，我们不难发现，民谣能够被视作一种舆论形态，但是这一意义上的舆论与现代意义上的舆论存在很大程度上的不同，从舆论主体和功能上看，民谣是一种由大多数底层民众自由选择的、以整合社会和维护稳定为目的的工具，这一点将在下一节具体表述。因此笔者从现代观点出发，它是一种"不完美"的舆论。

第二节 民谣的舆论主体

在上一节中，我们论述了民谣作为舆论是一种"不完美"的存在，其主要的舆论主体拥有的不是发表的权利而是自由选择的权利。这一节，我们将对于民谣的主体进行具体讨论。

一、普通百姓始终是民谣的基本主体

民谣从先秦以来就受到了相当高的重视度，这与自先秦以来流行的民本思想有关。先秦思想家们认为君主应该以民为本，要"民之所好好之，民之所恶恶之"[①]，"政之所行，在顺民心，政之所废，在逆民心"。[②]而民心和民意主要是从民言表达出来，孟子更是把民心所向作为政权正当性和政策取舍的关键因素。因此底层普通百姓是舆论的真正主体。先秦时期民众（国人、乡人）的言论就能够在乡校和国人大会等场合上公开表述，他们即兴创作的民谣自然也受到了重视，这些即兴民谣对于时政事件和政治人物的反映最为强烈。比如在子产执政时期，他整编郑国田制、施行新政，头一年的时候令不少多占田产者的利益受到损害，因此就有民谣曰"取我衣冠而褚之，取我田

---

① 郑玄注、孔颖达疏：《礼记正义》第四十二卷《大学》，载阮元校刻《十三经注疏》，北京：中华书局1979年影印本，第1675页。

② 赵守正：《管子注译》上册《牧民第一》，南宁：广西人民出版社1982年，第1页。

畴而伍之。孰杀子产，吾其与之"，大骂子产，认为他的新政增加了自己的田税，甚至还想要杀了子产。但是新政推行三年以后，舆人又诵曰："我有子弟，子产诲之。我有田畴，子产殖之。子产而死，谁其嗣之。"[①]北宋时期官吏贪污腐败现象严重，因此百姓对于正直清廉的官员的评价相当高，包拯为官正直，不畏权贵皇权，在民间流传这样的一首民谣："关节不到，有阎罗包老。"[②]讲的是如果打官司没有打通层层环节，也还有包拯为贫穷的百姓们撑腰，官员正常行使其正常职能，却得到了百姓们的赞扬，是因为涉及了百姓切身的生存利益。普通百姓为了生存和生活，更多地关注与自己切身利益紧密相关的事件。

二、以君王为主的上层统治阶级和贵族是民谣的主体之一

统治阶层认同民意的决定性作用不仅仅是意识到民意的巨大影响力，还有更重要的，他们意识到通过操纵民意和引导民意，能够显示政权的正当性并维护统治，因此为了维护自己的绝对权力，统治阶级会利用机会制造有利于自身的舆论，其中比较重要的方式就是通过编造民谣的方式进行造势。最有代表性的例子就是"四面楚歌"。当楚君被汉军及诸侯重重包围之时，汉军仅用楚歌就能使楚人心理崩溃，造成他们已惨败的心理假设，使楚军军心溃散，溃不成军。还有政治集团为了实现自己的政治目的进行的民谣编造，伪造民谣，使自己的信息量更多更快地被听众接收到，从而阻碍竞争者信息的有效接收。在汉平帝元始四年春，王莽派遣八位特使下民间宣明德化、镇压异议和统一舆论，但是因为其中两位特使"玄于是纵使者车，变易姓名，闲窜归家，因以隐遁"[③]，不愿附和王莽，辞官避祸。王莽因而没有达成自己统一舆论的目标，而他为自己的政治目标所伪造的官方歌谣没有被大众接受和传播，因而一首也没有流传下来。所以，即使民意能够被压制，民谣可以被编造，但是不可能被永久误导。

---

① 吕宗力：《略论民间歌谣在汉代的政治作用及相关迷思》，《社会科学战线》2008 年第 9 期。

② 赵瑶丹：《两宋谣谚的社会内容和时代色彩》，《浙江师范大学学报》2006 年第 5 期。

③ 范晔，李贤：《后汉书·独行传·谯玄》卷八十一，北京：中华书局 1965 年，第 2667 页。

三、士人是民谣重要的主体

士人在中国古代社会中处于联结天、君、民的位置，发挥了参政议政、整合民意的作用。周作人在《读〈童谣大观〉》中说："儿歌起源约有二端，或其歌词为儿童所自造，或本大人所作而儿童歌之者。"串田久治也曾指出汉歌谣通常是知识分子假托庶民、儿童所作，表达的其实都是汉代知识精英的政治见解。[①]这里的知识分子和大人指的就是"士"。士阶层在奴隶制时期指的是贵族的成年男子，由于春秋时期礼乐崩坏，处于贵族底层的士阶级由于身份地位的尴尬因而在社会身份上获得了所谓的独立，之所以称为"独立"，是因为这一阶段的士阶层大量依附于诸侯们，为他们服务，因此他们的社会角色更接近"御用文人"的角色。在春秋时期到汉时期的士人形成了一个进行舆论宣传的"职业团体"，他们周游列国，担负着君主所托的外交任务，或是阐述他们自己的政治理想。而后，随着贵族政治的衰弱和选官制度、科举制度的完善，士人参政议政具有了制度化的保障，又由于士人阶级与民间的紧密联系，"教育不普及，则民智不深，于是公共问题之范围狭小，而舆论亦自不盛"。[②]民智不盛对于舆论的兴盛会有影响，而百姓在中国古代社会中没有受到系统的教育，但是中国古代民谣却种类丰富、内容多元，因此士人在舆论传播中、在民谣传播中的重要地位不言而喻。唐代实行科举取士后，这一制度常常成为民谣表现的对象。"今年选数恰相当，都由座主无文章。案后一腔冻猪肉，所以名为姜侍郎。"[③]这一民谣用了谐音将科举取士的主考官滥用职权、无所作为的僵化的一面尽情嘲讽，表现了众文人对于科举制形同虚设现象的不满。士人作为表达民意的代理人是历史和自身的选择结果。士人对上将贵族阶级和政治集团的意见创编为通俗易懂的民谣以便百姓能够容易接受，达到上层阶级的政治目的；向下，中国的士人们怀着"以民为本"的思想将民意、民怨、民愤整编并进行文学加工，形成适宜传颂的民谣，加强民意的生命力、拓宽民意的流传范围，而使民意能够被君主所接收；同时，士人自己也怀有自己的政治抱负和悲悯情怀，在野的士人们针砭时弊、讥讽贪污腐败，通过编写民谣传播自己的意见。

① 吕宗力：《略论民间歌谣在汉代的政治作用及相关迷思》，《社会科学战线》2008年第9期。
② 王颖吉：《从〈舆论之研究〉看徐宝璜对我国现代舆论学的开创性贡献》，《毕节学院学报》2006年第5期。
③ 上海古籍出版社编：《唐五代笔记小说大观》，上海：上海古籍出版社2000年，第1—87页。

第三节 民谣舆论的呈现机制与符号解读

一、民谣的传播范围

民谣的产生和兴盛是以共同利益为基础的，它的传播范围可以利用二分法，从时间和空间两个角度进行讨论。

（一）从时间上来看，乱世多民谣

"乱世"包括战乱频发时期，党派攻讦的黑暗时期，朝廷官员腐败现象丛生时期等等。在两宋的民谣中，由于民族矛盾，有大量民谣是反映收复沦陷国土、谴责统治阶级的民谣，与此同时还有不少赞扬视死如归的忠臣义士的民谣，形成了强烈的对比。有谣赞韩琦、范仲淹曰："朝廷无忧有范君，京师无事有希文。军中有一韩，西贼闻之心骨寒。军中有一范，西贼闻之惊破胆。"① 由于辽末王朝的腐朽失了民心，谣曰："臻蓬蓬，外头花花里头空。但看明年正二月，满城不见主人翁。"② 这首民谣传到了宋徽宗时期又被用作预示宋将亡国。还有讽刺贪生怕死的投降将士的，比如百姓对洪起畏出城投降的行为满腔气愤，因此对他曾贴榜"家在临安，职守京口。北骑若来，有死不走"的文字改编成民谣"家在临安，职守京口。北骑若来，不降则走"③，刻画出他贪生怕死的形象。当政府机构出现人员冗杂，体制腐朽时，也常有民谣。东汉末年察举取士滥用，导致选官制度失去了原来应有的活力与公平，民间谣言曰："举秀才，不知书，察孝廉，父别居。寒素清白浊如泥，高第良将怯如鸡。"④

（二）从空间上看，城市多谣言

民谣的流行离不开公共空间，在公共空间中，各种话题、议题、社会活动能够被公开提出，同时还需要一定的人口密度为信息的传播提供条件，这两个要素，在城市中都能够得到满足，而更重要的是，城市受到皇权辐射较强，政治敏感度较高，因此对于社会事件的关注度较高，也就常出民谣。著

---

① 范晓婧：《宋辽金民间歌谣研究》，南京师范大学硕士学位论文，2013 年，第 35 页。
② 陈凌：《宋代谶谣的社会功能与价值》，《云南社会科学》2011 年第 5 期。
③ 赵瑶丹：《两宋谣谚的社会内容和时代色彩》，《浙江师范大学学报》2006 年第 5 期。
④ 杜文澜：《古谣谚》卷六，北京：中华书局 2000 年，第 95 页。

名的《顺帝末京都童谣》："直如弦，死道边。曲如钩，反封侯。"①就是用以讽刺"党锢之乱"的。在唐朝初期宫中政治变乱较多，就出现了很多与政治寓言有关的民谣。比如"可怜安乐寺，了了树头悬"②，就被认为是预示了韦氏之乱的结局，最后韦氏被杀，而安乐公主被斩首。还有天宝末期的童谣唱的是"义髻抛河里，黄裙逐水流。"③由于杨贵妃常以假发髻为头饰，而且喜欢穿黄色衣裙，因此被看作杨贵妃的死亡预言。武则天掌政时期，郝姓和许姓皆为望族，《古谣谚》卷五十四引韦述《两京记》就说到，这两家子弟行为霸道，言行卑劣，出行讲排场，车马装饰极豪华。"衣裳好，仪观恶。不姓许，即姓郝。"④

中国古代社会对于民谣的重视不如说是对民意的重视，即使是在形式上。各朝各代都有对于民谣的采编、整理的活动。

自先秦以来乡人、国人的言论一般就能在乡校和国人大会等场合公开表述，也可以即兴创作歌谣，经由乐正等乐官收编，呈送诸侯、天子做决策参考。两汉时期，民谣的收编和整理更加制度化，汉代统治者把歌谣作为施政的重要依据。在汉代，歌谣从民间传播到君主的渠道比较发达，有与先秦的"采诗""遒人徇路"一脉相承的乐府、行风俗等自上而下的歌谣采集渠道；也有"举谣言"这种自下而上的渠道。《后汉书》注引《汉官仪》："三公听采长吏臧否，人所疾苦，还条奏之。是为之举谣言者也。"关于"举谣言"的定义一直存在较大分歧，陈建群对于"举谣言"的含义进行了辨析，对于"听采"的主体，他认为从汉代的制度和政治活动而言应当是州郡而非三公，州郡负责借州奏事了解地方情况，问州中风俗，也就是通过歌谣了解所辖区域的情况。因此"举谣言"基本上指的是"每年下半年，各州派员到所辖区域去考核官员，了解民情、民意。在这个过程中，这些派出人员要收集民间歌谣作为工作依据。岁末，州郡将所收集整理的包含大量歌谣的材料，汇报给中央政府。这些材料将作为评价奖惩地方官员的重要依据。"⑤这将民谣地位提升到一个相当高的地位。

① 范晔，李贤：《后汉书·独行传·谯玄》卷八十一，北京：中华书局1965年，第3003页。

② 葛永海：《论唐代都城民谣的类型与特性》，《浙江社会科学》2001年第5期。

③ 上海古籍出版社编：《唐五代笔记小说大观》，上海：上海古籍出版社，2000年，第135页。

④ 葛永海：《论唐代都城民谣的类型与特性》，《浙江社会科学》2001年第5期。

⑤ 陈建群：《"举谣言"考辨》，《国际新闻界》2014年第8期。

从宋代开始，随着印刷术的进步，"宋代经济、文化繁荣，科举制度吸引着剥削阶级乃至个别自耕农民努力向学。有条件的士大夫之家，不仅注意藏书，也从事刻印，所以宋代私家刻书甚盛"。① 文人们开始有意识地收集民间歌谣，民谣从此开始集中地系统地收编，它利用纸媒，加大了影响力，扩宽了传播空间。其中比较著名的有《乐府诗集》一百卷，由北宋时的郭茂倩所编，收录了从汉魏到五代的乐府歌词和先秦到唐末的歌谣共五千余首，他在书中论述了歌和谣的异同，并谈到了歌的影响和传承。生于书香世家的郭茂倩对于诗歌音律很有才气，他收录的这一诗集使得大量的诗歌得以保留和流传，为后人提供了珍贵的研究资料。这种民谣的辑录延续到元代和明代，因此民谣得以较好地保存至今。

二、民谣的符号解读

民谣作为生于基层、长于基层的产物，它的形式和内容是比较通俗易懂的，因此不管是从编码角度还是解码角度，都尽量保证意义传递中的准确性，比如揭示吏民之间的严重对立的"小民发如韭，剪复生。头如鸡，割复鸣。吏不必可畏，从来必可轻，奈何欲望平。"② 用最下里巴人的现象和最通俗的用词，极有感染力地表达了百姓轻贱、官吏横行的场景。但是民谣的传播并不总是意义共通的，在很多情况下，对于民谣的符号解读常常会出现偏差，而这种偏差也造就了民谣的独特性。这种符号解读的偏差主要有三种情况：统治阶级和利益集团从自身出发对于民谣的偏差解读。

1. 如上文所论，民谣通过各种官方或民间的渠道上传到统治阶级和利益集团，统治集团接收到民谣以后，会将其作为一种工具评价官吏政绩，还有更重要的是根据民谣中反映出的民意，调整政策或是采取手段引导、压制民意。这一过程中，从政者往往会从自己的利益考虑，对于民谣的解读也就有所不同。最鲜明的案例就是汉文帝时期流行的《一尺布歌》。文帝十二年，民间流行起一首歌谣："一尺布，尚可缝；一斗粟，尚可舂。兄弟二人不能相容。"③ "帝闻而病之。"④ 汉文帝听说这一民谣后认为这是讥讽他对于幼弟淮南

---

① 姚瀛艇：《宋代文化史》，开封：河南大学出版社 1992 年，第 70 页。

② 孙纯阳，李寿山：《东汉末年民谣》，《历史教学》1984 年第 9 期。

③ 司马迁著，韩兆琦译注：《史记〈淮南衡山列传〉》卷 118，北京：中华书局 2010 年，第 279 页。

④ 吕宗力：《略论民间歌谣在汉代的政治作用及相关迷思》，《社会科学战线》2008 年第 9 期。

王不能相容。因为淮南王刘长在文帝六年时因为谋反失败被文帝放逐蜀地，刘长在放逐途中因绝食而死。但是文帝六年发生的，刘长之死与十二年流行的这首民谣已经相差 6 年，民间为何在事发多年以后才以这首民谣讽刺文帝不顾手足之情？我们再看这首《一尺布歌》，它的内容实际上更接近于一种民间的传统风俗、社会现象，并没有明确指出文帝与刘长的事件，但是文帝在听说后就自动将这一民谣解码作讽刺之意，并且追尊谥淮南王为厉王，置园复如诸侯仪。将文帝这一系列行为放在当时的历史背景下，就能够进行解释了。当时文帝是在一步步进行削藩，因此不管《一尺布歌》是否真的是民间对于刘长一事有感而发，文帝都会视为民间对于其削藩的反应，从而会有意识地减缓推行速度来化解舆论压力，从而保证他政治目的的完成。

2. 民谣符号解读的偏差性还造就了中国古代舆论的一种特殊形式，谶谣。关于谶谣，有不少学者都对其有研究，如吴承学先生就认为："（谶谣是）民间流传的以歌谣形式预兆未来社会政治状况的谶言。"① 还有谢贵安对于谶谣的定义："谶谣是把谶的神秘性、预言性与谣的通俗流行性结合起来的一种具有预言性的神秘谣歌，是以通俗形式表达神秘内容并预言未来人事荣辱祸福、政治吉凶成败的一种符号，或假借预言铺陈的政治手段。"② 可以看到谶谣的预言作用和政治性是被公认的，谶谣在中国古代充当的是媒体和大众舆论的角色，它往往成为底层百姓表达怨愤的方式、起义者反抗统治者并寻求正当性的有力武器以及政治集团实现政治目的的工具。谶谣的内容相当丰富，有与政权更换相关的政权谶、战争谶、人物命运谶、宰相状元谶等等。《说文解字》里将谶视作一种能够应验的语言，因此自上古时代就出现的谶，凭借它的应验性在统治阶级和被统治阶级中都拥有强大的影响力。但是实际上这种应验性往往是后人在预言出现之后与事实进行比对后再确定的，因此这种预言性中的水分大大增加，这也就给了一些有心之人施展手段的空间。杨慎在《升庵集》中谈到"谶谣"："《类苑》云：古文自变隶，其法已错乱，后转为楷字愈说，殆不可考。如云有口为吴，无口为天。吴字本从口从矢，非从天也。后世谬从措法言之。予尝谓吴元济之乱，童瑶有小儿天上口之谶。又如董卓为千里草、十日卜；王恭为黄头小人，皆今世俗字，非古文也。史谓童瑶乃突惑星为小儿造谣，审如此，突惑亦不识古文乎？（苏易简云：'神不能

① 吴承学：《论谣谶与诗谶》，《文学评论》1996 年第 2 期。
② 谢贵安：《中国谶谣文化研究》，海口：海南出版社 1998 年版，第 5 页。

神随时之态。')"① 可见谶谣在制造方式上有很大的随意性,因为中国文字本身就具有多义性,能够从形、音、义上多种发挥,任意组合,再加上解码者的主观臆断性,谶谣是吉是凶,也只能从事实上推断了。比如在北齐时期流传着一首"卢十六,雉十四,键子拍头三十二"②,就被视作一个预言武成帝仅有三十二寿数的谶言,而事实上这是一种古代的博戏,"卢"和"雉"只是一种游戏规则,因此这首民谣可能只是当时人们在博戏中希望自己赢得胜利的祝福之语,与武成帝的寿命关联起来显得比较牵强。谶谣这种政治性极强的民谣在很多情况下是当时的政治精英在面临官场变幻莫测的形式和政治局势时,综合自己的情报和社会环境等因素所做的审视和评测。这也就解释了谶谣的传播主体以士人阶级为主,而且有部分谶谣确实能够与事实结局对应。比如对于高澄之死的预言:"东魏渤海王高澄为权臣高欢之子,高欢病故,高澄继承父位,权倾朝野,但未及而立之年,便在出巡时为盗所杀。此前有童谣曰:'百尺高杆摧折,水底燃燈燈灭。'前一句暗示高氏有人将亡,后一句则指示出具体何人,燈去火,加水便为澄字。"③ 北齐朝廷内部不同政治集团之间的斗争一直就非常激烈,部分政治精英会做出这样的推断也不能说完全没有可能。

任何群体意见的表达都有其合理和不合理之处,谶谣作为组成民谣的重要部分,它的存在同样是历史和人们自然选择的必然结果。由于历史语境的缺失,不仅是当时的人,后世对于谶谣的研究同样也带有了主观推断性,因而势必会有一定的解读偏差。但是这种偏差恰恰也是谶谣生命力的表现。

(裘鑫 谢清果)

---

① 范晓婧:《宋辽金民间歌谣研究》,南京师范大学硕士学位论文,2013 年,第 35 页。
② 绍正坤:《民间谣谚与北朝政治》,《山西师大学报》2007 年第 5 期。
③ 绍正坤:《民间谣谚与北朝政治》,《山西师大学报》2007 年第 5 期。

第六章 学《诗》立身：先秦士人的舆论媒介

《诗经》在先秦不仅是诗歌总集，而且是上流社会生活和国家交往层面的重要媒介，发挥着独特的舆论功能。一方面，"诗言志"，成为士人精神表达寻求身份认同的依据；另一方面，政治场域中兴起舆论斗争的武器。

《诗经》作为中国最早的一部诗歌总集，其唯美的篇章传唱数千年，至今依旧是人们日常交流与行文著述时朗朗上口、时常引用的语料。在生活中我们常用"关关雎鸠，在河之洲"来暗喻人的爱美之心或含蓄地恭维女性，这是因为在汉语的语境中，受中国文化浸润的国人都明白这一句诗其实是在暗引其下一句"窈窕淑女，君子好逑"。这一现象不仅反映出《诗经》作为文学经典的地位，更反映出了《诗经》作为一种媒介的沟通功能。《诗经》能从古流传至今当然与孔子的编订与儒家的尊崇分不开，但更重要的原因是由于其是来自口语时代的馈赠，在文字还未诞生并广受使用的时代，《诗经》里的诗篇应当是为当时各个部族口头广为传唱的，用以传承故事、文化和思想的载体，更是部族首领们用以交流、叙事和论政时习惯引述的语料，这从许许多多先秦文献中都能够得到印证。《诗经》中诗文来源相传是由周代所设采诗之官，每年春天，摇着木铎深入民间收集民间歌谣，把能够反映人民欢乐疾苦的作品，整理后交给太师谱曲，演唱给周天子听，作为施政的参考。可见自《诗经》诞生起，就与舆论是分不开的。舆论的概念有狭义和广义的区分，狭义的舆论是指在一定社会范围内，消除个人意见差异、反映社会上的多数人对社会问题形成的共同意见；广义上的舆论则是指社会上同时存在的多种意见，各种意见的总和或纷争被称作舆论。① 《诗经》形成的过程就是一个将民间不自觉的各种意见，经由采诗官统合与再加工形成了表达一定社会问题与共同意见的《诗经》诗篇，再交由统治者进行政治决策。所以在《诗经》诗

---

① 刘建明，纪忠慧，王莉丽：《舆论学概论》，北京：中国传媒大学出版社，2009年，第23页。

篇诞生的时代，诗篇文字就是舆论本身，而到了先秦时期，统治阶级即读书人则通过不断引用《诗经》诗篇以交流经验，探讨其所处时代的舆论动向，为自己治国理政方针的正当性佐证，也就是说在先秦时期，《诗经》实际上已经成了舆论的媒介，影响了这一时期的统治阶级的话语体系和理政方针。

第一节 "不学诗，无以言"：无处不在的《诗经》

《诗经》能成为中国古代舆论的媒介，且达到一种话语体系的高度，自然是有其历史渊源和成形基础的。

一、来自口语时代的馈赠

《诗经》成书于春秋中期，但其诗篇内容源远流长，最早的甚至产生于公元前 11 世纪的西周时期，还是一个文字刚刚诞生还没有对文明产生巨大影响力的时代，这一时期的中华文明还处于原生口语文化的统治下。"所谓原生口语文化，就是不知文字为何物的文化。"[1] 人类在生活与劳动中所获得的身体经验，心情变迁都通过诗歌的口语形式表达并通过口口相传的方式记录流传了下来。直到文字的权威得到确认的春秋时期，被整理收录成了《诗经》的篇章。可以说《诗经》承载了汉文字诞生前的华夏文明与文化的历史。在先秦时期这样一个口语文化与文字文化之间承上启下的时间点上，作为文化和知识贵族的统治阶级虽然已经开始使用文字记录历史，但仍然不由自主地使用口语语料进行思考与交流，而《诗经》的诗篇就是其中最具代表性的例子，是《诗经》中口语文化色彩鲜明的诗篇构成了先秦时期知识贵族的共有语义空间，通过对《诗经》话语体系的运用，他们分享了同属于中华文明的文化特质，产生了想象的共同体，建立了共同遭遇和体验的生活世界，如海德格尔所说："由于这种有共同性的在世之故，世界向来已经总是我和他人共同分有的世界。"[2] 所以说，《诗经》是来自口语时代的馈赠，帮助处于文字时代初期的中华文明建立起了共同的文化想象空间用以交流与沟通，而在作为知识贵族的先秦时期统治阶级之中，更是作为传统舆论的媒介发挥了重要的作用。

---

① 沃尔特·翁：《口语文化与书面文化》，何道宽译，北京：北京大学出版社，2008 年，第 7 页。

② 海德格尔：《存在与时间》，陈嘉映、王庆节译，北京：三联书店，1999 年，第 137 页。

二、《诗经》：一套成熟的表达舆论的话语体系

"舆论"一词的由来，顾名思义应该是"舆人之论"，而"舆"指车或轿，如《道德经》所云："虽有舟舆，无所乘之"（《道德经》第八十章），引申的"舆人"的含义就是造车或轿的工人，如《周礼·考工记·舆人》："舆人为车。"《韩非子·备内》："故舆人成舆，则欲人之富贵；匠人成棺，则欲人之夭死也。"同时，在古代"舆人"还有另一种含义，是用来指身份低微的差役，如《左传·昭公四年》："舆人纳之，隶人藏之。"杜预注曰"舆、隶皆贱官。"再之后，"舆人"的词义渐渐演变泛指众人，如《国语·晋语三》："惠公入，而背外内之赂。舆人诵之。"韦昭注曰"舆，众也。"①再之后，以"舆论"二字连用的词出现于《三国志·王朗传》："设其傲狠，殊无人志，惧彼舆论之未畅者，并怀伊邑。"《梁书·武帝纪》也出现"行能臧否，或素定怀抱，或得之舆论"，表达着"人们的议论"的含义。而在西方的语境中，舆论概念的形成以1762卢梭的《社会契约论》出版为标志，将"公众"和"意见"两个词汇联系在一起，提出了"舆论"的概念："舆论既不是铭刻在大理石上，也不是铭刻在铜表上，而是铭刻在公民的内心里……它可以保持一个民族的创制精神，而且可以不知不觉地以习惯的力量代替权威的力量。"②

综上所述，结合中西方对于"舆论"一次的使用和理解，"舆论"应该被定义为一种产生于社会大多数人之间的，在广泛的传播中形成了较为一致倾向的，能够对民族、国家和社会有一定影响力的公众意见。这种公众意见的形成显然是需要持续的沟通与交流的，未经语言表达或陈述的态度就是一种个人的体验，构不成公众的意见，所以个人体验的表达和陈述需要借助一种具备广泛民众基础的话语，同时公众意见的最终形成与表述同样需要借用这套话语进行。而在先秦诸子时期，这套话语体系就是《诗经》的文本。

三、作为媒介的《诗经》

一套话语的形成不是凭空想象而来的，而是典故和传统的不断演绎或流变。《诗经》文本追溯其产生的源头本身就是舆论的载体，且在社会的上下两极都具有良好的普及度和接受度，自然而然地就为先秦时期舆论话语的形成提供了基本语料素材，形成了《诗经》的舆论话语体系。如《论语》记载

---

① 转引自《辞海》，上海：上海辞书出版社，2002年，第2077页。
② 卢梭：《社会契约论》，何兆武译，北京：商务印书馆，1963年，第73页。

的孔子教育子孙所说的"不学诗，无以言"（《论语·季氏》）。① 不掌握这一套《诗经》的话语体系，是没有办法在先秦时的统治阶级言谈交流中获得话语权的，因为在先秦时期，我国贵族政治中还保存着相当成分的原始民主的遗迹，君主对当时的社会舆论十分重视，而庶民也还在一定程度上沿袭着氏族社会的民主权利，通过"诽谤"朝政来参政议政，舆论对于君主有着一定的制约作用。② 所以《诗经》的文本本身虽然也许并不是对来自本国本朝的舆论反映，却是用以对比和借鉴的舆论产生和处理的范例，而华夏文明一向崇尚以古鉴今，于是当朝为臣的知识贵族们习惯于对《诗经》文本用一种断章取义式的引用来说明当下的时事和时政，如《左传·襄公二十八年》所载"赋诗断章，余取所求焉。"③ 而君主们也习惯于通过《诗经》文本所蕴含的典故来深入理解断章取义后的臣子们所要表达的全新含义。用一种来自舆论的话语体系来处理政事，可以说是中国古代的一种古老而令人赞叹的政治智慧。

第二节 "诗言志"：被阐释的《诗经》

《尚书·尧典》中记舜的话说："诗言志，歌永言。"④ 这里的"诗言志"应当有两层含义：第一层指诗歌是诗人表达个人的思想、抱负和志向的产物。如《国语·楚语》所记载：

昔卫武公年数九十有五矣，犹箴儆于国，曰："自卿以下至于师长士，苟在朝者，无谓我老耋而舍我必恭恪于朝，朝夕以交戒我；闻一二之言，必诵志而纳之，以训导我。"在舆有旅贲之规，位宁有官师之典，倚几有诵训之谏，居寝有亵御之箴，临事有瞽史之导，宴居有师工之诵。史不失书，矇不失诵，以训御之，于是乎作《懿》戒以自儆也。

讲述卫武公于九十五岁高龄有感于朝堂之上的诸臣辅佐训诫不辍，便学习军规和官典的形式，便作诗《懿》以自训自警的故事。三国吴韦昭注曰："昭谓《懿》诗，《大雅·抑》之篇也，懿读曰抑。"⑤ 再看《大雅·抑》的诗文：⑥

---

① 朱熹：《四书章句集注》，北京：中华书局，2011 年，第 162 页。

② 王晓岚：《先秦时期舆论监督初探》，《史学月刊》1992 年第 4 期。

③ 李梦生：《左传译注》，上海：上海古籍出版社，1998 年，第 850 页。

④ 慕平译注：《尚书》，北京：中华书局，2009 年，第 30 页。

⑤ 徐元诰：《国语集解》，王树民、沈长云点校，北京：中华书局，2002 年，第 502 页。

⑥ 程俊英译注：《诗经译注》，上海：上海古籍出版社，1985 年，第 564 页。

抑抑威仪，维德之隅。人亦有言：靡哲不愚。庶人之愚，亦职维疾。哲人之愚，亦维斯戾。无竞维人，四方其训之。有觉德行，四国顺之。訏谟定命，远犹辰告。敬慎威仪，维民之则……质尔人民，谨尔侯度，用戒不虞。慎尔出话，敬尔威仪，无不柔嘉。白圭之玷，尚可磨也；斯言之玷，不可为也！无易由言，无曰苟矣，莫扪朕舌，言不可逝矣。无言不仇，无德不报。惠于朋友，庶民小子。子孙绳绳，万民靡不承。视尔友君子，辑柔尔颜，不暇有愆。相在尔室，尚不愧于屋漏。无曰不显，莫予云觏。神之格思，不可度思，矧可射思！辟尔为德，俾臧俾嘉。淑慎尔止，不愆于仪。不僭不贼，鲜不为则。投我以桃，报之以李……温温恭人，维德之基。其维哲人，告之话言，顺德之行。其维愚人，复谓我僭，民各有心。于乎小子，未知臧否。匪手携之，言示之事。匪面命之，言提其耳。借曰未知，亦既抱子。民之靡盈，谁夙知而莫成？昊天孔昭，我生靡乐。视尔梦梦，我心惨惨。诲尔谆谆，听我藐藐。匪用为教，复用为虐。借曰未知，亦聿既耄。于乎，小子，告尔旧止……

全诗讲贤愚讲立德，强调对臣子和百姓舆论的重视以及对自己与后世子孙言行的告诫。可以看出在《诗经》的诗篇中，除了被归为《风》即地方民歌的部分，在《雅》和《颂》的部分中，依然有许多包含有舆论思想的诗文，如"有觉德行，四国顺之"讲修养自身德行，其统治才能获得舆论的支持；如"斯言之玷，不可为也"讲要谨慎言谈举止，才不破坏舆论对自己的评价；"投我以桃，报之以李"谈统治者应该对舆论监督保持一种欢迎的态度。即使诗歌作品本身并非舆论产物，也有意识地关注了舆论对于治政的功用。《诗经》三部风、雅、颂，分别来自民歌、贵族诗歌与祭祀诗歌，民歌民谣本身就是社会舆论的重要形态，是公众情绪的暗示，是艺术地表达舆论的诗歌形式。[①] 而贵族与祭祀阶级则出于治政的需要，不可避免地用诗歌的形式表达着一定程度的舆论意识和对舆论关注，所以说《诗经》从自身文本处就已经与舆论结下了不解之缘。

而"诗言志"的第二层含义，也是更具广泛性的一层含义则是指借用或引申《诗经》中的某些篇章来暗示自己的某种政教怀抱，是一种借他诗以言己志的方法。这种借他诗以言己志的做法在古文记载中可谓屡见不鲜，如《国语·周语》中记载的一段史料：

厉王说荣夷公，芮良夫曰："王室其将卑乎！夫荣公好专利而不知大难。夫

---

① 文言：《论民谣的舆论特征》，《民间文学论坛》1997年第2期。

利，百物之所生也，天地之所载也，而或专之，其害多矣。天地百物，皆将取焉，胡可专也？所怨甚多，而不备大难，以是教王，王能久乎？夫王人者，将导利而布之上下者也，使神人百物无不得其极，犹日怵惕，惧怨之来也。故《颂》曰：'思文后稷，克配彼天。立我蒸民，莫匪尔极。'《大雅》曰：'陈锡载周。'是不布利而惧难乎？故能载周，以至于今。今王学专利，其可乎？匹夫专利，犹谓之盗，王而行之，其归鲜矣。荣公若用，周必败。"既，荣公为卿士，诸侯不享，王流于彘。

就记载了芮良夫劝谏周厉王时所采用的借他诗以言己志的做法，其引用《诗经·周颂·思文》一诗的一段"思文后稷，克配彼天。立我蒸民，莫匪尔极。"讲后稷之所以能够繁荣昌盛，是因为广施恩于百姓而不与民争利。又借《诗经·大雅·文王》一诗中的一小节"陈锡载周"来说明周朝之所以能够建立，正是因为广布恩德。在这一段记载中详细记叙了芮良夫是如何运用《诗经》的诗篇劝导君王关注舆论和民心，切勿与民争利的。

在《国语》一书所记述的时代中，"借诗言志"还停留在诗歌本身所蕴含和所欲表达的含义和意象上，而到了其后的时代，即春秋战国、先秦诸子时，为了满足更复杂的表达需要，为了更准确地反映舆论、劝谏君主，《诗经》的文本开始了更复杂而多变的演绎。

第三节 "兴观群怨"：不同语境下《诗经》的话语演变

子曰："小子，何莫学夫诗！诗，可以兴，可以观，可以群，可以怨，迩之事父，远之事君；多识于鸟兽草木之名。"（《论语·阳货》）孔子说的兴、观、群、怨，以至事父、事君，即是要用诗去实施典礼、讽刺、赋诗等方面的社会伦理，而这些都是春秋时《诗》学的传统观念。① 可见从孔子所处的时代起，《诗经》已经开始承担许多原有文本意涵之外的话语语料的作用。

一、《诗经》在后世舆论中的再阐释与再创造

《汉书·艺文志·诗赋·序》记载："古者诸侯卿大夫交接邻国，以微言相感。当揖让之时，必称《诗》谕其志，概以别贤小肖而观盛衰焉。"② 可见在

---

① 胡适：《青青子衿，悠悠我心——名家说诗经》，天津：天津教育出版社，2007年，第51页。

② 班固撰：《汉书》，北京：中华书局，1962年，第1755页。

先秦诸子的时代，《诗经》文本是必不可少的外交语言。在"交接邻国"的政治外交场合许多话不好或不能直说，就借助于对《诗经》文本的断章取义进行"微言"暗示，来委婉曲折地表达，既表示了对他人的尊重，又表明了自己的立场、态度，这种政治交往中的微言婉述之所以能够成功，正是由于整个上层阶级统治者都熟读《诗经》文本，对于其中的典故精熟于心，才让《诗经》得以成了交流传播的媒介。在更广泛的社会应用中，清代劳孝舆曾有考证："自朝聘会享以至事物细微，皆引《诗》以证其得失焉。大而公卿大夫，以至舆台贱卒，所有论说，皆引《诗》以畅厥志焉。余尝伏而读之，愈益知诗为当时家弦户诵之书……"①上至公卿大夫，下至舆台贱卒，要表达正式的意见和建议都要引述《诗经》的篇章。如《左传·成公二年》有记载：

晋师从齐师，入自丘舆，击马陉。齐侯使宾媚人赂以纪甗、玉磬与地……晋人不可，曰："必以萧同叔子为质，而使齐之封内尽东其亩。"对曰："萧同叔子非他，寡君之母也。若以匹敌，则亦晋君之母也。吾子布大命于诸侯，而曰必质其母以为信，其若王命何！且是以不孝令也。诗曰：'孝子不匮，永锡尔类。'若以不孝令于诸侯，其无乃非德类也乎？先王疆理天下物土之宜，而布其利，故诗曰：'我疆我理，南东其亩。'今吾子疆理诸侯，而曰尽东其亩而已，唯吾子戎车是利，无顾土宜，其无乃非先王之命也乎！……"晋人许之。

讲述了一个齐国使宾媚人旁引《诗经》诗文做舆论论据，成功地在拒绝了晋国的要求同时进行了求和的故事。其中齐国使宾媚人引述了两句《诗经》诗文，分别是出自《诗经·大雅·既醉》的"孝子不匮，永锡尔类"，和出自《诗经·小雅·信南山》的"我疆我理，南东其亩"，两句诗文都出自《诗经》的《雅》部，可见其原诗都是用作祭祀和宴会的赞美诗，翻阅其诗文出处，《既醉》一诗包含如"既醉以酒，既饱以德。君子万年，介尔景福"这样的祝寿诗句；《信南山》一诗也包含"祀事孔明，先祖是皇。报以介福。万寿无疆"这样明显用作祭祖祈福的词句。但却都成为齐国使臣用来说服晋国不要以寡君之母为质、不要强求田陇全部向东的舆论论据，并取得了很好的说服效果——"晋人许之"。而之所以能取得这样的成效，归根结底还是舆论的作用，正因为不论是齐国还是晋国的百姓都吟诵着"孝子不匮，永锡尔类"和"我疆我理，南东其亩"的诗句，那么要"孝"才能"永"和田亩应该顺应其自身的东南走向就是已经形成一致意见的舆论，晋国君主正是出于对舆论的

---

①　劳孝舆：《春秋诗话》卷三，广州：广东高等教育出版社，1996年，第66页。

关注和尊重，齐国使臣的引诗作据才有了"晋人许之"的良好传播效果。所以在齐国使臣宾媚人那里，通过断章取义的方法，《诗经》诗文的原意被拓展了，并被赋予了一定程度的舆论式的公信力，《大雅·既醉》的"孝子不匮，永锡尔类"由美好的对于家族与后世子孙的祝福，变成了一个教育国君遵循孝道的舆论符号；《小雅·信南山》的"我疆我理，南东其亩"也从祭奉农事的祝词，变成了对国界和土地进行规制的舆论参照，这种断章取义的方法大大扩展并转移了原诗的含义，将之变成一个新的舆论信息和符号，使得《诗经》成为社会交际、舆论产生必不可少的重要手段，也使《诗经》的文本实际上地进入了符号学的范畴。①

二、从同一性到差异性、从连续性到断裂性

在《诗经》文本还未被确立之前的知识贵族在进行政治活动时，主要使用的是"赋诗"的方法，或讽谏或歌颂，都是合于礼的。而随着时间的推移，《诗经》的文本被确立，统治者的权威和地位也被大大加强之后，采用直接赋诗的方式进行讽颂就有些不合时宜了，于是在先秦诸子时代对于《诗经》文本的引用成了主流。后世的使用者在用《诗经》话语进行政治语境下的交流或是建构舆论的时候，往往是对《诗经》本身有着高度的理解的，在交流和建构的过程中总是寻找《诗经》文本与舆论事件的共同点和一致性，并试图将矛盾消解在某种同一性之中，从而以《诗经》的文本本身作为一种论据对自身观点进行有力的佐证，带有明显的口语文化的特征，因为《诗经》文本是先人古老智慧唯一留存的表现与记录，在同一话语体系下，其正确性和真理性是毋庸置疑的。而随着时间的推移，许多超出《诗经》原有文本能指范围的政治、舆论事件的出现以及统治者权威的大大加强使委婉和暗喻式的表达方式有了需求，于是《诗经》的经典文本也随之被肢解，以片段（以偏概全）的方式出现，试图再现矛盾和差异。就如同福柯所说的那样："话语并不会受制于结构主义意义上的作为知识可能性基础的无意识的先验规则……不试图在矛盾中发现共同的形式或主题，而是试图确定他们间离的尺度和形式。"②

---

① 张启成：《〈诗经〉的社会交流功能和符号学》，《贵州社会科学》1988 年第 10 期。

② 米歇尔·福柯：《知识考古学》，谢强、马月译，北京：三联书店，2003 年，第 177 页。

三、话语与语境

从孔子那里，就已经意识到《诗经》作为一种媒介符号在传播中的作用。在不同的语境之下，《诗经》文本的内涵与外延都在不断地变迁，其在不同的舆论环境下演绎着不同的兴观群怨，不同时代的"舆人"都借由《诗经》表达着类似甚或不同的群情与合意。孔子说"诗可以兴"，是在说是《诗经》的文本可以培养艺术式的联想与情感渲染能力，也更是指一种隐喻式的用典，即将《诗经》文本作为一种舆论的修辞策略与传播技巧，是在《诗经》的指涉、暗示之下把握与《诗经》根本不同之物的语言行为，[①] 如朱熹给"兴"下的定义"兴者，先言他物以引起所咏之词也。"[②] 所以"诗可以兴"讲的正是《诗经》作为舆论话语中介时将《诗经》文本的能指重新定位对应到使用语境中的所指的过程。

"诗可以观"则是从认识论的角度，探讨舆论传播时《诗经》文本的使用和接受者可以借助文本本身帮助观察社会，深入思考各式舆论事件的脉络与成因，而同时又能够通过自己"断章取义"地吟诵诗篇来表达自己的意见，反映出《诗经》作为舆论媒介的舆论监督作用，以诗观政，在话语的使用过程中能自然而然考量和计较对舆论事件的处理和应对得失。

"诗可以群"是从传播动力学的角度探讨《诗经》的舆论中介作用，《诗经》话语的使用者可以在共享这一话语体系的交流沟通中，形成一种关系的分享式传播，形成一种向心凝聚力，更通过诗与礼、诗与教、诗与乐的结合，上升到一种关系和意义的分享式传播，可以更好地促进意见的流动并形成合意、产生舆论。

"诗可以怨"是从情感传播的角度切入，探讨《诗经》文本在舆论生成的过程和舆论监督执行的过程中，是能够通过情感的手段大大加强其影响力和说服力的。

于是在先秦诸子时期，《诗经》作为一种意见交流的媒介、舆论表达的媒介、舆论监督的媒介在当时的政治生活中发挥着重要的作用，不仅是评判统治者施政得失的标尺，还是作为臣子的知识贵族讽谏君上的途径，也是平民百姓街谈巷议间共同认可的价值观的体现。当整个社会的所有阶层在政治议题上都使用《诗经》的文本作为交流的媒介，那么《诗经》的文本就成了一

---

① 孙占奎：《孔子"诗教说"的传播学阐释》，《山东省农业管理干部学院学报》2002 年第 6 期。

② 朱熹：《诗集传》卷一，上海：上海古籍出版社，1980 年，第 1 页。

套成熟的话语体系，在施政得失评议、讽谏统治者、共同价值观塑造这样的舆论场中发挥着重要的作用。

结　语

《诗经》之所以能够在先秦时成为重要的舆论媒介、话语体系，除了前文所述的几个原因外，还必须提到孔子对《诗经》的整理和推崇。在孔子那里，诗与礼是一体的。子曰："不能诗，于礼缪。"孔颖达疏之曰："以诗能通达情意，得则行礼审正，若不能习诗，则情意隔绝，于礼错缪。"（《礼记·仲尼燕居》）[①]可见孔子是把《诗经》视为体现仁礼原则的载体，并强调其道德伦理和政教功能的。[②]这种诗与礼、诗与政教、诗与舆论的承载关系，归根结底是出于孔子对于《诗经》的评价即"诗三百，思无邪"（《论语·为政第二》）。自秦以后，也不乏朗朗上口又传播广泛的诗歌作品，如汉乐府，如唐诗宋词等，但都没有取得《诗经》这样的地位，其原因除了文字媒介兴起所导致的诗歌对于记忆和文明唯一载体之尊贵地位的失落之外，就落在了"思无邪"之上。吕祖谦在《吕氏家塾读诗记》中，以传者的角度说"作《诗》之人所思皆无邪"，认为《诗经》的文本自出发点开始就是好的，是采诗、写诗之人出于关注民间疾苦、体悟人生百味或歌颂自然和领袖等。而朱熹则更进一步，在《读吕氏诗记桑中篇》中加入了受者的视角说"彼虽以有邪之思作之，而我以无邪之思读之，则彼之自状其丑者，乃所以为吾警惧惩创之资"，从传受双方的角度完善了诗"思无邪"的意义传播回路。[③]《诗经》文本的创作者生活在遥远的口语传播时代，是后世文本使用者想象中的圣贤治下的质朴时代，在其文本信息的传播过程中，这种想象中的意义传播和文化传承关系的分享式体验是大大超越了文本信息本身的，是"思无邪"意涵的主要载体。要让《诗经》文本跨越重重历史时光的心理阻隔，作为后世舆论的媒介，政治性的话语体系，势必需要某种方式的"意义重现"，包括在经典、礼仪和风俗日常中，将诗与礼制相联系，通过在政治语境下的仪式性使用，成功建立起古诗

---

① 郑玄注、孔颖达疏：《四库家藏——礼记正义》第五卷，济南：山东画报出版社，2004年，第 1509、1512 页。

② 王国伟：《兴复盛世的别样尝试——论孔子诗学研究的礼用特色》，《乐山师范学院学报》2007 年第 1 期。

③ 所引吕祖谦和朱熹文字转引自：章太炎，《诗经二十讲》，北京：华夏出版社，2009 年，第 183 页。

与今人的意义联系，并用这种重现意义的趋同性，引导并规制了舆论的一致性，起到质朴的舆论监督作用。

所以，在今天要形成中国特色社会主义的舆论话语体系，并不仅仅是将一些口号做得朗朗上口，再用行政力量推而广之就能成就的。缺少了受者对于文本"思无邪"式的意义想象和体验，只会进一步造成官方和民间两个舆论场的撕裂。从《诗经》的例子可以看出，其话语的建构是自下而上的，是先有了实实在在的事件和体悟才有了诗歌的创作；是先有了诗歌的传唱才有了《诗经》的文本；是先有了对文本意义的自由解读和分享扩散才有了整个话语体系的确立和完善。中国特色社会主义的舆论话语体系也需要来自基层的声音和实实在在的事例为基石，让其传播不止于信息的传递，而包含了人物或事例的意义分享，构成了传受双方"思无邪"式的共同想象，中国特色社会主义的核心价值观话语体系建设才算真正走上了正轨。

（赵晟　谢清果）

第七章　文化典籍：华夏舆论形成的思想依据

中国古代典籍对传统社会舆论的生成影响巨大，集中表现在对传统舆论的舆论主体、舆论环境、舆论工具及舆论传播效果层面，我们通过探讨古代典籍在引导、引发、控制舆论的主要路径，来剖析统治者是如何利用典籍引导和控制舆论的。在此基础上，希望能够有助于理解和把握当代社会如何通过典籍的解读和传播更好地引导社会舆论，进而铺设贴合中国文化形态和价值观念的理论基础。

第一节　问题意识：舆论学视角下的中国古代典籍传播研究

在研究任何问题的过程中，都需要找出具有代表性的核心点，赋予其一个范围，在一定的具象范围内研究问题，从而得出更具有代表性、细致性，且更具有普适性的结论。鉴于此，在讨论中国古代典籍对于传统舆论的影响时，首先，就需要对"中国古代典籍"确定一个较具体的研究范围，以便于在问题论述的过程中，更直观有效地把握问题实质，阐释问题内涵，预测问题的视域。

一、空间落脚于"中国"

"中国"，这个看似简单的词却又包含了太多不简单的内涵和意义。从政治面看，它代表着区别于资本主义的社会主义国家；从经济面看，它代表着正在腾飞的发展中国家经济体；从文化面看，则是代表了源远流长的华夏文化延续体。而在这里想要强调的是，此处定语的"中国"则更多的是从空间限制面来限定典籍研究的范围。即，本章研究的典籍为中国范围内的典籍，这里的中国是地理区域面的中国。在此，我们需要明确两个问题：第一，由中国传播到其他国家的，不在中国空间区域内的典籍可算研究对象？在这里我们需要明确这样一点，即既然是从中国漂洋过海去他国的，那么其自然是先在中国传播且产生较大的传播效果的。至于其在国外得到什么样的待遇、拥有什么样的受众、产生了什么样的影响，这些均不是我们这里要去研究的，如要研究，那应该又是如"中国古代典籍在国外传播"影响诸如此类的研究课题。第二，国外传入中国区域内的典籍可否纳入讨论体系？在这里我们需要考虑另一个时间维度即"古代"，后文中将对其进行详细的具象阐释。在中国"古代"，国外传入中国的典籍本来就有限，且在官方掌控典籍的流转的古代社会，外国典籍很难产生什么实质性的影响。当然，有人可能会将佛教经籍拿来反驳。但，我们需要看到虽然佛教是由印度传入中国，却不得不说佛教已经完全地中国化了。正如曹顺庆所说："佛教的中国化，有多方面的内容；如佛经的翻译，经过'格义'的困难时期，逐步中国化；最重要的是佛教话语规则逐步与中国文化话语规则相融汇，最终形成了中国化的佛教——禅宗。"① 禅宗的出现，让我们已经很难去说到底是佛教的中国化还是中国佛教化了。正如顾敦鍒先生所指出："佛教中国化是与中国佛教化同时进行的。"②所以，这一问题完全是不需要太多去关注的点，也不是本文的核心关注点。本文关注的核心是中华元典时期形成的文化元典和历代官方推崇的经典作品，如经、史、子、集之属。

二、时间维度系"古代"

古代典籍，首先我们可以将视线聚焦到"中国古代"这个范围限定定语。在中国文化的时代划分中，我们倾向于将中国划分为 1840 年之前的古代、1840—1919 年的近代、1919—1949 年的现代和 1949 年至今的当代四个阶段。自然，"中国古代典籍"的范围指代的正是 1840 年之前成书的著作，但这样的范围却显得十分空泛，不能给人一个具象化的思考依据。那么，我们可以再来看一看，1840 年之前的古代文化又可以分成哪些时间段。经过仔细地对比和分析，我们认为可以大致区分为上古时期的神话传说时期、先秦时期的百家争鸣奠基时期、两汉至明清的拓展流变时期。按照这个时期划分，我们每个人似乎都可以说出一些自己认为每一个时间段具有代表性的影响深远的典籍。上古时代由于人类自我开发落后以及媒介技术的有限，没有留存下来有价值的典籍，反而是一些零碎的神话传说通过口口相传被后人记录在一些

---

① 曹顺庆：《文学理论的"他国化"与西方文论的中国化》，《湘潭大学学报（哲学社会科学版）》2005 年第 5 期。

② 张曼涛：《佛教与中国文化》，上海：上海书店，1987 年，第 76 页。

资料当中，自然，不能成为我们研究的重点。而之后的春秋战国时期中华文化基本精神的奠基时期及其之后的丰富发展则是我们研究的重点，从这一点我们也可以看到具有代表性的典籍似乎离不开国家的意识。换句话来说，蕴含现象、观点和思想的典籍是在出现了压迫和被压迫的阶级出现之后才涌现的。我们是否可以由此得出这样一种说法：古代的典籍其实是为统治阶级的统治和压迫提供一种依据和借口，是在理顺民的思想、改变民的意识，从而安于被统治而顺应统治阶级的思想。这种告诉民什么是好、什么是坏，什么可以做、什么不可以做，再通过私塾的学习、圣人的讲学、民众的口口相传，正是在为统治阶级的统治创造出良好的舆论氛围和民众基础。所以，我在做古代典籍的舆论传播研究时，侧重于研究的是在出现阶级和存在阶级压迫的那个古代。

三、时间空间交叉下的"典籍"

任何概念的界定都需在一定的时间空间范围之内产生相应的变化和发展，同样，对于"典籍"的概念界定也脱离不开这个趋势。《说文解字》中有载："典，五帝之书也。从册在丌上，尊阁之也。"可见，许慎认为"典"应为历史维度的五帝时期的书，而且是需要奉在"底座"之上受到尊奉的册集。再有在大徐本《说文解字·五上·竹部》中有言："籍，簿书也。从竹耤声。"由此可以看出，此处"籍"更多的是从符号载体即媒介角度进行了界定，即记载在竹片之上的文献。因此，将许慎对"典"和"籍"的二字的解释综合来看，自然可以想到黄亚平提出的："'典籍'是用书写或契刻手段表达的、从五帝时期传来的、具有神性或者权威性质的竹帛文献。"[①] 可见，此时的典籍还是与神性、王权的权威性紧密联系。随着春秋时期的"礼崩乐坏"，私学的兴起，"典籍"也慢慢成了具有记载先王、圣人言论和礼仪制度的重要图书，似乎其作为媒介载体的功能更明显，其自身受供奉的神性光环淡去，而其记载的内容却越来越多受到王、官、士的青睐，三者之间希望通过控制掌握典籍的流传、阐释权来实现各自内涵的目的。再从空间来看，在时间维度下思考的空间，从作为媒介载体应该更多地从典籍记录内容的辐射涵盖范围进行分析。作为媒介载体的典籍的构成要素离不开创作主体、文本本体、注释者和传播客体，而想要拥有这些要素，这里要研究的典籍应该是可以得到"王、

① 黄亚平：《典籍符号与权力话语》，北京：中国社会科学出版社，2004年，第2页。

官"认可，得到"士"的认可和阐释，从而影响"民"的思想意识。在这种功能范围界定之下，讨论的典籍应该具有自身深厚的文化底蕴和深刻的社会功能以及深远的影响跨度。正如黄亚平根据弗莱的"原型"概念对古代典籍在中国文化中符号性质解读，"典籍是中国传统文化的核心"，应该在衍变和发展都影响着文化的深层次结构。"典籍在一定程度上是规范主流文化的意义单位"，任何统治阶级的思想和意识想要得到民众认可都需要在典籍中找出支撑点和立足点。"典籍还是中国文化的符号构成规则"①，即中国人民语言的表达和使用习惯及规范，都因着典籍的潜移默化的影响而趋于一致和统一，有中国自己的习惯和特色。

四、中国古代典籍舆论传播研究的价值

近年来，伴随着新媒体技术的发展，舆论事件频发，舆论研究被提上了更为重要的研究高度。随着受众意识的觉醒，传统的西方舆论理论在浸染着中国文化的普罗大众面前，也显得有点捉襟见肘。而梳理中国传统典籍的传统舆论价值，则对于梳理当代舆论传播的文化基础和受众群体心理起着重要的助益作用。

（一）为何研究古代典籍对舆论的影响：中西理论本土化对话

其一，古代典籍带来本土化舆论理论发展可能。中华民族自古就存在对舆论的思考和敬畏，中国典籍中记载了很多有关舆论的经典语句和事件。如《泰誓》中说："天视自我民视，天听自我民听。"《皋陶谟》曰："天聪明，自我民聪明，天明威，自我民明威，达于上下，敬哉有土。"再如《管子》记载："黄帝立明台之议者，上观于贤也。尧有衢室之问者，下听于人也。舜有告善之旌，而主不敝也。禹主谏古于朝，有备讯矣。汤有总街之庭，以观人诽也。武王有灵台之复，而贤者进也。"这些都是君王重视民意，广开言路，接言纳谏的例子。同样的，自古以来，舆论的斗争，在历朝历代也都没有缺少过，如秦朝的"焚书坑儒"、汉朝的公众批判和"党锢"事件、宋朝的学潮和明朝的东林党事件等等。舆论自古有之且从未停歇，古代典籍中记录了形形色色的与舆论相关的事件和认知，虽然目前对于典籍的舆论研究还远未展开，但是，这样充沛的资料，为本土化舆论理论的形成与发展提供了可能和

---

① 黄亚平：《典籍符号与权力话语》，北京：中国社会科学出版社，2004年，第22页。

基础。

其二，西方舆论理论需要中国化的解读。自古以来，中西方由于地域、政治形态、文化风俗、价值观念的不同，其所关注的舆论侧重点是有不同的。如谢清果、王昀指出："西方所谓的'舆论'往往混合了关于自由、民主、法治、理性等诸多概念，是近现代公共领域意义上的观念集合体。因而，这种视野下的舆论十分注重'私人'利益的实现，其讨论舆论与政治机器之间的制约关系，根本上乃是为实现'私欲'利益不受侵犯，实现'自由人'的权利。而古代中国舆论往往强调对一个社会系统的道德评价，这种舆论对于现实政权的实质威胁更大，历来为统治者所恐慌，社会舆论政策之实施也多偏向为注重'防御'而非'疏导'。"①而截至目前，我国舆论研究的基础理论主要还是来自西方的舆论传播理论，如沃尔特·李普曼的《公众舆论》中提出的舆论定义、拟态环境、刻板成见，再如麦库姆斯和肖的议程设置，拉扎斯菲尔德的《人民的选择》中的两级传播和舆论领袖，霍夫兰的《传播与说服》等等。诚然，这些理论确实具有相应的普适性，但正如西方人的奔放、东方人的内敛等受众的不同特点，使得理论应用中存在需要调适的过程。而这调适的过程，如果可以和中国自身的相应舆论思想和舆论现象联系起来分析，将会有事半功倍的效果，甚至，我们可以在调试过程中，形成中国本土化的舆论传播理论。

（二）古代典籍的舆论研究亟待深化

其一，古代典籍研究兴旺。目前来看，关于中国典籍的研究主要集中在三个方向，一是对典籍本身的注释解读，如李儒泉的《诗经名物新解》、姚小鸥的《诗经译注》、陈孝培的《〈易经〉新读》、王世舜的《尚书译注》等等不胜枚举。二是对典籍的注释的依据和方法研究。如周光庆的《中国古典解释学导论》和周裕锴的《中国古代阐释学研究》，均试图揭示出中国古代阐释学理论发展的内在逻辑。三是典籍与其他理论联合研究。如于翠玲的《传统媒介与典籍文化》将典籍作为传播史料研究，系统从书籍作为传统媒介的内容采集、编修出版，典籍承载的文化以及典籍对于读书人及文化融合的影响进行了论证。但罕见从舆论角度加以研究。

---

① 谢清果，王昀：《华夏舆论传播的概念、历史、形态及特征探析》，《现代传播》2016年第3期。

其二，古代舆论研究薄弱。涉及古代舆论的内容大多侧重于从古代舆论媒介、舆论形态分析入手。如张学洪在《舆论传播学》中就分析了原始社会、奴隶社会及封建社会的媒介类型和媒介形貌。如林语堂《中国新闻舆论史》中就提到了古代报纸和《诗经》等典籍中的歌谣具有政治评论讽刺作用。也有的从历史舆论事件分析入手，如林语堂在《中国新闻舆论史》中就从汉朝公众批判和"党锢"事件、魏晋时期的"清谈"、宋朝的学潮和明朝的东林党等事件入手分析，都提到了读书人等知识分子在舆论斗争事件中的作用。可见，作为读书人依伴的古代典籍中当蕴含着大量的舆论学研究资料，对其深入系统的研究对于中国本土化的舆论理论的研究具有实际性的意义。

第二节　古代典籍对于舆论主体——"士"的作用机制

虽然陈力丹认为"传统社会的舆论通常不处于哲人们的主要视野内"[①]，不过，谢清果、王昀则表示"其之所以认为古代舆论不必过分讨论，基本是基于将'舆论'仅仅作为'普通大众的言论'，其前提乃是古代公共领域并未形成，而忽视了古代在上层建筑内部，以知识精英为主体的社会话语运动"[②]。而此处提到的"知识精英"，在古代传播基本靠口语传播，民间舆论主要由读书人引发和引导的情况下，是可以将其理解为古代的舆论主体。而提到读书人，我们就自然可以想到一个代词——"士"。在封建社会，由于物质资源和教育资源的匮乏，疲于应付生计的人民是很难有接受全面高质教育的能力和机会的，教育几乎被统治阶级所垄断。尤其是春秋战国之前，可以说是"学在王官"，这个时候的读书人几乎都是"吏"。之后随着孔子时代的"礼崩乐坏"，"学在王官"的垄断被一定程度上打破，部分"官吏"流落至各个诸侯国，满怀文化修养、政治抱负和忧国忧民之心，却没有一展才能的机会，此时多数人选择了投身于教育事业，并有意无意地卷进到民间舆论场之中。曾经的"吏"更多转变成了"士"，并培养着更多的"士"。于此可知，"士"脱胎于"吏"。加之，封建的官吏任免的"举荐制"和"科举制"又可以说明"吏"同样来自"士"。"士"和"吏"是一脉相承，且二者均为古代的舆论主体，而其中又以规模庞大、参差不齐的"士"为最基本的主体。

---

① 陈力丹：《舆论学：舆论导向研究》，北京：中国广播电视出版社，1999 年，第 3 页。
② 谢清果，王昀：《华夏舆论传播的概念、历史、形态及特征探析》，《现代传播》2016 年第 3 期。

一、古代典籍影响舆论主体"士"的知识结构塑造

（一）选贤任能皆为通经之人。在科举制度确定之前，各朝代选贤任能都有相应的推荐标准，而这种标准大多为"通经"之人。这里所谓的通经，即通孔子删定的六经。当然这里要排除为了统治而较极端地压制舆论的王朝，如秦朝推崇法家思想，而实施"焚书坑儒"的政策。通经之人，不仅要求对于六经典籍内容熟稔于心，同时还要求可以将六经思想在自身上进行严格的贯彻，这样才能得到人民的认可，也才能得到朝廷的任免。如汉朝的文官制度就是这种要求的典型表现，对于官职候选人的道德行为规范近乎苛刻。推举成为朝廷官员的人，不以其学识的优劣为评价标准，而关注的是其道德品行和正直的名声。朝廷官僚体系中的很多名称即是明证：诸如"正大光明""平行""正直""铁面无私""清廉""孝道""谏言""直言""隐士"等。① 这样的结果就使得读书人十分谨慎注意自己的个人行为，关注公众的意见，谨言慎行。为了博得贤名，读书人也会特别关注社会的不平气忿之事，敢于对朝廷政治进行质疑和批判。但是，应该认识到，这里的批判，更多的是对朝廷官员贪赃枉法、草菅人命等的批判。其受儒家五经思想的影响，使得其对于"君君、臣臣、父父、子子"的伦常纲领深入思想骨髓，对于"君"就有一种深入骨髓的顺从，对"君"的评价难有颠覆性的质疑。

（二）统一考试典籍及典籍注疏版本。自唐代建立了科举举士制度之后，就把儒家经典五经作为考试的基本书目，且唐太宗还进一步统一了注疏的版本："诏前中书侍郎颜师古考定《五经》，颁于天下，命学者习焉。又以儒学多门，章句杂繁，诏国子祭酒孔颖达与诸儒撰定《五经》义疏，凡一百七十卷，名曰《五经正义》，令天下传习。"② 统治者通过指定应试经书，指定应试的经书注疏版本，从而严格却又巧妙地控制了士人的知识结构。统治者指定的书目，必然是有助于统治者统治的内容，从而更好地稳定了社会秩序。这里起更大作用的是注疏，不禁联系到周裕锴提到的"假经设谊，依托象类"的诠释方式，即"解经的目的不在于追寻准确的原义，而在于灵活地运用经书以适应现实的需要"。③ 统治者注疏的版本内容，自然是有利于统治者统治，长久获得这样的知识组成的知识结构，对于读书人来说是一种隐形的意识侵

① 林语堂：《中国新闻舆论史》，王海，何洪亮主译，北京：中国人民大学出版社，2008年，第30—31页。
② 刘昫：《旧唐书·儒学传》，北京：中华书局1975年，第4941页。
③ 周裕锴：《中国古代阐释学研究》，上海：上海人民出版社，2003年，第72页。

袭，是一种"软控制"。

（三）"禁书"以"愚民"。在古代，知识的获得并没有现代这么繁多的媒介供应，主要靠的就是口口相授和典籍阅读，而记录性保存性较好的书籍则更是最重要的渠道。在这样的状况之下，古代君王想要控制舆论主体的知识结构，只需要控制书籍的流通就完成了一大部分工作，毕竟口口相授的知识传播范围有限。在历代君主控制舆论的事件中，均离不开书籍的控制。从现存的史书记载上可知，中国最早的禁书发生在公元前4世纪战国时代的秦国秦孝公时期，他接受了法家公孙鞅（即后来的商鞅）的变法理论。师曾志提到正是公孙鞅的"《诗》、《书》、礼、乐、善、修、仁、廉、辨、慧，国有十者，上无使守战。国以十者治，敌至必削，不至必贫。国去此十者，敌不敢至，虽至必却。"这进而导致了"燔《诗》、《书》而名法令"措施的实行。①紧接着每一个朝代都离不开禁书的影子，如秦始皇"焚书"禁儒；汉武帝的"独尊儒术"而禁谶纬、天文、佛道等书籍；隋炀帝"乃发使四出，搜天下书籍，与谶纬相涉者，皆焚之。为吏所纠者，至死"（《隋书·经籍志》）。唐在前一时期对谶纬、天文、星气、佛道经书禁止的基础上又增添了阴阳术数、兵书之类；唐之后的禁书内容更丰富，规定更细致，法律更健全。可见，禁书对于统治阶级愚民、统一思想、引导控制舆论有巨大的作用力。

二、古代典籍影响舆论主体"士"的价值观树立

中国古人对圣人存有无限的期待，这种期待体现其对"圣人教化"的渴望。王文亮认为"圣人教化"作用可从两个角度分析。一种是指圣人本身对百姓进行教化，另一种则是指圣人以外的其他人（历代统治阶级以及那些为帝王者师的学者们）以圣人教化为榜样，对百姓进行教化。前者是圣人生存的时代，而后者则是圣人已亡，圣人之言（经典）尚存的时代。②而典籍作为"圣人之道"的载体，其对于读书人的"是非、善恶、美丑"的价值观树立可从两方面分析：

（一）个人发展，以"君子"为标杆。其中影响最深的应该就是我们常常挂在嘴边的君子和小人了。"何谓君子、何谓小人，"即从美丑、善恶对立的两对立面进行价值观树立。"君子周而不比，小人比而不周。"（《论语·为政》）

① 师曾志：《从政府对传媒的管制看中国古代禁书——中国古代禁书专题研究之一》，《编辑之友》1994年第2期。
② 王文亮：《中国圣人论》，北京：中国社会科学出版社，1992年，第28页。

"君子喻于义，小人喻于利。"（《论语·里仁》）"君子成人之美，不成人之恶，小人反之。"（《论语·颜渊》）"君子固穷，小人穷斯滥矣。"（《论语·卫灵公》）以上实例可见，春秋战国时期，典籍中"君子""小人"的含义还是多重的，往往只是格局的差异，而不是品德的高低。但越往后可以发现对于"君子""小人"的评价，越来越多地放在了道德的标准之上。如《白虎通义》说："或称君子何？道德之称也。"儒家思想体系下，"君子"逐渐演变为有德者。

（二）社会关注，需"心怀天下"。影响较大的应该是"心怀天下"。典籍作为圣人之道载体，读典籍则正如同圣人在你面前循循而善诱之，殷切地指导你学典为何！如孔子说《诗》的精神，全面而集中地体现在"小子何莫学乎《诗》？《诗》可以兴，可以观，可以群，可以怨，迩之事父，远之事君，多识于鸟兽草木之名"。[1]这里的"兴"是一种联想，将《诗》中鸟兽草木作为社会现象的一种喻意工具。"观"可作观察解，即通过观察《诗》中内容来观察社会演变和政治得失。"群"可解为合群，即通过《诗》中道的学习，来更好地促进社会的人际关系问题，即人人可以融入社会，进而协调社会的发展。"怨"是一种对政治的批判，可以发表言论而表达观点。由此可见，典籍告诉你，读书不仅仅为了自己可以成为"君子"，更需要的是学以致用，将学到的典籍中的知识应用到社会发展的促进作用中去，读书人应心怀天下，鼓励读书人关注社会和时政。正因为如此的价值观的树立，才使得一代又一代的读书人前赴后继，英勇无畏地加入政治评论活动中去，如明朝对宦官的批判活动和东林党事件，在整个中国历史上，东林学者遭受了惨无人道的迫害，但是，面对这种高压政策，东林学者的舆论反抗一直没有完全停止。支撑他们付出生命的代价去通过舆论压力和当权者斗争的，应该正是这种从典籍中培养起来充溢着正能量的"是非、美丑、善恶"的价值观。

第三节　古代典籍对传统社会舆论环境的塑造

众所周知，舆论环境的内涵和外延极其广泛，从宏观来看其包含国家的政治、经济、文化等环境影响。而从微观来看，其又涉及舆论构成要素的方方面面，如舆论主体的价值观念、舆论客体的社会地位、传播媒介的构成形态等。而由于古代的封建阶级社会中，舆论主体"士"总是依附甚至寄生于

---

[1]　何晏注，宋邢昺疏：《论语注疏》卷一七《阳货》，北京：中华书局，1957年。

舆论客体"统治阶级"，且舆论主体的舆论关注点总是关注于统治阶级的具体活动是否顺应典籍塑造的主流社会意识，更多的是聚焦于君、吏的为君、为官之道是否存在偏离典籍中的圣人形象，更多的是为了维护典籍塑造的居于主流的"正大光明"形象。因此，士很少在宏观方面对于国家发展方向有所展望，也不敢有所僭越。因此，我们则应更侧重于从典籍如何在微观层面潜移默化地对舆论环境进行影响和塑造。

一、"自上而下"的高压政策舆论环境

（一）依典籍而严控舆论。典籍载道，使用典籍即是使用其中的"道"。一提到严控舆论的相关典籍，自然会顺势想到法家思想。当然，法家思想中并没有明确提出对于舆论的管控，但其一系列提倡控制言论、压制思想的主张，正是典型的舆论严堵之法。诚然，在春秋至战国时期的法家先驱如管仲、子产等，均有"宽"和"严"相结合使用的观点，"宽"即强调怀柔顺意，"严"即强调暴力镇压。但是，在施行的过程中，往往更多地强调暴力镇压方式。战国后期到秦时期，李悝、商鞅等则开始强调了"有法可依"的重要性，着重进行了刑法典籍的编纂。如李悝编纂了我国历史上第一部比较系统的封建法典—《法经》。商鞅强调用法家所主张的法令来统一思想，取缔其他各家，尤其突出儒家，要求在意识形态领域实行文化专制。这样的思想，即使在提出者死去之后，依然会在其书籍中留存下来，而为后来人所解读传延。如韩非死后，其所著书依然传于后世。正如陈直指出的那样："秦国虽杀非，然甚重韩非之书，二世与李斯，皆屡引韩子曰，可为证明。"[1]体现"法"的典籍比比皆是，这样的"法"带来的却是对于书籍的严厉管控，对于言论的残酷镇压，对于不同思想的无形摧残。说到底还是因为此处的"法"与专制的合一，法家提出的"以法治国"，从语义上说，即"用法来治理国家"，但谁来"以法治国"？君主而已，君主是"以法治国"以及以法治民、以法治吏、以法驭权的权利主体。[2]这样的舆论暴力压制，使人不敢随意表达自己的观点和意见，从而用封堵的方式似乎很好地控制了舆论的形成和传播。

（二）借典籍而镇压舆论。如果说通过对典籍内容的利己解读来有论证自己推行的压制舆论这一暴政是合理的，进而更进一步得出，利于统治且终获

① 陈直：《史记新证》，天津：天津古籍出版社，1979年，第121页。
② 俞根荣：《儒家思想通论》，南宁：广西人民出版社，1992年，第37页。

完全一律的舆论是"依典籍"而来的正当性。那么"借典籍"则是更为直接的方式，即侧重点不在于典籍的内容，而在于典籍的知名度和影响力，对于一些言论的残酷绞杀的依据，则是对于经典冒犯的惩罚。比较具有代表性的就是"文字狱"。"文字狱"事件中的绝大多数借口均是以圣人及其经典神圣不可侵犯作为理由，去为自己的残暴镇压手段找到冠冕堂皇的理由。虽有一种掩耳盗铃式的可笑与荒唐，但却因此而似乎有了行动的依据，且在镇压过程中更加得心应手，心安理得。如清代兴起的"文字狱"，其中很多案件都是以"诽谤圣贤""非圣无法"等为借口而加以裁决的。如雍正七年（1729），统帅锡保参劾谢济世在注解《大学》时，不依从朱子的《四书集注》和程子所补的《格致传》，这样的做法是在毁谤程朱。而直到乾隆六年（1741），乾隆皇帝下诏销毁谢济世所注全部经书以及书版，其理由依然是毁谤程朱。诏书中说："我圣祖将朱子升配十哲之列，最为尊崇，天下士子，莫不奉为准绳，而谢济世辈倡为异说，互相标榜，恐无知之人为其所惑，殊非一道同风之义，且足为人心学术之害。"（《清代文字狱档·谢济世著书案》）①打着圣贤、经典的幌子，而实际上进行着暴力专制的残酷打压，对于舆论进行残酷的镇压，这样挂羊头卖狗肉的手段不可谓不高明。

二、"自下而上"的舆论疏导环境

（一）典籍中尊重民意的"道"，让君意识到听取民意的重要性。中国典籍之中蕴藏着很多重民思想。而民意则是重民思想的实质内涵，也为重民提供了实践的可能。"天矜于民，民之所欲天必从之。"（《尚书·泰誓上》）"夫民，神之主也，是以圣王先成民而后致力于神。"（《左传·桓公元年》）"国将兴听于民，将亡听于神。"（《左传·庄公三十二年》）再如孔子曰："务民之义，敬鬼神而远之，可谓知矣。"（《论语·雍也》）墨子要求政令要"下察百姓耳目之实"（《墨子·尚同中》）。孟子认为："桀纣之失天下也，失其民也；失其民者，失其心也。得天下有道：得其民，斯得天下矣。得其心有道：所欲与之聚之，所恶勿施尔也。"（《孟子·离娄》）这样的重民思想在圣人典籍之中比比皆是，从小受四书五经熏陶成长的君王，多少都会意识到想要江山稳固、社会安定，需要重视民，给予民所欲的东西。而对于民的所思所想想要把握好，就离不开对民意的搜集。而搜集民意，自然需要听听民是如何说的。这

①　王文亮：《中国圣人论》，北京：中国社会科学出版社，1992年，第419—420页。

样的意识使得历代皇帝在严格控制舆论之门的同时，又需要开一扇窗。通过这扇窗，统治者可以去观察和听到人民的声音，也就是我们今天所谓的舆情。而对于我国古代舆情表达的方式，张文英区分为谏诤制度、清议、政治性谣谚、民变等四种方式①。不难看出，这里的"谏诤制度"是指朝廷御史官员的参议，"朝廷御史官员实际上等同于现代公共信息员，他们的弹劾和请愿活动可能被认为是人民心声的表达"②。"清议"则是作为士人表达意见的主要形式。而"政治性谣谚"和"民变"则主要研究的是庶人心声，以及将民意诉诸行动的表达方式。而最后一种"民变"正是君王不重视民意，民意不能通达，舆论危机事件不及时处理而恶化成为人民追求自身利益的集体行为。可见，古代舆论的表达一直存在，但是舆论表达的结果好坏则更多地取决于君王。当君王受典籍中重民意思想的影响较深，且君王贤明的时候，可以为百姓提供较为宽松的自下而上的舆论表达环境。否则，亦相反。

　　（二）典籍作为监督利器，君不贤亦不敢枉为。当君主贤明能尊典籍中重民思想时，可以为百姓争取宽松的自下而上的舆论环境。但是，当君主不贤，且对于民意极力压制之时，典籍就发挥了它的另一种功能，即作为监督的利器，让君主在压制舆论过程中，有所顾虑，而为人民争取一定的相对宽松环境。此处以孔子删定《春秋》为例，最初是孟子发现了孔子作《春秋》的用意："世衰道微，邪说暴行有作，臣弑其君者有之，子弑其父者有之。孔子惧，作春秋。春秋，天子之事也；是故孔子曰：'知我者其惟春秋乎？罪我者其惟春秋乎？'……孔子成《春秋》而乱臣贼子惧。"③司马迁演绎了孟子的说法："故吴楚之君自称王，而《春秋》贬之曰'子'；践土之会实召周天子，而《春秋》讳之曰'天王狩猎于河阳'；推此类以绳当世。贬损之义，后有王者举而开之。《春秋》之义行，则天下乱臣贼子惧焉。"④可见，《春秋》为史，可以敦促君臣三思而后行。《春秋》之后，各朝代均有史官的存在，史官对于君臣的记载，几乎都离不开春秋笔法、微言大义。史书典籍的存在，让为君者施暴政时能有所顾忌。正如前文提到谢济世注解《大学》事件中，从雍正七年（1729）被参劾到乾隆六年（1741）乾隆下诏销毁谢济世所注全部经书

　　① 张文英：《中国古代舆情表达方式探析》，《天府新论》2013年第2期。
　　② 林语堂：《中国新闻舆论史》，王海、何洪亮译，北京：中国人民大学出版社，2008年，第52页。
　　③ 杨伯峻：《孟子译注》，北京：中华书局，1973年，第155页。
　　④ 司马迁：《史记·孔子世家》，北京：北京书局，1973年，第1905页。

以及书版，中间经过了整整 12 年的时间，且还找了一个毁谤程朱的借口。可见，天子在对于舆论控制的过程中，也并不是随心所欲的，会担心引发更多的舆论和史书的记载。君主这样的一丝丝犹豫，就给民意留下了一定的表达空间。

第四节　作为传统社会舆论传播媒介的古代典籍

舆论的本质实则为一种特定时间内信息的集聚传递，而信息的传递自然离不开传播媒介，离开了传播媒介的舆论在传播范围、传播效率、传播时间上就如无源之水、无根之木，不能延续了。传播媒介自身作为承载着舆论信息的载体，其自身的形态和特质，对于引导和控制舆论拥有不可替代的优势。而在没有电子媒介和网络媒介的古代，典籍自然当仁不让地成了舆论的有效媒介，不仅影响着当下的舆论的生成、发展，典籍本身其实也可以是舆论本身。

一、传统典籍即政治舆论

书籍，无论介质是骨头、龟甲、竹片、绢纱抑或是纸张，其都是文字的载体。我们在研究古代舆论传播形态时，均需承认文字及其载体组成的书籍，不可否认是舆论的载体。那么，作为舆论传播媒介的典籍，其自身的内容可以被我们视为舆论的内容。有人或许会说，舆论具有当下性，是当下的民意，而书籍却是死物。是这样吗？仔细思考一下，书籍不是在不断的翻新过程当中吗。旧有的典籍被融入当下的民意，注入新时期的时代内容，进行新的解读；同样的，新的典籍也在不断的诞生当中。古代由于时空的限制以及舆论主体主要集中在士的阶层，使得古代的舆论内容总是围绕政治愿景而展开。《春秋》之后，文人著述史书的地位被提高，于是，很多文人热衷于史书的编纂，而史书的编纂内容大部分是文人借以褒贬现实，探讨朝代兴衰规律的内容。黄俊杰就指出："中国史学有着悠久的史论传统，从《左传》之'君子曰'、《史记》之'太公史曰'、《汉书》之'论赞'、《三国志》之'评'，一直到《资治通鉴》的'臣光曰'，皆显现出历史学家独立于权力外，化身为社会良心的强烈使命感。"[①] 可见，史籍正是一个个士人在自身知识水平、眼界范

---

① 黄俊杰编：《传统中华文化与现代价值的激荡》，北京：社会科学文献出版社，2002 年，第 459 页。

围和所处环境的影响之下，在被允许的范围内，表达的时政看法和政治愿望，这是一种典型的舆论表达。这是舆论一律的情况。

二、传统典籍亦传播相左观点意见，激荡舆论，推动舆论变迁

舆论还存在不一律的情况。自古以来，文人们似乎都奉行一个观点：真理是越辩越明的。所谓的"真理"我们可以理解为支持者统一的观点集合体。而这一个一个的支持群体所支持的理论内容则是需要通过典籍来承载的。而承载观点表达的典籍，又成了新一轮的舆论依据点，在不断的辩论和补充之中不断走向完善。如"百家争鸣"正是典型的观点相左，舆论斗争，越辩越明，优胜劣汰的过程。"百家争鸣"的百家其实是泛指，公认的主要有六家：阴阳、儒、墨、道、名、法，而实际上，影响最大的，只有儒、墨、道、法四家。确切来说，春秋战国的"百家"事实代表的都是统治阶级的利益，他们斗争的焦点是通过何种途径去加强统治阶级的统治，可以说殊途同归。以法儒斗争为例，儒家主张讲仁义，讲道理，以"养民"而得民支持，缓和矛盾，最终巩固统治阶级政权。而法家则主张采用法、术、势，主张君主高度专制，通过高压政策管理民，从而维护统治阶级政权①。两种观点在方式上可以说是具有极大的不同之处。每一家都有自己的支持者和拥护者，这样不同的观点通过士的不同观点的表达，形成了不同的舆论中心，儒法两家在舆论斗争中为争取支持和肯定均不乏论述。论述成于书，书中可见舆论观点，通过书籍的保存性和扩散性，使得不同观点表达的舆论斗争在范围上有所扩展，更重要的是在时间上有所延续。从春秋战国到随后的封建各国，儒法两家的观点在不断的辩论中均有所变化，甚至也出现了两家学派在观点表达碰撞中，接受了对方的部分观点而融合发展的趋势。如《礼记·王制》规定："析言破律，乱名改作，执左道以乱政，杀。"②可见，儒家认为语音对应着相应的等级制度、伦理纲常，那么乱"言"者则该杀。可见，如果说孔子注重理的话，那么后来的儒家却更多地把"礼"与"刑"结合起来。可见，舆论是可以在相互辩论的过程中出现反转现象的，就不难得出典籍可以承载舆论、发展舆论进而形成新的舆论场，进入下一个舆论发展循环。

---

① 夏子贤：《儒法斗争的历史真相》，《安徽师范大学报（哲学社会科学版）》1978 年第 3 期。
② 郑玄注，孔颖达疏：《礼记正义》卷一三《王制》，《十三经注疏本》，北京：中华书局，1957 年。

第五节　古代典籍传播产生舆论闭环效果

正如上文提到的，古代可称为经典的大多为各家具有代表性的圣人的著述，或者就是在圣人著述基础上的进一步注释和解读，延续了圣人之"道"的同时，又融入了后人结合所处时代的现实需要而加入的观点，而这种观点也必须以对圣人之"道"的微言大义的解读才能更好地得到君主、士人及其百姓的接受。同时，我们也提到，古代的各家所代表的均是统治阶级的利益，殊途同归地去巩固统治阶级的统治。所以，典籍的舆论传播效果自然是为统治阶级服务的。其为民树立标准，让君按标准行为，最终再通过为君正名而证明君符合标准，形成这样的一种传播闭环效果。

一、为民众树立"明君"标准

古代的舆论客体更多的是集中在"君""臣"之上，"君"乃君是否为"明君"，"臣"乃臣是否廉洁奉公、爱民如子。而对于"臣"的评价实际可以归入"君"的评价体系，即臣道是否合格也被归入了君道是否英明之中去。而这种舆论的评价肯定需要有一个标准，即有一个准绳去告诉舆论主体，什么样的君才可以成为明君。而这样的准绳则是被古人奉为圣贤之人的典籍之中所呈现的。其实这里我们可以提到一个词即"圣王"，即认为王者须具有圣的品格，这也是贯穿帝王评价体系的主脉。"圣王不作，诸侯放恣，处世横议，杨朱墨翟之言盈天下。"（《孟子·滕文公下》）"圣也者，尽伦者也；王也者，尽制者也。两尽者，足以为天下极矣。"（《荀子·解蔽》）再有"深念远虑，引义以正其身，推恩以广其下，本仁祖义，褒有德，禄贤能，诛恶乱，总远方，一统类，美风俗，此帝王所由倡也。上不变天性，下不夺人伦，则天地和洽，远方怀之，故号圣王。"（《汉书·东方朔传》）这样对于什么样的君主是圣王，是明君的观点在典籍中比比皆是，也被百姓所普遍接受，在舆论主体的心中给出了一个看似十分模糊却又易于归纳的圣君形象。可以是典籍给予了对君主的评价的标准，给予了舆论其流变的评价基础和思想来源。

二、君主凭借典籍彰显自己"为君""治国"典范

古代典籍给出了相应的标准之后，当君主需要得到舆论的支持，从而通过正面的舆论去稳固自己的统治时，其需要做的就较简单地可以总结为，让

舆论主体知道，其所做所为是符合典籍中圣人所认为的圣王形象的。所以，纵观历史，不难看到历朝历代都会有自己尊崇的思想，君王都会采取一切手段去让百姓看到其尊重圣人，学圣人之道，并按照圣人要求为君的行为。而前面提到为君治国离不开"德"，有德者才可拥天下，那么只要让人民看到君拥有"德"，就可以为君坐拥天下提供舆论支持。如历代帝师均为历代大贤，君待大贤以礼，给其极大的尊崇，让人们看到其尊重圣贤的品德；历代皇帝对于"士"均给予了相应的尊重和一定的自由，所以才有了封建社会城镇舆论的崛起，在庙堂、茶楼、饭馆、文娱场所才有了人们谈天说地、发表政见的一定自由；历代对于忠言逆耳的大臣，君王都不会随意杀之侮之，正是为了符合典籍要求的君应广纳谏言的要求，于是才有了魏征和李世民这对君臣最佳搭档的美谈；历代君主对于思想的控制，对于典籍的限制，对于异端言论的控制，也都才会更多地以其对先贤不敬、对经典不尊重为借口进行；历代中央集权于一身的君主，可以说是一言可断天下之人。其之所以在为君过程中，不能恣意妄为，正是为"德"所制。其要表现出自己是有德之人，才可以理所当然、长治久安地坐拥天下。按照典籍中圣王形象要求，至少表面上应做到这些要求，就在一定程度上可以得到了舆论主体的认可，从而得到积极的舆论支持，使人们安于其统治，加强皇权的集中和统一。

三、古代典籍为统治阶级"正名"

典籍中圣人之道为士人树立了圣君标准，君主按照典籍中圣人之道要求自己，至少是让士人看到是这么要求自己的，到这里，其实这个闭环还没有形成，还有一个环节就是由思想权威去为君王"正名"，同时给予君王的行为以载入史册的肯定。"正名"则是古代思想家为统治阶级的统治给予名正言顺、理应如此的思想认证，使得士人从思想上接受君王的统治，进而安于被统治。以孔子为代表的儒家学派相信语言具有调适社会秩序的功能，强调"名分"的重要性。于是孔子强调说："必也正名乎！名不正则言不顺，言不顺则事不成，事不成则礼乐不兴，礼乐不兴则刑罚不中，刑罚不中则民无措手足。"[①]"这段话一向被认作是孔子'正名'观最好的注脚，即为君者，为臣者、为父者、为子者都要遵守由其名分所规定的伦理道德规范和行为准则，如果

① 郑玄注，孔颖达疏：《论语注疏》卷一三《子路》，《十三经注疏本》，北京：中华书局，1957年。

名实相离，名不符实，政治秩序就会产生混乱。"① 这样对于名分的慎重，可以说是维护了天经地义的"君君臣臣父父子子"的伦理秩序，为君主的统治给予了名正言顺的理论依据。

再有，君主的所作所为符合了德的要求，或者就算未符合德的要求，却需要士人的肯定。这个时候典籍就又发挥了其极为重要的"正名"作用。当然这里的"正名"不同于孔子所谓的"正名"，这里的意思可以理解为对于君主作为的一种率先肯定，有点近似于舆论领袖的意思。而这样的典籍应该以史籍为最具有代表性的，史籍在为君王正名方面拥有极大的作用。有人认为史籍是真实的历史再现，但是只要有点理智就可以分析出，在君主专制的时代，史籍编纂者在君王的威压之下，自然不可能全然复原事实。如《高皇帝御制文集》就为朱元璋"明君圣主"形象的塑造立下了汗马功劳。其做法可以归纳为对朱元璋文章有意识的大面积遗漏，不收录表现朱元璋与元末其他义军首领的敌对关系的文章，不收录语言俚俗、写作粗糙的文章等方式②，有意地塑造了朱元璋的"明君圣主"的形象。可见，史料中对于君的描述自然是有相应的美化倾向和"正名"趋势的。这样的美化文章流入民间，从书籍中获取信息的士人，很有可能从这样的拟态环境中认识君的美好形象。

综上所述，古代典籍在影响舆论主体的知识机构和价值观、影响舆论环境方面发挥着极大的作用，甚至可以看成古代舆论的思想基础和依据。而古代君主通过典籍这个舆论媒介的控制，去控制舆论主体、舆论传播效果的做法，对于当代的舆论引导似乎也有相应的可参考之处。当然，古代的君主做法是为了严格控制舆论进而维护专制统治，而我们需要借鉴的并不是其目的，而是其方式方法的可取之处。如当代舆论的受众的知识获取和价值观的树立都需要我们在教育类书籍方面有所选择，注意培养受众正确的价值观、媒介素养、理性思维等。国家对于舆论的控制需要重视舆论媒介的引导作用，尤其是在网络媒体兴起的时代，注重对于网络媒体的法律制度的制定，引导其良性发展。在舆论的传播过程中，应尽量提供真实可靠的信息，从而经得起舆论的讨论和检查，进而引导舆论的理性发展。中华文化博大精深，中国传统文化典籍中蕴含的古代圣贤的齐家治国平天下的思想，值得我们以此与当

---

① 曹峰：《孔子"正名"新考》，《文史哲》2009 年第 2 期。
② 侯晓晨：《对"明主圣君"形象的构造——从朱元璋〈高皇帝御制文集〉明刻本的文章取舍看编纂者的用意》，《石河子大学学报（哲学社会科学版）》2015 年第 3 期。

代中西理论进行深入对话，在对话中提炼出具有中国特色的、符合中国实际的、指导中国实践的实用理论。古为今用，希望我们对古代典籍与舆论关系的研究，可以让我们为今天多变的舆论状态引导有所助益。

（徐莹　谢清果）

第八章 村规民约：华夏民间舆论运作的法典

　　村规民约作为中国民间小传统舆论运作的法典，从舆论学的角度来讲，即是控制乡村社会舆论走向的工具，起着舆论引导的作用。从舆论学视角来研究传统乡规民约，以舆论引导上的视角对传统乡规民约的产生原因、历史演变以及传播过程等进行系统梳理和重新解读，不仅从宏观角度上丰富了对于传统村规民约的研究资料，更好地研读村规民约的内涵；而且为当前乡村社会村规民约的制定、乡村社会秩序的维持乃至乡村舆论建设和有效治理提供了借鉴。

　　古代村规民约是现代村规民约的源头和基础，目前学界对于传统乡规民约的研究主要是从以下几个方面：史学、民族学、社会学、政治学、民俗学等角度，但缺乏从新闻传播相关角度进行探讨和解读。在大数据时代，舆论学范畴的研究成果对其他学科有着很重要的意义。从理论意义上讲，本文从舆论学视角来研究传统乡规民约，以舆论引导上的视角对传统乡规民约的产生原因、历史演变以及传播过程等进行系统梳理和重新解读。此类研究一方面从宏观角度上丰富了对于传统村规民约的研究资料，更好地研读村规民约的内涵。另一方面，新时代背景下村规民约的制定作为乡村建设的组成部分，对于乡村社会建设起到了至关重要的作用，所以研究资料和研究视角的补充从理论上填充了空白，为当代村规民约的制定和实施提供了理论支撑，更好地借鉴历史上传统村规民约制定过程中的可取之处。

　　其次，从实践意义上来讲，从舆论学视角解读村规民约为当前乡村社会村规民约的制定、乡村社会秩序的维持乃至乡村社会的整体建设和有效治理提供了借鉴。虽然传统的村规民约在每个时代或朝代的发展不同程度上带有各自的个性，在名称和结构组成上发生改变和调整，但是其主要的内涵和思想依旧被贯彻了下来。它作为历史产物，包含了很多中国传统文化的精髓，逐渐内化为乡村社会的价值取向。乡村建设作为新世纪社会主义建设中的重要环节，大数据时代舆论的作用渐渐凸显出来。在村规民约的曲折演变过程中，农民阶层是中坚力量，乡村知识分子、乡绅和国家政权交互发挥作用，起着舆论引导的作用，所以从舆论视角来研究村规民约，尤其是研究乡村村规民约中舆论领袖的作用，对营造乡村社会的舆论环境、完善当代乡规民约的发展路径起着重要作用，为我们今天正在进行的现代村规民约建设提供了独特的文化渊源和历史经验，对社会主义新农村建设和和谐社会构建也将起到重要的实践指导意义。

第一节　村规民约研究范畴的界定

美国人类学家罗伯特·雷德菲尔德在其 1956 年出版的《乡民社会与文化》（Peasant Society and Culture）一书中，提出了"大传统"与"小传统"这一对领袖概念，用以说明在较复杂的文明（civilization）之中存在的两个不同层次的文化传统。"大传统"是指一个社会里上层的士绅、知识分子所代表的文化，它是由学者、思想家、宗教家反省深思（reflective）所产生的精英文化（refined culture）；而相对的，"小传统"则是指一般社会大众，特别是乡民（peasant）或俗民（folk）所代表的生活文化。余英时先生则认为小传统是指一般社会大众（特别是乡民或俗民）和作为自然人的社会上层的士绅、知识分子身上的违背大传统的人性本能的思想及其外化，即在其社会中非主导地位的形形色色的各种价值系统。[①]那么本文讨论的大传统舆论是指一个社会里上层的士绅、知识分子所代表的文化精英阶层关于社会问题所表明的态度和意见等，相对而言本文所讨论的民间小传统舆论则是指俗民、（乡绅以及知识分子）关于现实社会问题所表达的态度、意见、情绪、信念等。小传统限定了舆论运行和作用的范围和地域，使得村规民约的作用范围是在村落内（或以宗族关系为纽带的乡村社会）。那么我们所讨论的村规民约是指由某一特定乡村地域范围内的组织或人群共同商议制定的、以书面文字或口头约定为主要传载方式的、用来维持乡村社会生产生活秩序的、具有一定权威性的内部公共行为规范。它是一种超越了家族规范的社区公共规范。

村规民约作为中国民间小传统舆论运作的法典，从舆论学的角度来讲，即是控制乡村社会舆论走向的工具，起着舆论引导的作用。传统乡规民约产生之初，仅仅是依靠口口相传的方式来传播和延续，这容易造成讹传，也容易误传更容易失传。后来，随着社会生产力的进步和文明化程度的提高，一

———————
① 余英时：《士与中国文化》，上海：上海人民出版社，2003 年，第 342 页。

些财力雄厚的民间组织选择将其约条书写在纸张上，其效力只是限于村落本身，仅仅"代表了一个相对独立的生活共同体"，超过了这一特定地域范围即失去了应有的效力，而这本身就使传统乡规民约具有了较窄的约束力和效力。

　　本章所做的研究是出于华夏文明传播的角度，对传统村规民约进行新视角的解读，所选择的研究时期是民国之前的村规民约。村规民约出现文字记载是在北宋时期的《吕氏乡约》。但在此之前，村规民约已经出现了萌芽，主要是以口头方式进行传播，传统乡规民约从最初的约定俗成逐渐发展为后来的系统化村规民约。通过对相关资料的阅读和归纳，村规民约的发展轨迹主要有以下几个重要时期：北宋之前的萌芽期、宋代的发展期、明朝的推行期以及清朝的蜕变期，所以研究中选择的是这几个时期的史料记载；另外，在乡村社会中，出现了很多以共同兴趣爱好为基础结合起来的社团组织，本文所要研究的村规民约不包括此类有公共爱好的人组成的"社团"所制定的规则，研究资料限于维持乡民日常生活以及乡村秩序的村规民约方面。本文在课题研究过程中，结合社会学、史学等各方面的研究资料，运用了两种研究方法展开研究。第一个是比较研究方法。传统乡规民约作为中国传统文化"礼和义"等思想的主要载体，在不同的历史阶段有着不同的发展轨迹。在研究中，本文对不同时期的村规民约的产生原因和演变过程进行了比较，同时对不同时代乡村舆论领袖的身份转变和作用进行了比较，以求得到客观全面的研究结论。第二个就是定性研究方法。在研究作为乡村社会的文化意识形态的传统村规民约时，主要是依据大量的文献记载的资料和社会现象，从整体上对村规民约有宏观的认知，以便从舆论学视角更好地进行解读研究。

第二节　舆论引导与村规民约的关系

　　舆论引导是一种有目的的自觉行为，它或者是指某些社会主体对舆论所进行的引导，或者是指这些主体利用舆论来引导社会公众。① 村规民约作为乡村社会秩序的维持工具，控制着乡村舆论走向，是一种有目的的行为，乡约组织将一些约定俗成或共同商议制定的制度和规则进行总结，将人民对于社会现象的态度和信念等提取汇总，塑造适合乡村社会建设氛围的意见环境，对农民阶层起到引导作用。换言之，村规民约的成形过程是乡村舆论引导过

---

①　丁和根：《对舆论引导主体引导能力的多维观照》，《当代传播》2009 年第 3 期。

程，从村规民约最初产生开始，其所处的时代背景催生了其刻着时代烙印的发展轨迹。由于朝代及各地方的习俗不同，将"乡"和"村"的概念混用，因此对村规民约的称呼不尽相同，无论是称其为乡约、村约还是乡规，都是传统意义上的村规民约。

一、舆论引导视角下村规民约的特征

古代的村规民约在中国有着久远的历史和绵长的发展，起源于乡村社会，主要是从生产生活的经验转化而来，并控制着乡村的社会秩序等。从两宋时期到明清时期，传统的村规民约具有时空性、地域性和集体性的色彩，但从舆论引导的角度观察村规民约的发展历程时，可以看出中国古代社会的形态在村规民约的成形过程中发挥着不可忽视的作用。村规民约的萌芽期到成熟期间，舆论引导的构成要素不断发生改变，使得村规民约本身具有其独有的特征——导向性和调控性。

（一）导向性

导向性是由舆论引导的内容建构依据，即一定的社会意识形态而生成的一种鲜明特性。因为，一定的社会意识形态是对社会经济基础和政治制度的系统反映，不同社会的经济和政治在发展方向上的差异，决定了不同政党、组织、群体和个人在舆论引导方向上的差异。[①]北宋以前，村规民约处于萌芽期，其雏形主要目的是约束乡民的行为，稳定乡村秩序。从北宋年间《吕氏乡约》的出现，乡规民约进入了其发展的正轨，对乡村人民具有关键意义上的教化作用，逐渐具有了政治上的意义。北宋嘉祐进士著名学者吕大钧（字和叔）为了教化乡民，于公元 11 世纪中叶在其家乡蓝田制定的《乡约》《乡仪》，史称《吕氏乡约》，是我国历史上第一部成文的村规民约。[②]该部乡约也从行为礼法如婚丧嫁娶等各个方面制定了详细的条款，"由人民主动主持，人民起草法则，在中国历史上，吕氏乡约实在是破天荒第一遭"[③]，成了乡民自治的根据。

到了明清时期，随着乡约运动的展开，上层统治阶级对村规民约重视程度逐渐加深，朝廷认可并介入民约的制定和实施过程，尤其是进入清朝之后，

① 刘春波：《舆论引导论》，武汉大学博士学位论文，2013 年，第 56 页。
② 安广禄：《我国最早的乡规民约》，《当代蔬菜》1998 年第 4 期。
③ 杨开道：《中国乡约制度》，北京：商务印书馆，2015 年。

村规民约被封建统治者左右和控制，原有的不同地区和不同宗族之间的个性化特征逐渐消失，在内容上逐渐趋于统一，目的是巩固中央集权。有代表性的便是清朝雍正时期颁布的《圣谕广训》，要求"直省各州县大乡大村人口稠密之处，俱设立讲约之所，于举贡生员内拣选老成者一人，以为约正，再选朴实谨守者三四人，以为直月。每月朔望，齐集乡之耆老、里正及读书之人，宣读《圣谕广训》，详示开导，务使乡曲愚夫共知鼓舞向善"①。

民间自我约束行为规范变成了官方以圣谕为基准建立的乡民教化制度，村规民约舆论导向性愈发明显，舆论引导的方向进入了政治轨道，在舆论引导内容上，其架构依据由代表公共利益的发展方向逐渐变成代表统治阶级甚至是个人利益的发声工具。

（二）调控性

调控性，不仅是舆论引导导向性延伸出来的特性，也是舆论引导者遵循新闻传播的"真实性"原则而体现出来的一种特征。② 其实质就是舆论引导者对"所引导信息"的调控。古代的村规民约成形过程中，其调控性主要体现在村规民约对乡村社会生活和封建社会秩序的舆论走向的调整和把控上。基于村规民约的引导方向发生改变，统治者对村约的控制力增强，使得村约作为一种控制乡民的工具，逐渐有力地约束和调控了当时的庶民对于社会话题的讨论。人们逐渐服从统治阶级的意志，所关注和议论的话题大部分是关于日常生活方面，危害到官方统治力量的言论也得到了相应的把控和治理，村规民约的调控性为政权服务的特征增强。

第三节 村规民约的主体和客体

一、村规民约主体——舆论引导者

村规民约作为舆论引导的一种，伴随着封建社会的意识形态发展，其主体也逐渐发生着改变。从北宋之前的萌芽期到宋代的发展期，村规民约的主体是乡村精英阶层，又可以称为"乡村头面人物"。明恩溥在其《中国乡村生

---

① 参见《礼部·风教·讲约二》，《钦定大清会典事例》（卷398）。
② 刘春波：《舆论引导论》，武汉大学博士学位论文，2013年，第58页。

活》中曾提到"乡村头面人物"即指那些活跃在乡村社会、对乡村社会具有实际控制力的乡村精英阶层。[①] 而这些头面人物作为传统乡规民约的发起者，主要是来自古代乡村社会中的某一地域组织或人群。在北宋以前，传统乡规民约主要依托乡里、会社、宗族等基层组织制定并执行。三国魏晋南北朝时期，乡里组织逐渐废置，"村"作为重要组织开始出现，到隋唐时期，"村"和"里"成为重要层级，设置了村正一职，也就是现代乡村意义上的村长一职。当时村正的选拔也是村内部自己选定，村级组织领袖的选任标准是比较低的，德才、文化素质等内在条件往往不被重视，财力、身份等外在条件转而成为选任与否的主要标准。北宋后，则出现了专门的道德教化组织——乡约组织，乡约类乡规民约随之出现。乡约组织，是自宋代以来历经明清而被普遍推广实行的一种民间组织形式，是居住在乡村中一定范围的人群，为了御敌卫乡、劝善惩恶、厉行教化、保护山林或应付差役等共同目的，依地缘或血缘关系而建立起来的一种民间组织。[②] 北宋时期的乡约组织是由乡绅倡办，百姓自愿加入，主事人由百姓民主推举，不受官府干预，也不承办公务，约束成员行为，鼓励风化，是民众自治性质的组织。其主体是仅有包括"约正"和"直月"在内的二到三人。到了明代，乡约组织人员规模有所扩大，出现了约长、约正、约副、约史、知约、约赞等多种称谓。明代《南赣乡约》在其制定最初规定："推年高有德、为众所敬服者一人为约长，二人为约副。又推公直、果断者四人为约正。"《文堂乡约》规定："择年稍长有行检者为约正，又次年壮贤能者为约副，而与权宜议事。在约正、副既为众所推举，则虽无一命之尊，而有帅人之责……约正、副，凡遇约中有某事，不拘常期，相率赴祠堂议处，务在公心直道。"[③] 村规民约主体其实是由少数乡村头面人物担任，结合社会背景来看，便是当时的乡绅阶层和乡村知识分子。

　　中国封建社会意识形态具有自己的特殊性，从华夏文明起源开始，宗族血缘便伴随着村落的发展，尤其是在中国的南方社会。因此从宗族意义层面来定义传统村规民约主体中所阐述的乡村精英阶层的话，便是宗族内的族长。族长或称"户长""家长""族正""宗正""主事"等，是族权的代表，拥有对本宗族经济财产、成员之间纠纷和打架斗殴等事务的处置权和裁判权，负

---

　　① 转引自刘春波：《舆论引导论》，武汉大学博士学位论文，2013年，第125页。

　　② 卞利：《明清时期徽州的乡约简论》，《安徽大学学报》（哲学社会科学版）2002年第6期。

　　③ 转引自刘春波：《舆论引导论》，武汉大学博士学位论文，2013年，第75页。

责主持宗族的各类祭祀，负责制定族规家法，劝化教导族众奉规守法，并且负责处理本宗族对外交往与交涉事务，他代表了本宗族成员的共同利益。① 在宗族规约便是其村规民约，执行者仅限于宗族的族长或由宗族族长委托的管理人员等。如浦江《郑氏义门规范》中即规定"家长总治一家大小之务，凡事令子弟分掌。然须谨守礼法，以制其下。其下有事，亦须咨察而后行不得私假，不得私与。"② 不管是宗族法规还是村规民约，都是出于维持乡村秩序的目的，因此有的乡约组织会乡法和族规混合交叉使用，被称为宗族性乡约，前文所提到的《文堂乡约》便是一例。

但是明清时期，随着官方势力的介入和政治色彩的加重，国家政权成为村规民约真正的主体。统治者在选拔村长等乡村职位的时候逐渐重视其财富和家族势力等因素，尽管乡村精英阶层在村规民约实施中仍然发挥着自己的传播作用，但是本质上已经被统治阶层所控制，只是统治阶级所寻找的信息传播者而不是主体引导者。

二、村规民约的客体——农民阶层和乡村精英阶层

古代村规民约作为乡村舆论引导方式，其客体毋庸置疑——一般社会大众，即农民阶层。作为传统乡规民约的主要施受对象，农民阶层在传统乡规民约中所起的作用是不容小觑的。由于传统村规民约的制定过程其实是呈现"由下而上"的特点，民众内化的价值观、道德评价标准以及其长期沿用的风俗、习惯和旧例是传统乡规民约制定的基础。除此之外，传统村规民约的主体如果要保证舆论引导的效果，农民阶层的认可与否则直接决定了村规民约是否可以得到顺利执行。当然，由于拥有高于一般社会大众的知识水平，从农民阶层中发迹的乡村精英阶层也是客体的一分子。

三、村规民约中主体和客体的关系

在村规民约的制定和实施过程中，乡村精英阶层、国家政权和农民阶层三方博弈，共同组成了舆论引导的过程。乡村精英阶层作为村规民约的制定者、执行者和接受者，国家政权作为村规民约的监督者和幕后人物，而广大农民则是作为村规民约的主要施受对象，三者之间有着微妙的联系和约束，

---

① 转引自刘春波：《舆论引导论》，武汉大学博士学位论文，2013年，第71页。
② 参见《浦江郑氏义门规范》，成都文论书局宣统二年本。

只有正确处理好三者的关系，才能保证村规民约的正常运作，营造良好的乡村舆论环境。

（一）乡村精英阶层和农民阶层的依存关系

中国封建社会，农民阶层多为文盲，以乡绅阶层和知识分子为主体的乡村精英阶层很容易得到农民阶层的敬仰和信任，进而获得权威。乡村精英阶层在制定和实施村规民约过程中，则需要依赖于农民阶层，农民阶层的认可和尊重是其展现威信的前提。同时村规民约中不免会掺有乡村精英阶层自己认为正确的价值观和道德准则，农民阶层在接受村规民约的约束和教化时，依靠乡村精英阶层为自己传播正确合理的行为准则。

（二）国家政权和乡村精英阶层的制约关系

乡村精英阶层作为村规民约制定和实施中始终贯穿的主体，在乡村社会村规民约发展过程中发挥着至关重要的作用，可以说是推动力量。但在国家政权力量逐渐渗透到村规民约整体规划中后，乡村精英阶层成了官方政权的工具，国家政权则需要借助乡村精英阶层在农民阶层中的威信和影响力来维持乡村社会的秩序。所以统治者也相应地给赋予了乡村精英阶层一定的权利，对乡村精英阶层的一些行为做出了默认和妥协。乡村精英阶层尤其是宗族内部族长在执行村规民约时会在符合国家官方制度的基础上，根据所在村落或宗族进行适当的调整和修改。当然，国家政权将乡村精英阶层的权利约束和限定在皇权之内，避免其过度膨胀，保证了其权利的合理性，两者在村规民约的执行过程中相互制约，使得乡村社会得到合理化建设。

第四节　古代村规民约对现代乡村舆论建设的启示

古代传统的村规民约由于其时代的局限性和封建思想残余的影响，在发展过程中有其劣根性所在，比如男权思想非常严重，男女地位极度不平等等弊端，但是其主体涵盖的"孝""悌""睦""敬"等思想以及对乡民的德化准则对古代的乡村社会风气起着积极作用，对于现代乡村建设有一定的指导意义。在新媒体时代，现代乡村的舆论建设对于维持乡村稳定有着至关重要的作用，只有舆论走向得到很好的控制，才能避免和社会主义相违背的谣言出现，乡村建设才能更好地实施。在制定和实施当代村规民约时，应该做到以下几点：

第一，重视农民阶层的作用，协调国家政权、精英阶层和农民阶层的关系。农民阶层作为村规民约的客体，在舆论引导中的作用不可忽视，村规民约的制定和实施都脱离不了农民阶层，村规民约来源于民众，需要民众的认可才能得以实施。作为客体存在的农民阶层在外界新知识和新想法的冲击下，具备随时反客为主、充当舆论引导者的能力，因此在当代村规民约建设时，不能忽视农民阶层的作用，要协调好国家政权、农民阶层和乡村精英阶层三者之间的关系。

第二，政府合理利用乡村精英阶层的作用，做好监管措施。乡村精英阶层在基层社会的影响力和权威，代表国家对基层社会进行有效的治理，以维护乡村社会正常的社会秩序。政府和乡村精英阶层虽然是互相制约的关系，但是政府应该合理利用精英阶层的作用，在赋予精英阶层权利的时候也应该相应做出约束，避免其权利的膨胀以及私法的出现。

第三，继承传统礼法合理之处。当代村规民约的制定和实施一味采用法律教条，以纯粹的西方式准则规范为依据，忽略了对中国传统文化的借鉴和继承，尤其是儒家文化中从道德层面出发进行教化，使得村规民约丧失了中国本国的人情味，也导致了乡民对当代村规民约的反感和排斥。

第四，结合现实性，健全村规民约。当代村规民约的制定和实施是由政府主导，村民参与配合，是一种"自上而下"的引入式自治，这便使得政府颁布的村规民约有些方面对一些地方不适用。所以在制定当代村规民约时，应该在国家整体政策指导下，各地方结合本地情况做出相应调整。

从古代村规民约的宏观影响来说，其所涉及的方面延伸到了乡村社会的各个角落，从农业生产互助到乡民生活互济、从公共资源管理到生态环境保护、从家庭关系维护到社会关系协调等，现代乡村村规民约在建设时应取其精华，去其糟粕，结合时代背景，控制正确的舆论走向，塑造健康的乡村舆论环境。

（张耀芳　谢清果）

第九章　制礼作乐：中国传统社会深层的舆论引导

　　舆论历来是社会发展的重要课题之一，对我国传统社会的舆论进行深入探究之后，我们发现礼乐这一核心文化对舆论发挥着多个层面的引导作用。礼乐在作用方式方面，巧妙地将制度规范性、艺术感染性结合起来，在引导舆论方面发挥着独特且深刻的影响。

　　本文先从礼乐的内涵着眼，对其进行了详细全面的论述，然后将我国传统社会的舆论表现形态进行了大致分析，最后将礼乐对舆论的深层引导机制进行详细阐释。在这个过程中，我们首先将"礼""乐"对舆论的不同引导机制进行了分开论述，将其不同表现形式概括为："礼"从外部对舆论进行规引、而"乐"则是从内部对其进行牵引，在这其中，我们分别以"礼别异""乐合同"为主着力点，对其不同作用方式进行了深入剖析；在对礼与乐的不同内涵进行分析后，我们进一步将礼乐结合起来进行详细的论述，揭示出在礼乐文化的深刻影响下，传统社会舆论独特的功能、特征与作用方式。

　　舆论历来是社会发展的重要课题之一，而在当今中国社会转型期的复杂社会情境下，伴随着近几年网络的迅速发展，舆论在表现形式、发展程度、具体性质等许多方面都发生了很大变化，这种变化的不断拓展，对社会产生了广泛且深远的影响。网络虽然为舆论发展提供了许多便利，但是同时也造成舆论发展的娱乐化、戏谑化、非理性化，甚至演化出许多网络舆论的暴力现象，造成舆论的不健康发展。

　　观古思今，我们对中国传统社会的舆论进行详细研究，发现礼乐这一核心传播思想对舆论有深层引导与促进作用。与西方文明截然不同的是，我国礼乐文化十分注重感性与教化。有学者曾言，教化是使伦理思想观念形态向社会实践形态转化的基本途径，而这种教化的具体表现形式则主要是礼乐教化，它巧妙地将制度规范性与艺术感染性完美结合起来，而礼乐的这种独特特征也一直是影响我国传统社会舆论发展的一大核心因素。因此本文对这一现象进行深层探索，也可为现代舆论发展提供一些可用的有益参考。

第一节 礼乐协作：传统社会制度的内范

一、何为"礼"

要对"礼乐"进行深入了解，首先我们需要对其内涵进行全面梳理与解读。在此我们将"礼乐"从字面上分开，进行单独的详细分析。首先是何为"礼"，从最基本、最直接的字面意思来说，"礼"即是指各种礼节规范。"礼"之本义，据许慎《说文解字》："礼，履也，所以事神致福也。从示从豊。"因此"礼"之本义乃指祭神之器，而后引用为祭神的宗教仪式，然后才泛指人类社会日常生活中的各种行为仪式。

随着社会与文化的发展，"礼"的含义也不断丰富发展，其中关键又有两点："第一，'德'是礼的灵魂。""第二，'敬'是礼的核心。"①而它的基本内涵分为以下几个层次。首先是政治层面的"礼"，作为国家典章制度的"礼"，涉及政治、经济、军事等各个方面，既是治国大法，也是上自天子下至卿大夫士的行为准则，是君和臣、上和下、贵和贱、长和幼、庶人和百姓都应共同遵守的政令制度。②这个层面的礼更加注重政治层面，在制度方面对广大民众的行为进行规范与引导。其次是注重等级观念方面的"礼"。据多位大家论述，儒家的"礼"，其核心就是"别异"，传递着人与人之间存在着差异这一观念。"礼别异"，最明显的表现即是，不同等级的人享有不同规格的礼。这种观念强调不同等级、不同群体的尊卑贵贱与不同职责，针对每个人的身份、地位、辈分、性别、年龄，对每个人的不同角色提出了不同的规范要求。接下来，与政治制度与等级观念相对应的即是"礼"在道德伦理层面的意义，正是因为"礼"对等级与秩序的强调，所以与之相对应的是，"礼"极为注重各种层次的道德观念，这也是作为中国传统文化核心的伦理观，它既是维系社会人伦关系的重要原则，也是"礼"的核心与灵魂，如处理夫妇、父子、兄弟、君臣、朋友这五伦的相关准则，具体包括仁、孝、亲、敬、义等基本

① 彭林：自谦而敬人——中华传统礼仪的核心原则。http://www.71.cn/2016/0324/878431_2.html.

② 韩云忠：《先秦儒家礼乐文化的德育价值研究》，山东师范大学博士学位论文，2015年。

道德伦理观念。除了以上几个层面，"礼"作为在政治制度、道德伦理、文化等各方面都发挥深刻影响的核心范畴，对广大民众的日常行为也产生了深刻影响。可以说，古代社会将"礼"视为社会活动的一种行为准则与评价标准，人类的行为必须有个共同规范，那就是依礼而行，将"礼"作为各阶层民众共同的行为规范与日常准则，[①]民众需自觉地将"礼"当成内化、外化的日常规范。

以上我们对"礼"在政治制度、等级观念、道德伦理、行为规范四个层面的内涵都进行了分析，其实"礼"最后的目的即是促进对"天道""自然之道"的传承。因为"礼"本身就包含着古人对自然之道的崇敬，古人先贤在制定礼的时候，贯穿了仿效自然法则的理念。中国人信奉天人合一，认为"人道"源于"天地之道"，而"礼"也是顺承了天道与自然之道，[②]在政治制度、等级观念、道德伦理观、行为规范等多个层面对民众的日常行为与观念进行规范，进而促进其观念、行为与天道、自然之道的恰当结合，达到传承自然之道的目的。

二、何为"乐"

在对"礼"的内涵进行分析之后，接下来就是对"乐"的详细解读了。那么何为"乐"呢？从字面意思来说，"乐"即是指音乐和舞蹈，远古中国先民的乐舞场面表明，乐的原始内涵是诗歌、音乐、舞蹈、乐器等元素融合一体的混生性艺术。[③]而礼乐思想中的"乐"则具有更为丰富的内涵。

从人类历史文明的发展来说，是先有"乐"，然后随着历史的发展，逐渐发展为"礼乐"并重的。"乐"包括几个主要层次。首先，乐的本质是和谐。先秦儒家认为，乐的基本内涵是使人快乐或表达快乐，而如何才能使人快乐呢？"乐合同"，这是理解乐的纲领。乐之所以能合同，是因为具有"中和"的乐德。[④]在"乐"的艺术层面，只有其本身达到和，才能使欣赏者感受到和谐宁静的效果。所谓"乐得其道"的快乐就是"和"，和谐才是乐的本质。[⑤]其次，在作用方式方面，"乐"更为注重潜移默化的道德教化"乐"。的另外

① 韩云忠：《先秦儒家礼乐文化的德育价值研究》，山东师范大学博士学位论文，2015年。
② 韩云忠：《先秦儒家礼乐文化的德育价值研究》，山东师范大学博士学位论文，2015年。
③ 韩云忠：《先秦儒家礼乐文化的德育价值研究》，山东师范大学博士学位论文，2015年。
④ 黄星民.：《礼乐传播初探》，《新闻与传播研究》2000年第1期。
⑤ 韩云忠：《先秦儒家礼乐文化的德育价值研究》，山东师范大学博士学位论文，2015年。

一层含义则与其字面意思直接对应，即音乐舞蹈等综合艺术，但是儒家认为，只有符合自然规律、天地特性，节人欲、引人向善的和美之"音"才能称为"乐"。而"乐"除了其本身的娱乐性之外，还承担着道德教化作用，在和美之"乐"的熏陶下，促进个人的道德教化与发展，不断提高个人道德素质与文明修养。最后，"乐"的重要目标即是，促进以乐教治世。与上文"乐"的道德教化作用相对应，其实早在远古朝代，先王作乐并不是为了审美享乐，而是为了治国平天下。"乐教"即是一种治世的方略，这种方略看重教化和人心。[1] 在贵族阶层，乐舞修养操持是生活的一部分，统治阶级着力于通过乐舞促使人们完善内在修养，并自觉遵守社会秩序，进而达到整个社会的安定。

三、何为"礼乐"

上文中我们对"礼"与"乐"的内涵进行了单独的详细解读，接下来就是对"礼乐"的深入探索了，何为"礼乐"？"礼乐"的具体内涵是非常广泛且深远的，它是政治、道德、艺术、审美的综合形态，既是政治制度，又是道德规范，还是社会行为准则，最后还是教育的重要科目。[2] 以"仁""和谐"为核心的礼乐，甚至已经内化成整个传统社会的社会理想、思维方式、价值取向、伦理观念、人格追求、行为准则与审美情趣。

具体说来，礼乐的内涵包含以下几个层次，首先是政治制度方面。第一，"礼乐"是传统社会的根本政治制度，它将日常生活中形成的各种礼仪规范制度化，并借助制度的力量进一步确认、强化和维护宗法等级社会的秩序和规范[3]；礼乐是我国传统社会的一项根本政治制度，它贯穿在国家政治、经济、军事、文化、宗教祭祀等各个方面，在政治制度、社会秩序、行为规范等各个方面引导着国家政治生活的健康发展。其次是"礼"的一大核心观念，"礼辨异"，注重等级观念。秩序分明的等级观念可以说是传统社会的统治基础，这也是礼乐的一大核心思想，它强调不同等级、不同群体的尊卑贵贱与不同职责，如不同的血缘身份、社会身份、性别身份与齿序身份等等。并且使得社会中的每个人都培养起自己的角色意识，针对其不同身份、地位、职责提出不同的规范要求，使得不同群体能够各安其职，促进传统社会中等级分明

---

① 聂振斌：《礼乐文化与儒学艺术精神》，《江海学刊》2005 年第 3 期。
② 聂振斌：《礼乐文化与儒学艺术精神》，《江海学刊》2005 年第 3 期。
③ 丁鼎：《儒家礼乐文化的价值取向与中华民族精神》，《山东师范大学学报》2014 年第 6 期。

却又井然有序的社会分工与发展。最后，与基本政治制度、职责分明的等级观念相对应的是，礼乐在治世观方面的两大主张，分别是：注重统一秩序的"礼治"观与德礼并重的"礼乐"治世观。中华"礼乐文化"的形成背景，即是以天地自然的和谐为依托的，所以天地自然的秩序是最为基础的。与之相对应，礼治观念十分注重整个社会的统一与和谐，强调统一秩序，这也是传统社会的重要统治基础。除了"礼治"观之外，传统社会还更加倡导"礼"与"乐"的结合，在治世观方面强调以"礼乐"治天下，以礼乐之"教"来"化政"，注重德、礼并重的礼治精神，并且将礼治视为治国平天下的根本手段和终极归宿，在我国古代的治世观念中，礼乐教化与行政刑罚相辅相成，共同承担着治国安民的任务。①

上文中，我们对"礼乐"在政治制度方面的内涵进行了详细分析，那么接下来就是道德伦理层面，"礼乐"在道德伦理方面有三大主要表现，分别是注重道德规范的伦理观念、注重个人素养的教化观念、以"仁""和谐"为核心的人际关系观。首先是道德伦理观念，其实"礼"的灵魂即是注重道德规范的各种伦理观念，将仁、孝、亲、敬、义等道德规范作为处理社会关系的核心原则，将"中"作为根本方法论原则，"和"作为核心目标，进而促进整个社会、各大群体之间的和谐友好关系。②其次即是注重个人素养的教化观念。除了"礼"强调的伦理道德规范外，"乐"注重个人道德与修养的教化观念也是十分重要的，这种教化观以提高个人道德素质，促进文明行为为目标。而且在我国传统社会的教育方面，礼乐还是重要的教育科目，居"六艺"（礼乐射御书数）之首，作为一种艺术与审美观念，作为一种社会道德规范，礼乐一直是社会培养人才的首要原则与根本规范，③以礼乐为核心的教育有利于塑造个人全面发展的理想人格，促进个人道德与修养的全面提高。最后就是以"仁""和谐"为核心的人际关系观，其实这种人际关系观念也是"礼乐"在道德层面的重要目标。礼乐在政治制度等方面表现为一种外化的形式，但是这种制度性的行为规范观念，其核心与最终目标则是"仁""和谐"，以此来确立礼乐内在的主体精神和理性自觉。以礼乐为准则来处理人际关系，并且将其作为人际关系的根本规范，有利于促进各种人际关系的和谐健康发展。

我们对"礼乐"在政治、道德层面的内涵进行了简要梳理，明确了"礼

①　聂振斌：《礼乐文化与儒学艺术精神》，《江海学刊》2005年第3期。

②　韩云忠：《先秦儒家礼乐文化的德育价值研究》，山东师范大学博士学位论文，2015年。

③　聂振斌：《礼乐文化与儒学艺术精神》，《江海学刊》2005年第3期。

乐"在政治制度、道德伦理各个方面对社会的深刻全面影响，这两方面可以
说一方面注重外化的制度性规范，另一方面注重内化的道德指引，逐步促进
"礼乐"成为广大民众的行为规范与准则，那么接下来就是"礼乐"在社会行
为准则层面的内涵。这一层面又主要分为两大主题：外化表现——培养默认
的行为文化，内化表现——促进自觉守礼的意识。首先即是外化表现：培养
默认的行为文化。如上文所述，其实礼乐文化不仅在政治制度、道德规范各
方面发挥着重要作用，当它内化到每个人的日常生活中，它已经成为整个传
统社会的行为准则，进而成为一种默认的行为文化，渗透在民众日常的交往
方式、行为模式以及各种仪式活动中，成为各阶层民众共同的行为规范与日
常准则。[1] 我国传统社会中，不管是统治阶级还是广大民众，都自觉地将礼
乐作为一种默认的行为规范与准则，诸多活动均是依此而行。其次即是内化
表现：促进自觉守礼的意识。当礼已经成了整个社会默认的一种行为准则与
行为文化，每个人的日常行为都时时刻刻地被"礼乐"牵引着。可以说，礼
乐最深层的影响，即是最终使得各阶层民众在思想深处自觉认同和接受"礼"
的要求和约束，最终形成守礼、行礼的自觉意识和以礼自律的能力。[2] 正如
孟子提出的"以礼存心"，发展到后期，礼已经成为一种自觉、内在的准则，
依礼行事已经成为一种内在的精神自觉，人们自觉地知礼、识礼，并且守礼、
行礼，将礼作为一切行为的价值标尺和内在出发点，做到"非礼无行"，"非
礼不行"。

四、"礼乐"的意义

在我国漫长的社会发展过程中，礼乐作为一种政治制度曾经面临"礼崩
乐坏"的困难境地，但是礼乐作为一种文化，脱离了政治束缚反而获得新生，
并且不断地丰富与发展，甚至发展到后期，成了整个社会一种内在的道德规
范与行为文化。礼乐的起源，其实与人类文明的演进是同步的。礼乐文化中
包含的多种文化精神与内涵，直接影响了此后中国人的精神世界和心态，奠
定了中国文化后来的发展方向和道路。礼乐文化是华夏民族古代文明的根本
标志，同时也有益于促进中华民族共有的精神家园的建设。[3] 可以说，礼乐是
我国传统社会的一大标识性特色，更加是我国传统社会的重要制度规范、伦

---

[1]　韩云忠：《先秦儒家礼乐文化的德育价值研究》，山东师范大学博士学位论文，2015 年。
[2]　韩云忠：《先秦儒家礼乐文化的德育价值研究》，山东师范大学博士学位论文，2015 年。
[3]　聂振斌：《礼乐文化与儒学艺术精神》，《江海学刊》2005 年第 3 期。

理观念、行为准则、精神支柱与文化特征，正是礼乐文化的生生不息，才促进了我国传统社会在政治、文化各个层面有序和谐的持续发展。

第二节　礼乐之光：传统社会舆论的发展形态与特征

前文我们对礼乐的主要内涵与其对社会各个层面的影响进行了简要分析，明确了礼乐作为我国传统社会核心制度文化的重要意义，那么礼乐作为一种在政治制度、道德伦理、行为规范、文化传承各个方面均发挥着深刻影响的核心范畴，对我国传统社会舆论也发挥着不同层面的深刻影响，那么接下来让我们对传统社会舆论的主要发展形态与特征进行阐释分析，进而探索礼乐与舆论在不同层面的互动与相互影响。在礼乐为主导的社会制度建构之下，其他形式的舆论形态往往能够折射出礼乐的光辉。

一、舆论的基本定义

"舆论"这一概念由来已久，但是在中西方的不同语境下，经过了不同阶段的发展，它又有着不同层次的定义与内涵。在中国古代，"舆"字的本义为车厢或轿，又可以解释为"众""众人"或"众人的"。"舆论"作为一个词组，最早见于《三国志·魏·王朗传》："没其傲狠，殊无入志，惧彼舆论之未畅者，并怀伊邑。"其中"舆论"即公众的言论，或公众的意见。[①] 在《中国大百科全书》第一版中，甘惜分将舆论定义为"公众的意见或言论"。而在18世纪的西方，卢梭在《社会契约论》一书中正式使用了舆论这个概念，并且将其定义为：人们对社会性的或者公共事务方面的意见。两者强调的侧重点不同，我国强调的是舆论的主体必须是广大公众，而西方强调的则是舆论客体必须是公共事务。

经过了一段时间的发展，学界对舆论的定义愈发明确与详细，现今比较盛行的是陈力丹在《舆论学——舆论导向研究》一书中的阐述，舆论是公众关于现实社会以及社会中的各种现象、问题所表达的信念、态度、意见和情绪表现的总和，具有相对的一致性（有一定数量规模）、强烈程度和持续性，对社会发展及有关事态的进程产生影响，其中混杂着理智和非理智的成分。[②]而在李良荣的《新闻学概论》中，舆论被定义为：在特定的时间空间里，公

---

① 杨斌艳：《舆情、舆论、民意：词的定义与变迁》，《新闻与传播研究》2014年第12期。

② 陈力丹：《舆论学—舆论导向研究》，上海：上海交通大学出版社，2012年，第54页。

众对于特定的社会公共事务公开表达的基本一致的意见或态度。是社会评价的一种，是社会心理的反映，以公众的利益为基础，以公共事务为指向。[①]虽然舆论的定义有诸多不同之处，但是"议题""公众"和"共同意见"这几点，仍然是各大学者提出的众多要素的交集。

二、中国传统社会的舆论形态与发展特征

在中国传统社会，舆论的发展具有非常久远的历史，也拥有多样的表现形态。相对于17世纪现代报纸出现之后繁盛的报刊舆论以及现代多种媒体全面发展的自由舆论来说，古代社会的舆论发展受到更多的限制，但是它也拥有自己独特的表现形式。

（一）民间谣谚——最具代表性的普及舆论

在等级制度相对严格的中国传统社会，广大普通民众们的意见与态度应该如何表达呢？民间歌谣就是其中较为高效普及的一种表达方式，谣谚的盛行可以说是古代社会突出的舆论现象，也是古代舆论最具代表性的形式之一，它是民众表达心声的有效手段，亦是他们争取话语权的抗衡工具，甚至在某种程度上影响着统治者的政治决策。[②]民间谣谚能够以简明易懂的语句将广大民众的心理信息迅速传播开来，形成一定的传播攻势，那么它又具有哪些独有的特征呢？

首先，民间谣谚根植于民众，是公开表达的民意综合。与其他曲高和寡、阳春白雪的传播形式不同，民间谣谚是一种根植于最普通大众，产生于社会各阶层内，由民众自主创造、自主传播的歌谣谚语。它根植于最普通的大众，反映了大众内心深处最迫切的愿望、最真实的情感，因而也最能代表广大民众的各种意见与态度，以公开表达的方式反映广大民众的意见综合。其次，通俗化、口语化特征促进民间谣谚的广泛传播与较强传播力。民间谣谚因为根源于大众，所以其表达方式本身就比较通俗易懂，并且偏向口语化。谣谚在某些方面与古代的诗歌类似，但是诗歌更依赖文字传播，而谣谚则更多的是口头传播。谣谚与诗歌在流传的过程中，相互渗透影响，彼此交叉吸收，但是谣谚要比诗句更加通俗、口语化，[③]从而促进其更加普及的广泛传播。谣

---

① 李良荣：《新闻学概论》，上海：复旦大学出版社，2011年，第49页。

② 宋晶欣：《中国古代社会谣谚的舆论传播特征》，吉林大学硕士学位论文，2013年。

③ 宋晶欣：《中国古代社会谣谚的舆论传播特征》，吉林大学硕士学位论文，2013年。

谚中的"谣"可以说是诗歌的雏形，因为它根植于普通大众，反映了广大民众的心声，且表达方式偏向通俗化、口语化，能够以简明的语句表达丰富的内涵，所以传播力比较强，能够在社会上迅速流传开来，更加促进其广泛传播与普及化。再次，民间谣谚简明扼要，内涵丰富。上文我们已经说过，谣谚与古代盛行的诗歌相类似，具有简明扼要的表达特征，这些谣谚都是劳动人民的智慧结晶，语句简洁，但却能以较少的字数表达意蕴丰富的不同含义，反映民众的各种情感倾向、意见态度和社会现实。最后，民间谣谚的时代性较强，反映社会时事。谣谚可以说是历史发展的鲜活写照，它与社会时事具有强烈的共时性，或抨击时弊，或惩恶扬善，或讽谏美刺，以自己的独特表达方式对社会现状以及各种社会事件进行评价。

（二）朝堂的协商、谏诤——社会舆论的核心

除了民间谣谚之外，在朝堂上也会有很多大臣针对国家问题对君主进行各种谏言，这种协商与谏言的方式也是一种特殊形态的舆论。各位臣子在为统治阶级谏言时，陈述的意见在一定程度上即民意的体现，而且谏官的意见在许多时候，更是当时舆论的核心，[①] 对整个社会舆论发挥较强的指引与导向作用。

首先，朝堂协商在内容与性质方面有一个最为明显的特征：政治色彩浓重。与反映大众心声的民间谣谚有所不同，朝堂上的各种协商、谏言则具有更浓重的政治色彩，讨论的内容更多的是关于国家政治生活的各种事件，而且这种协商的目的也是更加直接地服务于政治目的的，注重为统治阶级服务。其次，在地位与意义方面，朝堂协商是公众意见的导引，对广大社会民众舆论起着较强的指引作用。各位大臣在朝堂上针对社会现状提出各种意见与看法，这也是古代舆论非常重要的一种表现形态，甚至可以说是古代社会舆论的核心，原因有几个方面：首先，相对于普通大众来说，朝臣属于知识丰富的精英群体，对各种事件的看法更加独到且深刻；另一方面，能够引起朝臣注意的应该都是当时影响较大的事件，属于当时民间舆论的核心事件，涉及广大民众的切身利益，因而更容易引起整个社会的共鸣；最后，各种谏官的意见在某种程度上也是民意的浓缩精华，下情上达，各位朝臣的谏言既是公共意见的基本构成部分，同时又对广大民众的意见起着强大的导引作用。

① 邱江波：《从舆论学角度看中国古代谏诤现象》，《社会科学家》，1991年第3期。

（三）士人的社会话语——古代舆论的重要部分

除了普通民众以歌谣、谚语方式表达的民间舆论，朝堂大臣以协商、谏诤形式表达的政治舆论，还有许多以"士人"为代表的知识分子提出的各种社会舆论。这些士人因为其主张的不同，形成了各种不同学派，从不同层面对社会现象进行评价，提出各种意见与看法。以"百家争鸣"时期为例，各大学派从各自的学术立场出发，对社会现状与各种事件进行阐述、评价与分析，表明了各自不同的态度与立场。这种不同学派的意见表达是针对当时的现实状况、民众的切身利益有感而发，并且以辩论、布道、学堂等各种方式公开传播，进而将各自的系统意见整理成为著作，对当时以及后代的人都产生了非常深远的影响。因此我们可以说古代士人的各种社会话语，成了传统社会舆论中非常重要的一个组成部分。

综合来看，我国传统社会舆论有着多种舆论主体与表现形态，不管是根植于民众的民间谣谚，朝堂大臣以协商、谏诤形式表达的政治舆论，还是以"士人"为代表的知识分子提出的各种社会舆论，这些舆论有着不同的主体与发展特征，共同构成了我国传统社会的舆论。

第三节　礼乐协同：内外结合，深层引导舆论发展

如同上文所述，礼乐作为我国传统社会的核心制度文化，在政治制度、道德伦理、行为规范、文化传承各个方面都对我国社会产生深远的影响，舆论作为社会话语在政治、文化方面的重要外化表现之一，不可避免地受到礼乐的深刻影响，在各个层面与礼乐有着不同的互动关系。如同林语堂在《中国新闻舆论史》中所述，不管是汉朝的公众批判和"党锢"事件，抑或是魏晋时期的舆论限制，宋朝的学潮，还是明朝的宦官、新闻审查和东林党事件，[①]这诸多舆论事件均是在礼乐这一大的制度、文化背景下发生，许多舆论观念的形成，舆论事件的发生都与礼乐有着千丝万缕的联系。黄星民也在《礼乐传播初探》一文中，从多个维度对礼乐传播进行了深刻剖析，强调礼乐传播是我国历史上极有特色的重要传播活动之一，表达了多个层面的高度传播智慧，[②]对我国传统社会的诸多方面都产生深刻影响。我们在上一节中对传统

① 林语堂：《中国新闻舆论史》，北京：中国人民大学出版社，2008年，第56页。
② 黄星民：《礼乐传播初探》，《新闻与传播研究》2000年第1期。

社会舆论的发展形态与特征进行了简要分析，那么礼乐是在哪些层面对其发挥着什么方面的不同影响呢？接下来我们将对此进行详细分析。

虽然我们时常把礼乐并称，但是"礼"与"乐"还是有着很大区别的，尤其是在作用方式方面。人们皆说"以礼修身""以乐治心"即是这个道理。"礼"，更加着重于它的制度规范性、约束性，强调以各种规范来调节不同的关系与矛盾，以各种明确的约束性法则与礼仪对民众的思想、日常行为进行规范；而"乐"则侧重于其艺术感染性，注重发挥音乐与教化的感染性、熏陶性，从内心感化、诱导人们，最终使得人们自觉认同规范，进而形成自觉守礼的意识。可以说，"礼"与"乐"，两者一个由外，一个由内；一个注重理性，一个注重感性；一个侧重于政治层面的物质力量，一个侧重于文化道德层面的精神力量。"礼"更多的是在规范舆论，在外部对舆论进行规引；而"乐"则更加侧重其引导功能，从内部对舆论进行牵引。礼乐结合，二者互补，共同促进社会关系的规范发展与道德教化，进而共同促进舆论的健康有序发展。

一、礼：从外部以制度规范性方式，对舆论进行规引

"礼"在政治制度、道德规范、社会活动准则等各个方面影响着传统社会各个阶层的民众，可以说它已经内化为我国最深层的一种文化认同，在根本上对社会舆论起着规引作用，礼框定了舆论的基本走向，注重统一、和谐舆论。

（一）制度性的礼成为社会内在规范，对舆论起整体的规定框引作用

上文我们已经提到，"礼"在我国传统社会，是渗透在各个方面的，它既是一种政治制度，也是一种道德规范，甚至最后内化为整个社会的行为准则。"礼"最大的特点是通过各种具体而又详细的规定，将各种礼仪规范制度化、仪式化、习俗化，它将"礼"对人们在政治、道德、行为上的各种要求，统一变成了一种固定的行为规范、仪式，而这种制度化的"礼"又因为其规范化、仪式化、条理清晰的特征进一步成为一种默认的行为文化，变成整个社会的内在行为规范与日常准则。孟子就曾经强调过礼对人之行为的决定性影响，孟子云："夫义，路也；礼，门也。惟君子能由是路，出入是门也。"（《孟子·万章下》）孟子把礼比作门，意在联系与开启，每个人在通往君子的路上都必须经过"礼"这扇门，进而促进个人的日常生活与文明行为。当"礼"

成了整个社会的一种内在规范，促进每个舆论主体都形成自觉守礼的意识，使得各阶层民众在思想深处自觉认同和接受"礼"的要求和约束，最终形成守礼、行礼的自觉意识和以礼自律的能力。因此，"礼"就时时刻刻对舆论起着规定与框引作用。可以说，礼乐在舆论发展的根本方向方面进行指导，使舆论的发展符合等级观念与"仁、孝、亲、敬、义"等伦理道德观念。

（二）重视舆论的控制整合功能，促进统一舆论的同时，造成其缺乏活力

礼乐在整个中国传统社会发挥着巨大的传播效果，对此，英国的历史学家韦尔斯评论道："再也没有其他的民族曾通过礼仪渠道获得道德秩序和社会稳定。"[1] 过于繁杂无序的舆论是绝对不利于社会稳定发展的。其中，礼乐促进统一化舆论的作用也可窥探一二。虽然古代各种言论自由与舆论发展受到严格的限制，但古代舆论还是有着自己独特的发展空间与表现形态。而礼乐文化中注重统一秩序的"礼治"观，有利于促进各种舆论的统一发展。注重统一、一律性舆论对社会发展有很多益处，比如对不同朝代思想与舆论的继承有利于促进朝政的统一打理，促进社会秩序的长治久安。但是，"礼"对统治秩序与等级观念的强调，也造成了我国古代君主对舆论一律性的极度重视，过于重视舆论的控制和整合功能，反对与主流舆论不同的其他意见，造成舆论环境的萎缩。如秦始皇焚书坑儒即是追求舆论一律性的极端表现，这种以暴力禁止舆论的手段不仅不能完全消灭舆论，一旦引起舆论的反弹，后果更是不堪设想。[2] 而汉朝时"罢黜百家，独尊儒术"的策略也是尽可能地放大主流舆论，促进舆论的一律性发展。但是过于统一化、同质化同时意味着多样化的丧失，也就意味着舆论生态结构的失衡，整个社会环境呈现较为封闭的状态，舆论主体的价值观呈现出单一化格局，缺乏活力，很难孕育出令人耳目一新的舆论。[3]

（三）不同层次的"礼"相连通，共同促进舆论的统一和谐发展

在古代社会，"礼"是具有明确的等级之分的，不同等级、不同群体、不同身份、不同类别，甚至不同场所都具有自己的独特礼仪，如朝廷有自己的各种"礼"，学校有"学礼"，家庭有"家礼"等等。这些不同层次的礼也各

---

① 黄星民：《礼乐传播初探》，《新闻与传播研究》2000 年第 1 期。
② 宋晶欣：《中国古代社会谣谚的舆论传播特征》，吉林大学硕士学位论文，2013 年。
③ 宋晶欣：《中国古代社会谣谚的舆论传播特征》，吉林大学硕士学位论文，2013 年。

自发挥着不同的传播效果，进而对整个社会起着潜移默化的熏陶作用。

上文中对古代舆论的概述分为几个主要方面，民间的谣谚、朝堂上的谏言、士人的社会话语等，这些都是不同群体、不同层次的舆论，有以民间人际传播为基础的，有以朝堂组织为支撑的，也有以知识分子组织传播为背景的，但是因为礼乐制度的约束与影响，使得这些不同层次的舆论拥有各自的不同特征，能够以不同的形态各自存在着，并且最终被框定在整个社会礼乐文化的大背景下，促进多层次舆论的共同统一和谐发展。

（四）礼乐的精神内核、政治整合性限制了舆论的自由发展

正是因为礼乐在整体上对社会舆论起着规引作用，所以我国传统社会一直都未能形成大规模的、完全开放的、对社会发展有着变革性意义的舆论。礼乐的核心内涵即是仁义、中庸。其中，中庸这一核心标准对古代社会的舆论起着较强的约束作用，我们当然知道，中庸并不是指安于折中的中和状态，但是中庸所提倡的这种适度、平衡、和谐的手段与状态其实是较难把握的。中庸这一实践标准使得古代社会舆论的发展整体呈现一种平和、无波无澜的状态，相比春秋战国时期"百家争鸣"的繁盛情势，各种士人公开发表其观点，进而形成不同学派的争鸣态势，后来我国古代舆论的发展则一直少有出现新的舆论形态与敢于变革、解放的共同意见。此外，"礼"在政治方面的强烈制度规范性，它对统治秩序与等级观念的强调以及历代统治阶级对舆论控制、整合功能的过度重视，都在某种程度上阻碍了舆论的自由发展，造成舆论环境的萎缩。舆论主体的价值观也呈现出较为单一的格局，缺乏创新的活力，很难出现新的舆论形态与令人耳目一新的舆论。

二、乐：从内部以艺术感染的方式，对舆论进行牵引

上文中我们将"礼"对社会舆论的作用概括为外在的规引与规范，强调其制度规范性、约束性，与之相对应的是，"乐"则侧重于内部熏陶，表现特征集中表现为艺术感染性。与"礼"相比，"乐"则更加侧重其引导功能，从内部对舆论进行牵引，促进舆论的健康发展，进而提高舆论的质量。那么"乐"又是如何以牵引方式对舆论进行牵引呢，接下来我们对其进行详细分析。

（一）道德教化观、礼乐教育观共同促进舆论主体修养的提高

"乐"本身的核心内涵之一即是乐教，乐承担着道德教化的作用，以音

乐来教化人心，在潜移默化中促进个人道德素质与文化修养的提高，进而塑造个人全面发展的理想人格，如强调人格独立、鼓励每个人都拥有高尚的道德修养，另一方面，也注重培养人们自强不息、为真理而斗争的良好精神。而且这种教化并不仅仅停留在政治道德层面，而是更进一步追求"天人合一""美善相乐"的自由精神境界，[①]促进个人自觉履行各种文明行为。除了潜移默化的乐教观外，古代的教育观念也是以礼乐为核心的，这种以道德、礼仪为核心的教育是一种综合教育，政治教育、道德教育与美感教育等都紧密结合在一起。[②]除了提高个人道德与文明素养之外，还可在整体上促进个人综合素质与文化修养的提升。舆论主体的修养在这种潜移默化的道德教化与综合教育下不断提升，进而促进民众在遇到相关舆论事件时，拥有更加全面、理性的看法与态度。

（二）"乐"促进不同层次的舆论相互交流，进一步提高舆论准确性

礼乐不仅代表着我国传统社会的根本制度与道德规范，同时还传达着高度发达的传播智慧与传播道德。礼乐传播的过程可以说是相当完整，还包括反馈这一环节。儒家认为音乐是感情的真正流露，民歌可以准确地反映民风，因此主要利用亲临民间和收集民歌这两个渠道来了解礼乐传播效果，以此来作为反馈的依据。[③]

民间谣谚、诗歌等可以说是根植于民众的最普及舆论，而朝廷通过对民歌的收集，了解最广大舆论主体的内心想法与态度，进而从其中抽选出最核心、最迫切的问题，再由朝堂大臣形成共同意见后提出，从而形成朝堂谏诤等舆论形态，对整个社会公众的意见起导引作用，成为社会舆论的核心。谣谚具有"出之于民，为民所用"的特点，官方常常收集民间谣谚之后，将其纳入官方舆论体系，加以修饰、利用后再传入民间用以教化百姓，这种谣谚舆论的循环，正说明它是连接沟通官方、民间两个舆论场的重要载体。可以说，礼乐通过收集民歌等反馈形式，在某种程度上将民间舆论与官方舆论连接起来，促进两者的相互交流，一方面可以提升舆论传播的准确性，尽量减少失真的、不理性的舆论；另一方面，还可以促进不同层次舆论的交流与共同发展，提升社会舆论的整体品质。

---

① 聂振斌：《礼乐文化与儒学艺术精神》，《江海学刊》2005 年第 3 期。
② 聂振斌：《礼乐文化与儒学艺术精神》，《江海学刊》2005 年第 3 期。
③ 黄星民：《礼乐传播初探》，《新闻与传播研究》2000 年第 1 期。

三、礼别异，乐合同，对舆论发挥着多个层面的不同影响

上文中，我们分别对"礼"与"乐"对舆论的影响进行了详细分析，那么它们是如何有机结合，共同发挥对舆论的影响呢？"礼"与"乐"，两者一个由外，一个由内；一个注重理性，一个注重感性；一个侧重于政治层面的物质力量，一个侧重于文化道德层面的精神力量。礼别异，乐合同，共同影响舆论，以不同的形式，对舆论发挥着多个层面的不同影响。

（一）礼别异，使得舆论等级分明的同时，也限制了其自由发展

除了作用方式的区别之外，"礼"与"乐"的精神内核也是截然不同的。正如《礼记·乐记》中所说"乐统同，礼辨异，"（《礼记·乐记》）后来《荀子·乐论》中也说道"乐合同，礼别异"（《荀子·乐论》）。礼的核心也就是"别异"，它认为人与人之间存在着差异。最明显的表现即是，不同等级的人享有不同规格的礼。礼的亲亲原则、尊尊原则，隆杀原则、亲疏远近等，无不以"别异"为基准。而"乐"的核心则是"合同"，人与人之间有差别，但还有合作，故礼需要乐来补充。而乐之所以能合同，是因为具有"中和"的乐德，[①] 能够促进不同等级，不同差异的中和与和谐。可以说，"礼"的功能更加侧重秩序，即通过等级观念来构建秩序，而"乐"则主要是创造和谐，即通过情感方面的中和、感化，使这种差异进一步转化为和谐的关系。"礼"与"乐"两者缺一不可，恰好形成最合适的互补与配合。而"礼别异，乐合同"在古代舆论的发展方面也呈现出非常明显的特征。

1. "礼"中的等级观念决定了不同舆论形态的地位。舆论的发展同样必须在整个礼乐文化的框架之下进行，如前文提到的民间谣谚、朝堂谏诤、士人的社会话语等，都是在自己的等级与文化群体之内发酵、繁盛的舆论形式，而各个不同群体之内的舆论又都有着自己的独特表现形态与特征。礼乐中的等级观念是非常强调不同群体的区别的，如不同的社会等级、士农工商、老幼群体、不同辈分等不同社会群体的尊卑贵贱；这也决定了朝堂谏诤是整个社会舆论的核心，因为其舆论主体是我国传统社会中等级、权力较高的群体。而民间谣谚因为其舆论主体地位较低，而且认知水平较低，对舆论客体的各种评价可能更加偏向于非理性，其整体地位略低，民间舆论如果不能形成强有力的声势，是很难被统治阶级注意到的。

---

① 黄星民：《礼乐传播初探》，《新闻与传播研究》2000 年第 1 期。

2. 等级观念使得自上而下的纵向舆论较活跃，横向舆论缺乏活力。众所周知，"礼"中的一个核心概念即是"别异"，强调不同等级的区别与差异。而这种等级观念对舆论的发展又有哪些具体的影响呢？首先即是不同等级之间舆论传播方向、速度的差别。在舆论的纵向传播方面，自上而下的传播速度比较快，而自下而上的舆论传播则相对迟缓，甚至很难到达。"舆论的形成主要包括两种模式，一种是精英意见自上而下倾泻的'瀑布模式'，另一种是群众意见自下而上的'蒸腾模式'。"而在我国这种等级分明、长幼有序、尊卑有别的传统社会，以皇帝为代表的统治阶级拥有较强的传播能力，借传播渠道上的优势，使信息迅速下达，而普通百姓的舆论却很难上达。[①] "上情下达，天下罔不至；下情上壅，天下无不乱"这则谣谚简明犀利地指出了舆论传播流向的极度不平衡。因为等级的极度不平衡，使得官方更多的关注皇权、官权舆论，对民间舆论则更多的是控制、引导、教化的手段，自上而下的舆论传播还比较活跃，但是自下而上的舆论传播则受到诸多限制。其次，官员中同等级之间的横向舆论缺乏活力，处于被统治者分化、监视的状态。从某种意义上说，横向的社会交流是基于平等、自由的理念，而这恰好与传统的阶级制度相违背，古代君主十分排斥官员之间同等级的交流与沟通，认为这种"朋党"之交，是壮大自身力量、威胁君权的危险举动。而礼乐中的等级观念也是强调所有人各安其职，官员不得传阅与自己无关的书信，不得传播扩散舆论，不得越权打探消息，因此古代社会的舆论环境时常表现出万马齐喑的状态。[②]

3. 唯上心理，过于重视舆论领袖，易导致虚假舆论。与"礼"提倡的等级观念相对应，我国古代社会是一个等级森严，不可越权的君主专制社会，与之相对应的，我国的舆论最高层级即是皇上，皇帝发布的命令则是社会意志的最高指向，具有绝对的权威性；其次便是掌握各种权力的朝臣，而广大民众对这些高层级的舆论领袖存在一种过度迷信的心理。古代社会流传的诸多谣谚都侧面反映了舆论领袖的重要性，如"千士之诺诺，不如一士之谔谔，武王谔谔以昌，殷纣墨墨以亡。"百姓认为舆论领袖具有左右朝政的政治影响力，其言论行为能够凌驾于普通群众的认识。[③] 许多民众在传的各种谣谚都是以皇帝为中心的一个舆论圈，但是这些言论是真是假就扑朔迷离了，综合

---

① 宋晶欣：《中国古代社会谣谚的舆论传播特征》，吉林大学硕士学位论文，2013 年。
② 宋晶欣：《中国古代社会谣谚的舆论传播特征》，吉林大学硕士学位论文，2013 年。
③ 宋晶欣：《中国古代社会谣谚的舆论传播特征》，吉林大学硕士学位论文，2013 年。

来说，这种"唯上"的心理使得虚假舆论有机可乘，另一方面，许多朝廷大臣为了取悦君主，经常伪造一些歌功颂德的民间谣谚，实则都是编造的虚假舆论，破坏整体舆论环境。

（二）乐合同，有利于促进舆论的和谐发展

乐的本质即和谐，有人说中国文化是"乐感文化"，乐即是中国文化追求的一种最佳状态与理想境界，而且仁、和谐乃是礼乐的精神内核与最终目标，礼乐文化一向倡导"礼之用，和为贵"（《论语·学而》）的价值理念，追求和谐的人生与社会，主张人自身、人与人、人与社会、人与自然关系的和谐有序。首先，在促进人自身的和谐方面，礼乐文化非常强调"乐"教化人心的作用，强调其对人格的熏陶和感染，艺术的感染使人们产生愉悦的情感，进而在潜移默化中促进个人人格与修养的不断完善。其次，在人与人的和谐关系方面，"乐"所主张的是一种仁义有序的人际关系，促进人际传播的和谐发展。而在人与社会的关系方面，礼乐本身就是一种默认的行为文化，促进人们形成自觉守礼的意识，进而形成和谐的社会秩序。有了较高的个人修养，和谐的人际关系，有序的社会秩序，因此在礼乐影响下的传统社会舆论，整体也呈现和谐有序的健康发展。大礼与天地同序，大乐与天地同和，天地人三才，自然与人群、社会既有序又和谐，这是礼乐文化追求的理想境界。①

1. 礼乐有机互补，共同促进舆论的和谐有序发展。"礼别异，乐合同"，虽然"礼"与"乐"的具体内涵不太相同，但是两者可以有效地结合互补，共同促进舆论的和谐有序发展。"礼"与"乐"本身就是相互联系、不可分割的，"礼"对"乐"具有规范、引导作用，而"乐"对"礼"则发挥着调和、助推功能。"乐"的本质精神是和谐，就是因为和谐，所以万物都能化生；同样，就是因为"有序"，所以万物能各具特性。只有这两者的和谐发展，才能使人既在"礼"的前提下"相敬"，又在"乐"的引导下"相亲"。"礼"的核心内涵除了注重"各安其职"的等级观念之外，与此相对应的还有处理不同群体之间关系的伦理观念。"礼"的精神内核即是仁义，它的灵魂即是各种伦理观念，将仁、孝、亲、敬、义等道德规范作为处理社会关系的核心原则，将"中"作为根本方法论原则，"和"作为核心目标。在这种礼乐文化的熏陶与影响下，整个社会舆论也朝着健康的方向不断发展。较具代表性的即是

---

① 聂振斌：《礼乐文化与儒学艺术精神》，《江海学刊》2005年第3期。

"仁"与"礼"的结合，"仁"可从个体道德修养、人际传播准则的角度促进人与人之间关系的和谐，"礼"可以从社会秩序、行为规范的角度保证社会关系的和谐。"仁"者，爱人也，而"礼"则更加侧重于"敬人"，即自卑而尊人，礼的本源即是恭敬之心。只有"仁"与"礼"结合，爱人与敬人密切结合，才能形成良好的人际交往形态，从而构筑理想的公共生活图景，进而促进整个社会形成良好的舆论环境，促进舆论的健康发展。

（三）礼乐结合，对舆论发挥着多个层面的不同影响

2. 礼乐结合，家国同构的宗法制度不利于公共舆论繁盛发展。众所周知，礼乐本身就是包含政治制度、道德规范、社会准则各个方面的综合形态，它是把"亲亲"的血缘关系与"尊尊"的社会政治关系相结合的文化，既是政治文明，也是生活文明。与之相对应的，我国古代的社会制度也是基于礼乐文化，基于家国同构的宗法伦理关系，血缘家族成为构成社会的基本单位，进而形成了重私轻公的社会倾向，[①]而舆论的发展也非常明显地受到其影响，使得舆论更多地倾向于关注个体，而关注公共利益的舆论则较少。严复曾经针对我国的"公""私"问题，提出"中国的整个社会秩序建立在'孝'上，而西方则建立在'公'上。"[②]冯友兰先生则认为，"中国的家庭制度就是中国的社会制度"。事实上，因为中国独特的传统社会土壤以及礼乐文化的影响，缺乏公共精神自古以来就是汉民族的性格缺陷，[③]"事不关己，高高挂起""不在其位，不谋其政"成为整个社会的主流观念。舆论学学者程世寿也在《公共舆论学》一书中提出："中国传统文化与其说是注重公共利益，倒不如说是注重建立在家庭联系之上的家庭利益。这种文化实际上造成中国人对公共事务的冷漠。"而这些特征也使得在我国传统社会中，出自公共利益的舆论比较少，而出自不同群体、关注社会个体的舆论则相对较多。[④]

3. 礼乐治世观使得舆论政治色彩浓重，功能偏向于教化百姓。在礼乐文化的深刻影响下，我国古代一方面十分重视统一秩序的"礼治"观，将等级严明的宗法观念看得至关重要，这就要求统治阶级通过各种方式来探索如何更好地促进社会秩序的统一。而作为古代统治基础之一的"礼乐"治世观，

---

① 宋晶欣：《中国古代社会谣谚的舆论传播特征》，吉林大学硕士学位论文，2013年。
② 宋晶欣：《中国古代社会谣谚的舆论传播特征》，吉林大学硕士学位论文，2013年。
③ 宋晶欣：《中国古代社会谣谚的舆论传播特征》，吉林大学硕士学位论文，2013年。
④ 程世寿：《公共舆论学》，武汉：华中科技大学出版社，2003年，第12页。

则是强调以礼乐之"教"来"化政"，提倡礼乐教化与行政刑罚相辅相成，共同来承担治国安民的任务。①而何为礼乐教化呢？古代统治阶级将希望寄托在了控制舆论上，他们一方面将代表自身利益与思想的舆论通过自上而下的方式传达给民众，并且通过礼仪、音乐艺术等各种方式潜移默化地使民众逐渐接受，进而形成有利于维护其统治的意见和看法。另一方面也会通过收集民间舆论，将自身的意志加进去，加以修饰、利用后再传入民间用以教化百姓，充分发挥舆论的控制、整合功能。

所以，我国传统社会的各种舆论形态，不管是民间谣谚、朝堂谏诤还是士人的社会话语，都带有明显的政治色彩，而且代表统治阶级的利益与意向，就连在古代的儿童歌谣中，政治童谣都占据着主导位置。

结　语

礼乐作为我国古代社会极具特色的综合制度，作为华夏民族古代文明的根本标志，作为一种政治、道德、艺术、审美的综合形态，作为在我国古代的政治制度、道德规范、社会行为、文化导向各方面都发挥着重要作用的范畴，对传统社会舆论的发展也拥有着独特且深刻的影响。"礼"充分发挥了其制度规范性的特征，对舆论的发展起着外在的规引作用，框定了舆论的基本走向，注重统一、和谐舆论，不同层次的"礼"，共同促进舆论的统一和谐发展，但是礼乐统治观使得统治者过于重视舆论的控制和整合功能，同时礼乐的精神内核、政治整合性也限制了舆论的自由发展，使得促进统一舆论的同时，也造成了其缺乏活力的境况。而"乐"则充分利用了其艺术感染性的优势，从内部以艺术感染的方式，对舆论进行牵引，一方面道德教化观、礼乐教育观共同促进舆论主体修养的提高，另一方面，"乐"还促进不同层次的舆论相互交流，进一步提高舆论准确性，最终促进舆论的健康发展，提高舆论的质量。礼乐的不同特征又形成了有效的互补，共同引导舆论的健康发展。礼别异，乐合同，"礼"中的等级观念决定了不同舆论形态的地位，严明的等级观念使得自上而下的纵向舆论较活跃，横向舆论缺乏活力，同时滋生的唯上心理，使得广大民众过于重视舆论领袖，易导致虚假舆论；但是乐合同的属性，则促进舆论的和谐发展；最终两者有效互补，礼乐结合，共同促进舆

---

① 聂振斌：《礼乐文化与儒学艺术精神》，《江海学刊》2005年第3期。

论的和谐有序发展。除了以上强调制度规范性的规引作用、强调艺术感染性的牵引作用以及"礼别异，乐合同"的不同作用方式，"礼乐"这一在政治、道德、社会各个方面均发挥着重要影响的综合文化，对舆论也发挥着其他方面的功能，如家国同构的宗法制度不利于公共舆论繁盛发展，礼乐治世观又使得舆论政治色彩浓重，功能偏向于教化百姓。

总之，礼乐对舆论的发展是广泛而深刻的，它在政治、文化、道德、行为规范等个各个层面对其发挥不同作用，作用路径也是外向规引与内向牵引相结合的多样化方式，礼乐与舆论这一研究领域涉及多个层面的范畴与互动，需要我们的持续关注与深入探索。以上观点只是对礼乐与舆论关系的一点小小探析，多有不足，希望日后逐渐完善。

（祁菲菲　谢清果）

第十章　教化苍生：华夏传统教育和
舆论的关联互动

中国古代教育本身是一种集知识传授、道德教化和政治目的于一体的综合性信息传播行为。同时我们也可以看到被教化的一方并非被动和单方面的接收信息，而是在"修身、齐家、平天下"的社会环境下主动追求知识并通过制造舆论的方式反作用于统治者。这种良性的信息互动的机制在一定程度上缓解了封建王朝内部矛盾，维护了统治。

中国古代教育在绵延数千年的历史中扮演着黏合剂的作用，在一定程度上维护了国家的统一和民族认同。钱穆认为："全部中国思想史，亦可谓即是一部教育思想史。"[①]古代"教育"一词与现代我们所讲的教育本质大致相同。东汉许慎《说文解字》："教，上所施下所效也。""育，养子使做善也。"由此可见，中国古代教育作为一种特殊的信息传播方式包含着等级秩序和伦理色彩。

"舆"字在春秋末期出现，它的含义是"车"。后来"舆"和"人"连用，又往往和赶车之人、造车之人相联系，"舆人"用来指代地位低下的人。随后，"舆"字渐渐发生变化被理解为"众多"之意，"舆论"也就被指代为"众人的议论"。在下层表达的意见中逐渐出现了"舆人诵之""舆人之谤""舆人之谋"这些词句。

我们分别以"中国古代教育""舆论"和"中国古代教育与舆论"作为关键词搜索了数据库中1987—2017年的学术研究成果，发现：（1）"中国古代教育"这一主题在2003年出现直线增长，至今一直保持较高的关注量。2003年这一学术成果出版图书80本，期刊论文420篇，学位论文67篇；2010年这一主题的研究成果迎来了30年来的最高点——新出版图书181本，期刊论文2281篇，学位论文250篇。（2）"舆论"这一主题在2004年前后出现直线增长。2004年新出版相关图书50本，期刊论文3628篇，学位论文346

---

① 钱穆：《国史新论》，北京：三联书店，2001年，第264页。

篇；2013 年达到 1903 年以来这一主题研究成果的第一个巅峰——新出版图书 182 本，期刊论文 14980 篇，学位论文 2468 篇。(3)"中国古代教育与舆论"这一主题研究成果在 1988—2017 年间没有取得较大的进展。按关键词模糊搜索结果来看，图书只在 2011 年出现过一本，期刊论文在 2010 年数量为 29 年最多，为 24 篇，学位论文 2011 年和 2014 年都达到 10 篇以上。由此可见，在舆论视角下考察中国古代教育的研究从数量上来看还是很有限，因此存在一定的研究价值。

具体来看，总体而言，葛兆光《中国思想史》、黄仁宇《中国大历史》以及卜正民等《哈佛中国史》都对中国古代教育与政治的关系进行了大致的界定——思想教育是维护封建统治的手段，此外孙宏安《中国古代教育的特点》，侯东阳《君主专制与舆论冲击》，陈谦《中国古代政治信息控制的若干思想研究——传播学视角下的监察、谏议与教化》，都对中国古代教育的功能、作用、特点进行了大致的归纳。

教育方面，孙旭培主编的《华夏传播论：中国传统文化中的传播》认为中国古代教育内容大多与道德礼仪有关，教育的目的是培养国民的道德观念。王爱清《秦汉乡里控制研究》介绍了汉代社会教育的形式，朱明勋《中国传统家训研究》阐释了家训对于道德观念的培养，厦门大学黄星民《从礼乐传播看非语言大众传播形式的演化》认为图腾、礼仪也是社会教育的一部分。姜国钧、杜成宪《试论中国古代教育发展周期》通过数据统计列出了中国古代教育发展的三个顶峰。科举制度方面，房列曙《中国历史上的人才选拔制度》和《人才选拔制度在中国历史上的地位》算作代表性的研究成果。

舆论方面，林语堂《中国新闻舆论史》和刘建明《舆论传播》，前者对中国历史上三次舆论进行了梳理和评价；后者对舆论的基本概念进行了规范，都是舆论方面的代表作品。

但是，不难发现在舆论视角下考察中国古代教育的研究无论从数量上还是质量上来看还很有限，因此存在一定的研究价值。

本章借鉴哈罗德·拉斯韦尔在《传播在社会中的结构与功能》中提出的 5W 模式，即"谁（Who）、说了什么（Say what）、通过什么渠道（In which channel）、向谁（To whom）、有什么效果（With what effect）"。为更好地体现本文涉及的具体传播情况，笔者还在这一模式中引入了反馈阶段。同时本文作者还参照了吴予敏在《无形的网络：从传播学的角度看中国的传统文化》中提出的"社会化传播结构"，并将其放在中国古代教育和舆论的关联互动层面进行阐发（图 1-1）①。我们拟从传播学舆论视角考察中国古代教育，以阐发古代教育与舆论的关联互动，从而提供新的思考和启发。

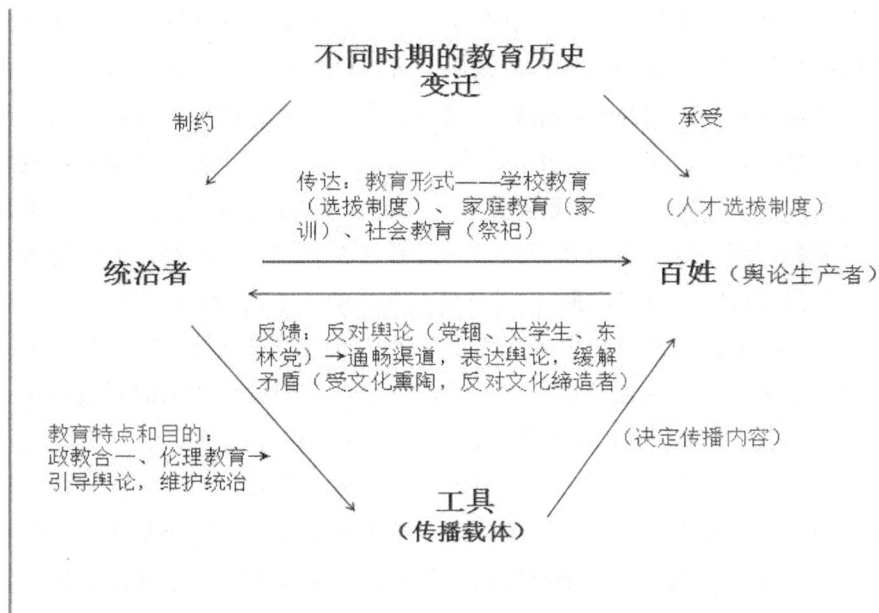

图 1-1：中国古代教育与舆论的关联互动模型

第一节　教育主体的塑造，舆论"信源"的生成

教育自古以来就受到历代统治者的重视，汉初贾谊认为："教者，政之本也……有教然后政治也；政治，然后劝民也；民劝之，然后国丰富也。"②《礼记·学记》也在开篇阐述了教育对于统治的重要意义："君子如欲化民成俗，其必由学乎？"③ 在论及教育时，很多人都将其与政治不自觉地联系在了一起。教育是引导舆论的重要因素。

一、中国古代教育传播的目的

"教育即政治，政治即教育"④，这样的观念很是盛行。虽说直接把政治与

---

① 吴予敏：《无形的网络：从传播学的角度看中国的传统文化》，北京：国际文化出版公司，1988 年，第 206 页。

② 贾谊，扬雄：《贾谊新书·扬子法言》，上海：上海古籍出版社，1989 年，第 67 页。

③ 杨天宇撰：《礼记译注》，上海：上海古籍出版社，2004 年，第 456 页。

④ 梁启超：《先秦政治思想史》，北京：东方出版社，1996 年，第 101 页。

教育画为等号表述有些欠妥，但反观中国古代 2500 年的教育，这样的说法的确道出了教育的本质。教育的目的在于创造和引导舆论，从而巩固统治的合法性和可信性。葛兆光在其著作中将这一关系表述得更为明确："获得文化与思想的指导权力，从深层支持政治话语的合法性与合理性，在中国来说，更重要的是通过垄断经典思想的解释、建立教育与选举的制度，以及建立一种新的观念系统和与之相应的文化风气"。[①] 在不少人看来，教育甚至可以直接表现为政治，是政治的另一个侧面或另一种表述。[②] 那么这样的结论在传播视角下又如何体现，统治阶级作为知识制造者对教育产生了哪些影响？笔者将统治者作为教育传播的"信源"，对教育与政治的关系进行论证说明。

笔者在前文谈到本文拟引入拉斯韦尔 5W 传播模式进行研究。那么中国古代教育作为一种特殊的传播方式，统治者信源，即教育信息的制造和选择者，必然是为了达到一定的传播目的——引导舆论，维护统治。葛兆光认为，中国古代的皇权是一种把历史传统、军事权力以及思想、宗教、文化与精神上的权威叠加在一起的、复合式的"普遍皇权"。[③] 在中国历史上，较有成绩的王朝无不重视教育在维护统治中的作用。秦汉时期，李斯向秦始皇建议打压私学，禁止非技术性知识的传授——包括思想家、《诗经》以及《尚书》——让国家成为教育和真理的唯一来源。[④] 唐代颜师古等校对五经，编撰《五经正义》用儒家经典规范人们的行为，引导舆论。简单地讲，教育的目的即在于"提供经典的官方解读,并确保人们以符合王朝利益的方法来阅读"[⑤]，这也就意味着教育成为人们认识世界的主要途径，舆论产生的源头就被限制在教育传播的内容中，而"以知识之本身为目的的，从未为政府提倡"。[⑥]

二、中国古代教育的特点

中国古代教育和现在我们所谈及的教育都属于知识或价值观的传播活动，但前者的传播与后者不同的地方在于，古代教育体现在"政教合一""注重伦

① 葛兆光：《中国思想史》第 2 卷，上海：复旦大学出版社，2001 年，第 2 页。

② 陈谦：《中国古代政治信息控制的若干思想研究——传播学视角下的监察、谏议与教化》，南开大学博士学位论文，2007 年，第 193 页。

③ 葛兆光：《中国思想史》第 2 卷，上海：复旦大学出版社，2001 年，第 2 页。

④ 卜正民等：《哈佛中国史·早期中华帝国：秦与汉》，北京：中信出版社，2016 年，第 211 页。

⑤ 卜正民等：《哈佛中国史·世界性的帝国：唐朝》。北京：中信出版社，2016 年，第 209 页。

⑥ 黄仁宇：《中国大历史》，北京：三联出版社，2016 年，第 74 页。

理”两个方面。

　　首先，政教合一体现在，中国古代教育属于政治的一个侧面，教育这种自上而下的传播是政治的手段和工具。西周“学在官府”，春秋战国的“以士养士”，秦代的“以吏为师”，汉武帝元朔五年（公元前 124 年）创设的“太学”，都是官方教育的机制的具体表现。按照中国的理想，君和师的角色应该是统一的：“能为师然后能为长，能为长然后能为君。”梁漱溟先生认为，政就是正，“政者正也”，“其身正，不令而行”，不必再说政教合一。①宣传这种道德礼仪本身就是规范和制造舆论的手段，将遵循“三纲五常”成为理所应当的、符合社会规范的行为。此外，教育本身也是培养政府官员的方式，汉代太学生通过考试后就可以直接踏入仕途。“官员教育的特点是与中国古代的政治结构分不开的，它是官僚政治的直接产物，也是君权至上的一个反映：君王是通过教育来培养忠于自己的官员的。”②陈谦在谈到中国古代教育的特点时认为：古代教育注重灌输以道德伦理为核心的道德伦理和政治理念，以达到其政治控制、社会整合和规范行为的政治目的。③

　　其次，注重伦理教育恰是最有效的维护统治的手段。这也就是说，观念上教育人们接受一种意识形态，从而产生出在统治者意料之中的舆论，从而使得人们将不同的意见自愿规范在某种应然的范畴。梁漱溟主张伦理教育的优越性：“盖在事实上，君主越多用权力，自己越不易安稳，实不如施温情，兴教化，以理性示人。”④《荀子·劝学》篇提出了培养自身品德的方式：“其数则始乎诵经，终乎读礼；其义则始乎为士，终乎为圣人。”⑤这里就明显地指明读书最终的结果是学习“礼”，可见这本身就是教育的目的。厦门大学黄星民认为孔子的思想由三个方面构成，即中庸、仁义和礼乐，其中“中庸是思想方法，仁义是内容，礼乐是形式”⑥。儒家倡导的仁义成为教育内容的组成部分。

　　“一言以蔽之，思无邪”的《诗经》成为不刊之论也正是由于它自始至终一直贯穿着儒家所倡导的道德伦理观念，从而端正人的思想、规范人的行为。“统治阶级为了维护统治，常常把有利于社会整体利益和自身利益的道德规

　　① 梁漱溟：《中国文化要义》，上海：上海人民出版社，2005 年，第 183 页。
　　② 孙宏安：《中国古代教育的特点》，《辽宁师范大学学报（社会科学版）》1996 年第 4 期。
　　③ 陈谦：《中国古代政治信息控制的若干思想研究——传播学视角下的监察、谏议与教化》，南开大学博士学位论文，2007 年，第 190 页。
　　④ 梁漱溟：《中国文化要义》，上海：上海人民出版社，2005 年，第 184 页。
　　⑤ 安小兰译注：《荀子》，北京：中华书局出版社，2007 年，第 10 页。
　　⑥ 黄星民：《礼乐传播初探》，《新闻与传播研究》2000 年第 1 期。

范，借用国家强力，使之具有政治和法律的权威"；汉代所倡导的"伦理道德规范直接成为政治统治的工具"。①

第二节 教育传播的内容与渠道：传统舆论生成重要机制

教育传播作为一种有目的的、自上而下的传播方式，它的内容和渠道都体现出封建统治者维护其统治的目的和决心。秦始皇主张法家治国思想，不免要进行"焚书坑儒"的运动；汉武帝"罢黜百家"也是汉代时期儒学对法家思想的回应，相对于严酷的法令，道德教化的优势越发进入汉代统治者的视野；从隋唐科举制度的兴起到宋代的完善，儒家经典既成为统治者思想文化领域权威的体现，也是培养和选拔王朝官员的教科书。统治者在一定程度上成为教育的内容创造者和选择者。

一、教育内容的选择

对于中国古代教育传播的内容，大致可以分为两类：其一是以儒家经典为代表的书本知识；其二，是儒家文化中所倡导的道德伦理观念。无论是前者还是后者无疑都是统治者有目的的创造和舆论引导。隋朝大业元年（公元605 年）科举制诞生之前，察举制和九品中正制通过评判一个人的道德作为选拔帝国官员的标准；隋唐以后，知识教育成为晋升仕途更为公平的途径。宋代科举制度经过不断完善，那时的教育、科考和文官选任制度，一直延续了千余年。②

秦汉时期《吕氏春秋》中的"十二纪"阐释了尊师重教、礼仪教化和音乐演奏的重要性，在一定程度上开始倡导用道德教化去改造人们的精神世界，从而更好地引导舆论，维护统治。随着科举制度在唐代的完善，"唐代的精英有一个基本的认识，即单纯的行政管理是远远不够的，为了避免国家陷入无序或暴政，政府所有的事务都必须符合儒家的道德观。基于此，儒家典籍在那些渴望踏入仕途之人的教育中占据了中心位置"。③但是唐统治者对文化却

---

① 陈谦：《中国古代政治信息控制的若干思想研究——传播学视角下的监察、谏议与教化》，南开大学博士学位论文，2007 年，第 193 页。

② 卜正民等：《哈佛中国史·儒家统治的时代：宋的转型》，北京：中信出版社，2016 年，第 134 页。

③ 卜正民等：《哈佛中国史·世界性的帝国：唐朝》，北京：中信出版社，2016 年，第 208 页。

表现得异常开放，唐朝并没有把官方认可的解释当作毋庸置疑的正统，有关官方阐释的争论是被允许甚至受到鼓励的。[①] 我们也可以看到正是唐代文化的开放性，疏通了自上而下和自下而上的传播通道，使得帝国内部的矛盾不至于造成知识分子发起像东林党这样诉诸反抗的运动。唐代的包容性的确保证了不同意见的上下自由流通，但这一开放的前提是汉代儒家思想深入人心，成为人们推崇的道德规范。同时，我们不应该忘记，唐代取士依靠的儒家典籍成为知识分子竞相学习的范本，这也就使得很多知识分子默认了儒家伦理纲常的合理性。这样的舆论也就自然而然无法偏离主流的意识形态，自觉成为维护封建统治的工具。

除了秦代"以法为教""以吏为师"的情形外，古代教育传播信息，大多与道德问题相关。先秦时期还存在"修身齐家治国平天下"的士子个人积极的价值取向，但到了宋明理学后就形成"君臣、父子、夫妇"等规范，即以"君臣"为核心的维护封建统治秩序的一整套道德准则。[②] 这些规范使得人们的价值观趋同于此，即使有个别不一样的观点，也无法成为大规模的舆论。

二、教育传播的渠道和形式

中国古代教育按传播渠道和形式区分，大致可以分为三类，即学校教育、家庭教育、社会教育。可以说这三种教育涵盖了所有被统治阶级，当然也包括封建社会的官员。这些士大夫既是受教育踏入仕途的百姓，也是百姓中传播知识和实施教化的统治阶级。于是士人只有转居于君主和民众之间，以调节缓冲：君主←士人→民众。[③]

（一）学校教育

学校教育中主要涉及官学和私学两种教育机构，但终归影响后世较大的因素还是人才选拔制度的沿袭与变迁（图2-1[④]）。西汉、唐代和北宋三个时期成为教育制度创新的高峰，恰巧也是在这三个时期中国的教育发展迎来了

---

① 同上，第209页。

② 孙旭培主编：《华夏传播论：中国传统文化中的传播》，北京：人民出版社，1997年版，第265页。

③ 梁漱溟：《中国文化要义》。上海：上海人民出版社，2005年，第183页。

④ 姜国钧，杜成宪：《试论中国古代教育发展周期》，《华东师范大学学报（教育科学版）》2005年第1期。

三个高潮（图 2–2①）。可见教育的繁荣教育制度的创新应该是一个重要的衡量因素。人才选拔制度的改变直接决定这封建王朝凭借什么样的标准选拔服务与帝国的官员。这些标准就成了"学而优则仕"传统下知识分子的最高现实追求。作为学校教育重要的组成部分，科举制度本身的目的是为了选拔帝国需要的人才，而选拔的标准自然离不开考试内容所推崇的儒家道德礼仪。这种润物无声的观念输入恐怕才是教育内在的本质。换句话说，教育的目的并非在于要创作诗词文章，而是将自己内化的儒家道德礼仪世界观表现出来，这种观念的表达恰好是培养利于统治阶级舆论的沃土。而这样筛选出来的官员，也理所当然成为这种观念的传播者和维护者。

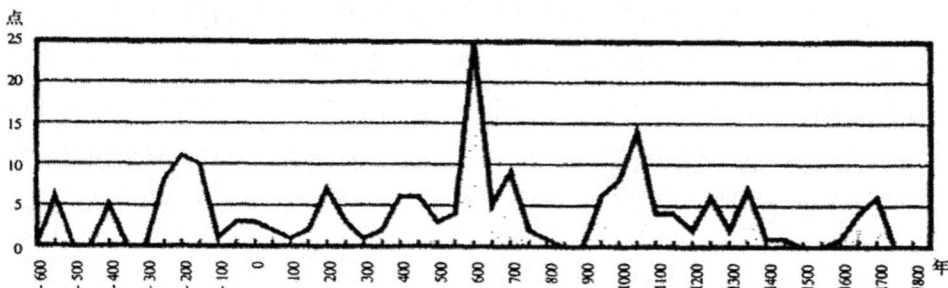

图 2–1：中国古代教育制度的创新

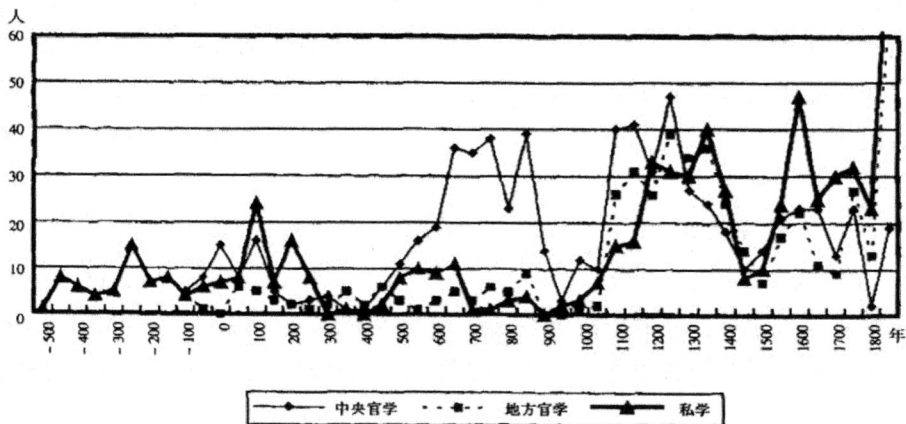

图 2–2：中央官学、地方官学、私学教育名人的增长态势

考虑到"取士皆本于学校"的儒家思想，本文笔者主要将人才选拔制度

----

① 同上。

作为学校教育的重要方面进行研究。在原始社会选贤与能成为推举首领的主要方式；原始社会末期才能出众和道德高尚共同成为选择首领的因素；夏商周时期主要采用世卿世禄制，只有王公子弟才能为官；春秋战国和秦汉时期实行"察举征辟制"，这种通过推荐为官的方式在魏晋南北朝时期发展为被士族高官垄断的"九品中正制"；隋唐时期到明清 1300 年间一直沿用科举考试制度选拔人才。[①] 科举考试制度用国家强制力量保证了人才选拔的公平性，对个人而言，科举考试为普通的百姓家庭提供了踏入仕途、光宗耀祖的机会；同样，对于封建王朝而言它是选拔官员最可行的方式。1009 年宋真宗对通过科举的人数进行了限制。1106 年，3%（8 万人中通过了 2334 人）的人通过州试。北宋末期，每年通过州试的人数为 1.5 万，占 1 亿人口的 0.015%。虽然科举功名出身的官员占总官员数从唐代 15% 到北宋 40%，但是从根本上讲，科举制度的主要目的并非帮助寒门子弟向上流动，其实是确保社会上层垄断地位的一个制度。[②] 这一点从教育的目的和现实情况来看是讲得通的，毕竟公平外衣下的考试制度需要与贵族势力达成妥协。这种妥协和教育传播一样，都是封建王朝实施统治的工具。

　　正如笔者所认为的那样，科举制度的选择并非在于让哪些人成为帝国的官僚，而是培养那些将主流价值观念视为应然的人成为舆论的引导者。

（二）家庭教育

　　家庭教育作为进入学校前的阶段，尤其是当父亲在外做官，母亲在孩子早年就成为教育的承担者。家庭教育作为早期学校教育的基础，主要通过一些儒家启蒙教材如《弟子规》《幼学琼林》等将特定的规范告诉孩子，同时也是对父母的一种教育，使他们以身作则自觉成为主流价值观的维护者和推崇者。教育的内容除了启蒙经典外，最重要的就当属礼仪道德教化。"以道德代替宗教"[③] 成为中国儒家无神论的产物。家庭作为社会化最基本的单位，对传播统治者倡导的社会风尚起了至关重要的作用，为我们熟知的"孟母三迁"就是这样的一种实践。梁漱溟在《中国文化要义》一书中高度评价了家庭教育在社会化中的作用："举整个社会各种关系而一概家庭化之，务使其情益亲，

---

① 房列曙：《中国历史上的人才选拔制度》，北京：人民出版社，2005 年，第 1—2 页。
② 卜正民等：《哈佛中国史·儒家统治的时代：宋的转型》，北京：中信出版社，2016 年，第 120 页。
③ 梁漱溟：《中国文化要义》，上海：上海人民出版社，2005 年，第 106 页。

其义益重。由是乃是居此社会中者，每个人对其四面八方的伦理关系，各负有其相当义务；同时，其四面八方与其有伦理关系之人，亦各对他负有义务。全社会之人不期而辗转互相连锁起来，无形中成为一种组织。"[①]

家庭教育最重要的成文资料便应该是《颜氏家训》《温公家范》为代表的家训。家训从狭义的角度来看，是指记载一个家庭或家族内部长辈对晚辈的训示、教诫（也包括兄对弟、夫对妇这两种情况）或一家一族内部的有关家规族法等文字记载。广义上讲，也是指那些本身用来范世，但因其内容多涉及家庭伦理故在家庭中普遍流传并对家庭人格的塑造起到明显作用的文字记载。[②] 四川大学朱明勋在其博士论文中还将家训的作用概括为：家训是一种教育，是一种文化，是一种法律。[③] 家训不仅可以覆盖到学龄前儿童，也可以涉及那些无法接受正规教育的人，所以它是一种普及型更广的教育传播形式。作为一种文化，家训是儒家经典的通俗化表达，同时也是家庭内部"三纲五常"教义的传达。最后，作为一种法律，家训促进家庭内部的和谐。无论是哪一点都是一种引导舆论的手段，而这些手段和科举制度一样，都仅仅是维护封建王朝既重要——作为维护统治的工具来看——又显得细枝末节的东西。

（三）社会教育

社会教育作为中国古代教育的一种重要表现形式，其涉及的人群会更加广泛，这种教育也在一定程度上承担了更多意义。社会教育的表现形式众多，但从其本质来考察自然离不开宣传主流价值、维护社会稳定的作用。这样的基层教育培育了整个社会推崇道德礼教、纲常伦理的风气。社会教育涉及广泛，文中主要列举几种。

首先，现代西方人认为知识分子是社会基本价值的维护者，如果按照这一标准，"'士'作为一个承担着文化使命的特殊阶层自始便在中国史上发挥着'知识分子'的作用。"[④] 知识分子作为道德伦理规范的传播者和执行者在社会教育方面扮演着必不可少的角色。曾参"士不可以不弘毅，任重而道远"；范仲淹"先天下之忧而忧，后天下者乐而乐"；晚明东林"家事国事天下事事事关心"，知识分子在君主和民众间起了很好的调节作用。

---

① 同上，第83页。
② 朱明勋：《中国传统家训研究》，四川大学博士学位论文，2004年，第3页。
③ 同上，第232页。
④ 余英时：《士与中国文化》，上海：上海人民出版社，1987年，序言第3页。

其次，汉初在乡里设置三老、孝悌等，通过他们行为表率来倡导国家所推行的伦理道德规范，促成社会的和谐进而维护地方的稳定。王爱清在《秦汉乡里控制研究》一书中总结了汉代乡里思想文化控制的成果：可以肯定地说（西汉武帝之后），当时国家对百姓思想文化控制日趋深入的过程也就是国家在统治理念上日趋成熟的过程。在这一过程中，下层民众也逐渐对儒家思想产生认同。[①]

最后，原始的图腾到祭祀，再到儒家奉行的礼乐制度，都属于社会教育的层面。士冠礼实际上就是传播渠道，它传递着冠者已经长大成人，必须遵守"君君，臣臣，父父，子子"等儒家思想观念。[②]像这样的礼仪大都体现着儒家思想的传播符号，预备通过某些正式的仪式向人们传播着儒家的观念。

第三节　教育传播"信宿"的双重身份

首先，作为被统治阶级，百姓和通过受教育晋升为帝国官员的百姓都是教育信息传播的"信宿"。但同时如果把"舆论"理解成为"众人之言"，那百姓在这一传播过程中就完成了最后一个步骤——教育信息接收者，也完成了传播过程中的闭环——教育信息的反馈者。因此如果按照施拉姆传播模式来看，舆人扮演了信息的接受者和再创造者。值得一提的是，通过考试选拔出来的帝国官员也作为舆论的收集者和教育的实施者存在。简单地讲，官员在这一过程中如同梁漱溟主张的扮演了中间缓冲调停的作用。同样，反观统治者，他们既是教育传播的"信源"，也同时扮演着百姓制造"舆论"的"信宿"，这样的双重身份也是由闭合式、有反馈的教育传播的特点决定的。可以将这种互动传播关系简单地理解为如图3-1所示的模式。

其次，还需要说明的是，下层舆论可以取道各级行政管理机构逐级上报，闻于皇帝耳中；也可以抛开中间管理层，通过诣阙上书的方式直接到达朝廷。[③]因此，统治者作为舆论"信宿"的途径有两条：其一是通过舆情采集机制直接收集（舆论1实线）；其二是通过士大夫对统治者的谏言等机制，这时士大夫既作为舆论1的收集者，同时也是舆论信息的选择和加工者（舆论1'）。舆人对士大夫的舆论1也是通过帝国采风机制收集的，但这

---

① 王爱清：《秦汉乡里控制研究》。济南：山东大学出版社，2010年，第207—208页。
② 黄星民：《礼乐传播初探》，《新闻与传播研究》2000年第1期。
③ 赵凯：《汉代官方舆论收集机制》，《南都学坛（人文社会科学学报）》2006年第5期。

样的收集与反馈由于要附上士大夫阶级的利益，显然没有直接对统治者的舆论 1 来得显著，因此在图中标为虚线。吴予敏认为："当然民众对于国家政治也会有某种态度反响。然而，这种反响只是通过社会中各个利益集团的代表曲折地片面地反映出来的。真正对于传统社会里的政治起着舆论上的监督制约作用的，应该是蔓延于决策集团之外的士林中的自由议论。"[1] 统治者对士大夫而言主要是通过科举考试制度选取在学校教育中表现优秀者——"取士皆本于学校"，因此学校教育就成了主要的传播途径。士大夫对于舆人（百姓）主要扮演社会道德教育者，其次还作为考官的身份在科举考试中扮演仕途"引路人"的角色。相对于统治者而言，舆人接受的主要是融入统治阶级主导的价值观外显的"三纲五常""君臣父子""仁义孝悌"等。

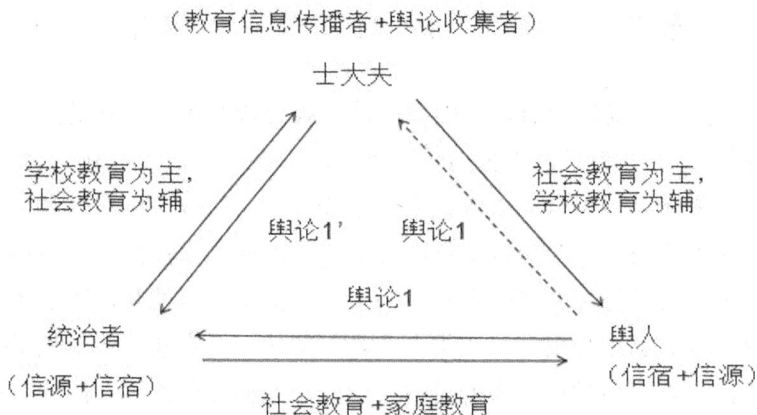

（教育信息传播者+舆论收集者）

士大夫

学校教育为主，社会教育为辅　　社会教育为主，学校教育为辅

舆论1'　舆论1

舆论1

统治者　　　　　舆人
（信源+信宿）　　（信宿+信源）

社会教育+家庭教育

图 3-1：教育与舆论的关联互动中的角色扮演

第四节　教育传播与舆论的关联互动

这部分对应到拉斯韦尔 5W 传播模式中的"效果"层面，但如前文所述，笔者在这里添加了"反馈"阶段，更好地体现了中国古代教育与舆论的关联互动机制。

正是这样的互动机制在一定程度上缓解了国内的阶级矛盾，保证了国家

---

[1] 吴予敏：《无形的网络：从传播学的角度看中国的传统文化》，北京：国际文化出版公司，1988年，第134页。

机器的稳定运行。虽然其中的反馈不乏太学生发动的较为激烈的舆论运动，但本质上看依旧是帝国体制内信息的传播，因为从目的上来考察，总会得出利于统治的结论。

一、统治者管控教育从而主导了舆论控制机制

中国封建统治者一贯倡导"天视自我民视，天听自我民听"，这种看似民本主义的思想一直延续了数千年。但作为真实的民意"传统的习惯的价值观念和由政治权威、长老权威所左右的集团意识"①，也许统治阶级从未这样提及。统治者一方面采用推行教化限制、塑造和引导舆论，同时选择用制度的手段使这样的管控看似合法。明清时期对舆论的管控趋向强制手段：不许知识分子过问国事；大兴文字狱；洪武二十六年删定《孟子》，编撰《孟子节文》；以文人治理文人，鼓励互相举报攻讦；"凡是不利于思想统治的（图书）一总销毁"；编纂四库全书，"顶着博古好文的幌子，实际上则有查禁社会上自由流转书籍的作用"②。

这种看似合理的舆论管制，通过教育传播道德教化信息制约舆论；推行儒家思想统一舆论，使个体保持一定的舆论自觉。因此，纵观中国教育数千年的历史，"不管是'导之以德，齐之以礼'的儒家天下，还是'导之以政，齐之以刑'的'法制'社会，中国古代帝王以及他们政治上的幕僚们，一方面通过道德规范和行为习惯，利用层层礼法教化来制造、限制和引导民意；另一方面又利用国家政权机器建立各种制度、法律规范来控制舆论、操纵舆论，从而使社会舆论趋于统一。不管是采取何种方式来影响和操纵舆论，最终的目的都是从不同的方面来造就舆论一律的局面"③。

二、舆论收集机制

舆论是学校教育、社会教育、家庭教育的共同产物，也是对教育的一种反馈形式。统治者通过制度化的手段收集舆论有助于及时调整教育内容和形式，使其更好地发挥统治工具的作用。

第一，采风。在没有出现文字报纸之前，民间经常传唱的歌谣和诗就成

① 吴予敏：《无形的网络：从传播学的角度看中国的传统文化》，北京：国际文化出版公司，1988年，第132页。

② 同上，第143—149页。

③ 李敬一：《中国传播史论》，武汉：武汉大学出版社，2003年，第201—202页。

了舆论天然的载体。采诗观风便成为国家掌握舆论的基本方法之一。人们在诗中表达内心的愤懑"夫也不良，歌以讽之"《陈风·墓门》；也可以表达自己的政治见解"君子做歌，维以告哀"《大雅·民劳》。因此，收集这类口语传播的信息成为早期统治者了解舆论的重要方式。秦汉时期，政府有时派遣官员巡行地方，深入民间，探访民瘼，了解舆情，使天子"不出牖户，尽知天下所苦"，这是官方主动收集民间舆论的重要措施。[①] 第二，倾听民意。在汉代，百姓可以向乡、里等基层组织上书，或者直接向地方行政长官上书或上诉。第三，吏民上书。统治者通过接受下层上书了解舆论的变化，这些上书大都以个人为主，内容主要为个人对实事的政治见解。第四，朝议。朝议反映的舆论主要是以中央政府官员为主体的群体舆论，即统治阶级上层的共同意见。[②] 此外汉代还专门召开特别会议来收集舆论，"石渠阁会议""白虎观会议"便是较为有影响力的。唐宋以后随着邸报、小报的出现，朝廷的一言一行很快就传递四方，形成全国性的舆论。[③] 第五，求言与进谏。进谏与上书，是封建社会调整阶级关系、维护君王圣明的一种举措，几乎每一个朝代都设立谏官，奖励进谏之人，鼓吹纳谏之风。[④] 从史料记载来看，两汉朝廷对进谏者的身份并无严格限制，凡三公九卿、守相令长都可进谏，规过劝善，纠举秕政。皇帝往往能从言官谏言中获知群臣意见倾向乃至民间舆论。[⑤]

三、体制内知识分子舆论的激烈表现

林语堂《中国新闻舆论史》中列举了历史上三次由太学生主导的舆论高潮，即汉代太学生"清议"反对宦官和外戚；宋代太学生反对外来的入侵者；明末东林党人反对宦官和外戚专权。"这三次舆论批评的共同之处就是太学生充当了重要的角色，他们和朝中正直的官员相互激荡、呼应；三次舆论都是在国家、民族危亡时发生的，宋代主要是抗击外族侵略，但其斗争也是以反对国内的卖国贼为主，而汉代和明代的运动都是反对宦官和外戚专权造成的政治混乱现象。三次舆论高潮反映了中国民众特别是知识分子对国家事务的关注，也反映了舆论越来越有组织性，并且发展成熟为一种主要的参政、议

---

① 赵凯：《汉代官方舆论收集机制》，《南都学坛（人文社会科学学报）》2006 年第 5 期。
② 同上。
③ 侯东阳：《封建统治集团的重要舆论机制——朝议》，《郑州大学学报（哲学社会科学版）》2011 年第 4 期。
④ 刘建明：《舆论传播》，北京：清华大学出版社，2001 年，第 24 页。
⑤ 赵凯：《汉代官方舆论收集机制》，《南都学坛（人文社会科学学报）》2006 年第 5 期。

政方式。"①

　　无论是太学生还是东林党人，作为士大夫知识分子而言，自由言论应该是他们所向往的。这样的学生运动不可避免地带有不同政治力量集团相互攻讦、各自为政的嫌疑。但作为接受儒家教育熏陶的学生而言，"他们激扬名声，互相题拂，品核公卿大臣，裁量执政贵族，刚直不阿的品格，由此得以风行于世"②。这也是中国古代社会舆论影响政治生活的重要史实。汉哀帝执政期间，丞相孔光负责巡查先帝陵园，私自允许下属通行于驰道中道。当时负责纠察行驰中道的官员鲍宣制止丞相下属，并没收其车马。鲍宣因为冒犯丞相的罪名被追究责任，但鲍宣依旧不放通行。因此鲍宣因阻止皇帝使者、不遵守臣子礼仪、大不敬的罪名而被捕。《汉书·鲍宣传》中记载："博士弟子济南王咸举幡太学下，曰：'欲救鲍司隶者会此下。'诸生会者千余人。朝日，遮丞相孔光自言，丞相车不得行，又守阙上书。上遂抵宣罪减死一等，髡钳。"正因为王咸举幡这一事件，使得太学生运动改变了政治决策，皇帝不得不对鲍宣从轻处理。宋代学者黄震写道："太学举幡，已验乌台之风采。"南宋学者谢枋得认为："举幡帝阙下，则王咸之气节。"历代文人都会对王咸举幡这一事件表示赞同，这样由太学生参与的政治运动在中国古代的历史中屡见不鲜。但我们必须清醒地认识到这样的讨论即便再激烈，也都是封建王朝统治者导演的话剧。每一个细节传达着的都是儒家道德仁义，但细细看来没有一点不是不为维护统治的私利而存在的。

　　值得肯定的是，沿袭并发展了数千年的中国古代教育，作为一种信息传播过程来看形成了一个动态的闭环。从统治者作为教育信息传播的"信源"，通过制造"内容"和选择"渠道"，把被统治阶级作为教育传播的"信宿"，并考虑他们同时作为舆论传播"信源"发来的反馈，从而调整政策和教育信息，达到封建王朝内部信息畅通、缓解帝国内部阶级矛盾的作用。这种教育信息和舆论的互动机制的存在和完善，使得中华五千年的文明得以保存下来，中国人的精神得以永续。

（静思宇　谢清果）

---

　　①　侯东阳：《林语堂的新闻舆论观：评林语堂的＜中国新闻舆论史＞》，《新闻与传播研究》2001年第2期。
　　②　王子今：《汉末政治风暴与"处士"的文化表现》，《社会科学》2012年第1期。

第十一章　话语博弈：华夏传统社会政府的媒介管理与舆论控制

　　舆论作为一种广泛的公共意见存在方式，对古代社会国家治理、政治时局、朝代更替等方面皆有重要的影响力。中国古代社会作为封建专制国家，各个朝代对社会舆论都采取了相应的管控方式，比如先秦时代对口语的管控，秦朝以后逐步成熟的法制体系以及设置机构对邸报等传播媒介的管理，都体现了古代政府通过媒介管理达到舆论控制的权利话语博弈境况。通过媒介控制舆论传播，在一定限度之内有利于国家治理和社会稳定，但也造成了封建文化专制、钳制多元思想传播、阻碍新闻传播事业进步等不利影响。

第一节　中国古代媒介和舆论概念

一、中国古代的媒介

　　媒介作为一种语言文字信息传播载体，受限于不同社会历史背景条件，不同时代有不同的表现形式。中国最早的媒介即为伴随着口语而产生的口语媒介，之后逐渐出现了记录语言的媒介，比如刻写媒介、书写媒介和印刷媒介等。

　　在上古时代，独立媒介未出现之前，文字产生之前，喉咙口语发声是信息传播方式，沃尔特·翁将口语文化划分为原生口语文化和次生口语文化，甲骨文之前的口语都归结为原生口语，这一时期信息传播活动有时间和空间的限制。随后为了克服口语媒介的不足，刻写媒介应运而生。刻写媒介形制多样，以甲骨文、青铜铭文和玉石刻写为代表，将文字信息刻写在坚硬的材料上，这一时期依然伴随口语为重要传播媒介，大约至春秋末期。第三类是我国媒介史上的大变革，即书写媒介时代的到来，规范书写媒介包括简牍、绢帛和纸，这一时期一直持续到宋初，并且这一书写媒介的产生至今没有质的改变。第四类为印刷媒介。肇始于唐代的印刷品的出现，到宋代印刷术的发明和完善，这一规范的印刷传播方式为文化和信息的大规模生产和传播提供了条件，传播媒介主要以纸媒为载体①。总之，中国古代的传播媒介随着时代的发展而不断进步，但媒介产生的历史分期并非十分清晰，不同时期都非单一媒介取代前者而独立存在，而是多种传播媒介并存的局面。

二、中国古代的舆论

现代意义上的"舆论"概念主要是舶来于西方大众传播语境，强调以"公共意见""私人利益""政治诉求"为主要舆论内涵，而本文界定的舆论概念主要指华夏舆论传播概念。据《说文解字》，舆论之"舆"，"车舆也"，始作"车厢"解，如《道德经》曰"虽有舟舆，无所乘之"。又如《左传·昭公七年》曰："皂臣舆，舆臣隶"，是指一种对奴隶差役的称呼。又如《周礼·考工记·舆人》："舆人为车"，指造车之人②。随后，"舆"被引申为推车抬轿之人，并逐渐演化为"众、多"之意。"舆论"一词最早见于《三国志·魏书·王朗传》："设其傲狠，殊无入志，惧被舆论之未畅者，并怀伊邑。"随后见于《梁书·武帝纪》："行能臧否，或素定怀抱，或得之舆论。""舆论"即为"舆人之伦""众人之伦"。表面上和西方的"公共意见"十分接近，但中国古代的舆论通常表示处于社会下层的百姓的议论，带有鲜明的等级色彩。

本章所讲的"舆论"立足于中国特有的历史文化视角和古代社会环境，展现古代社会民众的公共意见表达行为。正如骆正林指出，在奴隶制时期，以血缘为基础的宗法制是古代社会舆论产生的重要社会环境条件；在漫长的封建社会，封建统治阶级根据传统礼教编制了主流社会舆论，并采取各种方式压制、阻碍、引导舆论的产生和发展③。中国古代的舆论传播形式和活动多种多样，比如"天神至上""民本思想"的舆论观念，"焚书坑儒""文字狱"等舆论镇压活动，"魏晋清谈""朋堂之论""东林聚义"等舆论活动等。研究中国古代的舆论传播活动，对今天的舆论监督和指导同样具有重要参考价值。

---

① 沈继睿：《中国古代主要媒介的归类分期和发展特点》，《南阳理工学院学报》2012年第1期。

② 谢清果，王昀：《华夏舆论传播的概念、历史、形态及特征探析》，《现代传播》2016年第3期。

③ 骆正林：《中国古代社会舆论活动的主要类型和特征》，《洛阳师范学院学报》2008年第4期。

三、中国古代媒介和舆论的互动关系

舆论的兴起和扩散依赖于媒介的传播。中国古代的媒介语境不同于当前的大众传播语境，中国古代舆论传播相比于现代意义上的舆论传播有其量和质的差异，在先秦时代以口语为依托的舆论传播，同时也伴随肢体语言，如《吕氏春秋·淫辞》记载有众人劳动中以"舆謣"呼叫协同行动的情形："今举大木者，前呼舆謣，后亦应之，此其于举大者善矣。"又如"国人莫干言，道路以目"的静默方式①。口语作为舆论传播媒介的时代，更多地体现为人际传播和群体传播等较为封闭的小范围，舆论形态也多表现为言说、诗歌、谣谚等②。由于先秦时期特殊的社会结构，天子、诸侯、卿大夫在内贵族阶级掌握着文化传播工具，他们从事政治、战争、宗祀活动，垄断着舆论传播载体，所以当时主体舆论主要表现为上层贵族阶级的舆论，但贵族与庶民之间依然存在着舆论的张力。

文字的发明创造改变了人类文化生产和传播的基本状态，我国从公元前3000年左右开始了文字的创造，虽然夏商周三代社会的舆论仍然是口语传播形态为主，但掌握着文字知识的巫、史、宗、祝阶层除了将其作为统治工具以外，通过书面文字形式表达本阶层的舆论和传达社会各阶层的舆论也由此开始。随着文字日益广泛的应用，虽然信息传播载体大体上局限在"镂之金石，书之竹帛"之内，但文字的出现一方面开辟了铭刻、著书、图谶、悬书、揭帖等舆论载体和舆论形态，另一方面取代了其他媒介而承担起记录及时性舆论，并进行超越时空的历史传承重任。春秋以后，新兴地主阶级出现，王官失守，学术下移，作为知识分子存在的士人开始自觉地运用文本形式表达思想观点，书面文本大量生产，著述作为比较典型的舆论形态出现。从春秋开始的刻写时代一直延续到唐宋时期的规范书写时代，以竹简、绢帛和纸品为这一阶段的舆论传播提供了媒介形态。

宋代以后，印刷术的发明和完善，为社会信息的大规模传播提供了便利，这一时期出现了中国古代比较成熟的新闻报纸和政府的报纸管理机构，"邸报"为主要新闻媒介，同时也诞生了顺应时代要求的民间小报。除报纸媒介外，这一时期出现了以官刻、家刻和坊刻为表现形式的图书刻印业也得到迅速发展。因此得益于这一时期不同信息传播媒介的发明和完善，社会舆论的

---

① 夏保国：《先秦舆论思想探源》，吉林大学博士学位论文，2009年，第6页。

② 赵凯：《秦汉时期的舆论及其社会影响》，中国社会科学院研究生院博士学位论文，2003年，第6—7页。

传播方式和影响范围得到了突破性的发展，以书籍、报纸为载体，以言、说、议、论、著述为形态的舆论行为一直延续到清朝末期。

整体而言，由于中国古代媒介发展程度较低，所以古代媒介更多作为舆论载体的形式存在，而主要由媒介对舆论的引发、引导和传播等方面的影响有限。

第二节　传统社会政府媒介管理与舆论控制

一、中国古代政府媒介管理的原因

有信息传播就会有媒介控制。一个政府的有效运作离不开对社会信息流动的仔细洞察和掌控，尤其是社会舆论信息的传播会产生强大的社会影响力，一个社会不同阶层的信息交流如果过于频繁，就很可能导致横向联合势力的加强，这很明显是对中央集权极其不利的，在封建时代直接影响到君主统治的稳固[1]。因此，对信息传播的控制、媒介的管理和舆论的监督就成了历代封建君主统治的重要手段。无论是"防民之口，甚于防川"的对口语的管控，还是随后的对作为宣传思想、传播民意的舆论工具的文化典籍的管控，在漫长的中国古代封建社会，虽然政府对媒介的管控有软控制和硬控制、或明或暗的不同管控方式，但总体上形成了较为严密、系统的管控体系。

二、中国古代政府通过媒介对舆论控制的主要表现形态

先秦时期的媒介控制主要以口语管制为主，秦汉及以后各个朝代对媒介的控制较为明显地分为软性控制和硬性控制两种方式[2]，其中软控制即以封建统治主流思想为工具进行思想统治，后者则表现为采取强制措施进行强力控制。

（一）口语管控：商周盘庚始"言禁"

在中国古代社会，口语作为舆论信息的传播载体，口语管制自古就是政府对人们言行管控的一种重要手段。据《尚书·盘庚》记载："王命众悉至于庭。王若曰：'格汝众，予告汝训……凡尔众其惟致告：自今至于后日，各恭

---

① 黄春平：《汉代言禁研究》，《新闻与传播研究》2009 年第 2 期。
② 黄春平：《汉代言禁研究》，《新闻与传播研究》2009 年第 2 期。

尔事，齐乃位，度乃口，罚乃尔身，弗可悔。'"① 这是有史可查中国古代"言禁"制度的开端。周厉王禁谤，其时"国人莫敢言，道路以目"。春秋战国时期，魏文侯时李悝首次把"以言论罪"规定载入《法经》。《史记·商君列传》记载："秦民初言令不便者，有来言令便者。卫鞅曰：'此皆乱化之民。'尽迁之于边域。其后，民莫敢议令。"② 记录了秦孝公采用商鞅变法遭百姓议论，议论之人受到处置的事件。秦统一全国后，丞相李斯向秦始皇建议："……有敢偶语《诗》、《书》者，弃市。以古非今者，族。吏见知不举者，与同罪。"这都说明了秦为了维护统治"言禁"较商周春秋战国有过之而无不及。秦朝以后，历代都未对言论管制放松，汉初设"诽谤、妖言"的罪名，自汉武帝始有"腹诽罪"。《唐律疏议·职制》规定："诸指斥乘舆，情理切害者，斩。"③ 及至其后漫长的中国古代封建社会，通过对口语言论的管制已达到控制社会舆论维护社会统治的手段从未停止。

（二）书籍管控：秦汉时期兴"书禁"

根据现存的史料记载，中国最早的禁书发生在公元前四世纪战国时代的秦国秦孝公时期④。秦孝公采取法家商鞅变法理论，在文化领域实行残暴统治，对思想进行禁锢，从而导致"燔《诗》、《书》而名法令"，开辟了中国历代封建统治焚毁文化典籍以实行愚民统治的先河。秦始皇沿袭采用法家思想，采取更为强制的措施进行"焚书坑儒"。西汉初年，对书籍的管控以"挟书律"之名被载入法典，对主流思想之外的谶纬、天文、星气及佛道等内容的书籍进行管控。隋唐时期，禁书不但沿袭前朝，并且由于调版印刷术问世，统治阶级采取禁刻、禁印、禁卖等手段对书籍进行压制，唐高宗永徽四年颁行的《唐律疏议》以法律条文形式明确对禁书做了详细规定。北宋以前禁书仅限于典籍本身，但随着民间坊刻的繁荣发展，从南宋开始对传播违反主流舆论思想的刻板、刻书之人也实行严厉打击。到了清朝，禁书和文字狱紧密结合，"因书而废人"，"因人而废书"，说明政府对媒介的管控不仅仅局限于传媒本身，也对制造、传播这些不符合官方主流舆论思想的人进行残酷打击。自秦

① 黄侃校：《白文十三经·尚书》，上海古籍出版社，1983，第22页。
② 司马迁：《史记·商君列传》卷六，上海：上海古籍出版社，1986年，第30页。
③ 见《唐律疏议》卷十，第207页；卷十七，第325页。转引自黄瑚：《中国近代新闻法制史论》，复旦：复旦大学出版社，第17页。
④ 师曾志：《从政府对传媒管制看中国古代禁书》，《编辑之友》1994年第2期。

汉开始，历代封建政府都沿用并发扬了"禁书"制度。

（三）驿传管控：汉唐时期管"驿传"

驿传定制肇始于汉代，由于汉代一方面国家疆土更加广阔，为保证国家机器正常运转，信息上传下达成为必需；另一方面分封王也迫切需要知道朝廷信息，因而起源于商周的驿传率先在汉代以法律条文的形式表现出来[①]。驿传系统中信息传递内容除了作为主体部分的官方文书外，也免不了捎带传播由诸侯王设在京师的"邸"的官员编写的沟通信息的"邸报"，这些都成为当时容易成为舆论材料的重要信息内容，所以对"驿传"这一传播过程的控制以达到社会信息系统稳定就显得尤为重要。汉朝建立了较为完整的驿传体系，唐朝关于驿传系统的管理体制、置驿的有关规定、驿传运作中的有关规定以及驿传过程中人员管理的规定都比汉代更为严密、具体，对于后世的报刊发行和官方信息的发布都具有重要的启迪和借鉴作用。通过对信息传播过程的管理，确保官方信息准确、及时、保密地传达，并及时收集下层社会信息，以达到对社会舆情的监控。所以对"驿传"系统的管控是历代都较为重视的舆论控制手段。

（四）报纸管控：宋元明清定"报律"

中国最早的报纸肇始于唐代，大约出现于唐玄宗开元初年（713）[②]，即"开元杂报"这一出版物。唐代报纸主要为手写，发刊周期不定，没有报头，被称为"进奏院状"，但目前尚无资料表明唐朝对报刊发行活动出台过专门的法令，或者出现过专门发行机构和发行人员。宋代才出现了由中央统一管理的官报，同时由于时代需要，最早的非官方报刊或称之为民间报刊也于此时出现[③]。报纸的出现为社会舆论的形成和传播提供了革命性的载体，尤其是"小报"的出现，为民间舆论的活跃提供了舞台，这无疑会对社会稳定造成极大影响。为了加强对新闻媒介的管控，维护官方主流舆论畅通，因此从宋代起，中国古代报刊法制进入了一个新阶段。

到宋朝，古代报刊系统逐渐发展完善，由于社会对报刊和信息的迫切需求，报刊活动在社会生活中的影响也越来越明显。统治者认识到，虽然报刊

---

①　倪延年：《中国古代报刊法制史》，南京：南京师范大学出版社，2004 年，第 82 页。

②　方汉奇：《中国新闻事业通史》，北京：中国人民大学出版社，1992 年，第 31 页。

③　武志勇：《中国传统官报的发行管理与发行状况》，《社会科学》2010 年第 12 期。

有利于信息的上传下达以保证国家机器正常运转，但也日益感受到报刊尤其是民间报刊活动对封建专制制度和社会稳定的冲击和影响①。所以基于这种社会合力的历史背景，宋朝政府开始以定报律的形式对报刊进行法制管理，如《宋会要辑稿·职官》二之四四记载，太宗雍熙三年（公元 986 年）五月诏："开封府进奏官，止依例供申本府报状，诸州不许申发。"②确立了开封府进奏官在报业体系中的特定地位和职责范围。《宋会要辑稿·职官》二之四五记载，真宗咸平二年（公元 999 年）六月诏："进奏院所供报状，每五日一写，上枢密院定本供报。"规定了朝廷官报的刊期、责任部门和运作程序等问题。同时，《宋会要辑稿·刑法》二之一二四载，孝宗淳熙十六年（公元 1189 年）闰五月二十日诏："今后有私撰小报，唱说事端，许人告首，赏钱三百贯文，犯人编管五百里。"孝宗时的诏书已经对"小报"之人明确了"当重绝配"和"犯人编管五百里"的刑罚规定，可见朝廷对"小报"的重视和禁绝的决心。除此之外，宋朝成立了中国历史上第一个代表中央政府主管国家新闻审查发布的职能机构"都进奏院"，从而进一步完善了封建官报对新闻传播发行的管控运行体制。所以宋朝开创了通过制定报刊法制和设定管理机构进行媒介管控的先河，包括对民间报刊、民间小报的查禁，都体现了古代封建政府通过媒介管理进而达到对社会舆论信息控制得越来越具体化的措施。

明清时期的报刊法制内容体系上更加完整，对各种违法现象的罗列和惩处标准的层次都做了更为详细的规定，通过对报刊的管控进而控制社会舆论传播的措施更为详细、具体、可操作。

（五）文字管控：明清实行"文字狱"

明清时期进入中国封建社会的末期，然而封建专制主义的中央集权却不断加深，其中明清时期对舆论进行压制最为残酷的莫过于"文字狱"。比如，明太祖洪武年间，杭州府学教授徐一夔作贺表，有内容"光天之下，天生圣人，为世作则"，因为朱元璋曾做过和尚，所以"光""圣（僧）""则（贼）"犯了忌讳，遭诛③。清朝的文字狱相比于明朝有过之而无不及，从顺治皇帝开始大兴文字狱。康熙时有两句诗"南国佳丽多塞北，中原名士半辽阳"，展现了当时因为文字狱而发配边疆的文士人数之多。又比如雍正时，担任江西乡

---

①　倪延年：《中国古代报刊法制史》，南京：南京师范大学出版社，2004 年，第 91 页。
②　徐松：《宋会要辑稿》，北京：中华书局，1957 年。
③　张玉霞：《中国古代的舆论与政治》，《新闻爱好者》2006 年第 12 期。

试主考官的查嗣庭，出题出于《诗经》的"维民所止"，应被认为是"维止"二字是"雍正"去了头，被定为大逆不道罪，造成大范围的株连。所以明清时期对社会民众言论的控制具体到单个文字的管控，可见其对社会舆论管制的严厉。

综上所述，中国古代社会通过媒介控制以达到对社会舆论的管制，各个朝代都采取了较为严密具体的措施，虽然不同时代主要管控舆论的方式有其时代的特征，当通过其具体形态的分析和历史文献的查阅，各种舆论管控形态呈现"继承和发扬"的趋势，并随着封建社会的发展，封建中央集权的不断加强，对社会舆论的管控也逐步加深。

第三节　传统社会政府媒介管理和舆论控制的社会影响

一、对政治体制的影响

中国古代政府通过媒介的管理达到对社会舆论的控制，促成了信息传播权和话语权的高度集中和垄断，从而导致了文化传播的封建专制[①]。为了适应当时高度集中的君主专制政治体制的需要，进行"言禁""书禁""报禁""字禁"等媒介管控，深刻反映了在封建君主专制背景下统治者为保证集权政治的安全有效运转而做出一种传播管控制度的抉择。古代政府对社会舆论的控制，虽然一方面可以加强对统治集团内部官僚集团的控制，调整了统治集团内部的各种政治利益关系，可使统治集团内部保持一致与协调，从而保证了整个行政官僚系统的有效运转；但另一方面通过信息传播权和话语权及高度控制和垄断，却导致了对普通百姓的愚民统治。所以这种官方话语权的集中和垄断，导致了文化传播的封建专制，在一定程度范围内有利于社会稳定，但过于压制社会舆论也会给统治集团的崩坍带来隐患。

二、对文化思想的影响

封建中央集权体制下的媒介管理和舆论控制，导致话语权的高度集中，阻碍了多元意见的表达，不利于多元思想文化的形成和传播，同时容易导致社会信息传播的不平衡，禁锢了人们的思想，从而阻碍了中国传统思想文化

---

① 黄春平：《汉代言禁研究》，《新闻与传播研究》2009 年第 2 期。

的正常传播。比如秦始皇"焚书坑儒"、汉代推行"罢黜百家，独尊儒术"而开始"书禁"、明清的"文字狱"等都在一定程度上阻断了古代宝贵文化典籍的传承，在某种程度上造成了一定的文化断层，也不利于其他门类知识的发展和进步。

三、对新闻传播事业的影响

中国古代政府对媒介的管理在一定程度上达到了维护官方信息传播和规范新闻活动秩序的有利影响，但总体上滞缓了中国新闻传播事业的发展与进步。新闻传播事业的发展离不开经济的发展、技术的进步和政治的民主，换句话说，新闻传播事业的发展在很大程度上取决于当时社会时政信息的透明和知情程度以及言论的民主和开放程度，然而比如汉代宫廷信息和朝政信息受到严厉管制，惩治手段也非常残酷，既不准泄密，更不准私下打听、抄写和复制外传，这即是导致汉代无法出现官报的历史局限。又如宋代对小报的查禁，也不利于民间新闻事业的发展。中国古代通过媒介管理进而控制舆论的各种措施无疑阻碍了我国古代新闻传播事业的尽早发展和成熟。

（刘敬坤　谢清果）

第十二章 秉承天意：华夏舆论权威的确立

　　"天意"有时候被用来为统治者的"圣意"辩护，有时候又作为"民意"的支撑来对政权提出质疑或挑战，而知识分子处在二者之间，他们对于"天意"的构建总是以有利于社会发展的方向为基础，具体表现为一方面构建"天意"与"圣意"之间的关系，为统治者辩护，另一方面又建构"天意"与"民意"之间的关系，是"民意"获得力量的基础。

　　"长久以来，舆论就被认为是行动的先兆和政治的晴雨表，可预测社会动向，能制约人们的社会行为。"[①]"尽管舆论不可能替代实称权力，但舆论站在哪一边，无疑标志着一种道义上的胜利。"[②]在现代社会，舆论作为"民意的表达和民众力量的显示"受到政府的高度重视，但其实中国自古就有重视舆论的传统。"天听之我民听，天威之我民威"，中国古代的舆论活动又总是与"天"或"天意"紧密相关。"如果按照舆论主体的特点来分，我们可以把一个社会的基本成员简单分成三部分，即统治阶级、普通百姓和知识分子。"[③]"天意"有时候被用来为统治者的"圣意"辩护，有时候又作为"民意"的支撑来对政权提出质疑或挑战，而知识分子处在二者之间，他们对于"天意"的构建总是以有利于社会发展的方向为基础，具体表现为一方面构建"天意"与"圣意"之间的关系，为统治者辩护，另一方面又建构"天意"与"民意"之间的关系，是"民意"获得力量的基础。无论从哪个舆论主体来看，"天意"在其舆论活动中的作用都不可忽视。本章首先从统治者与人民两个主体来梳理"天意"在古代中国是如何与人相联系的，然后再分别探讨"天意"如何被这两个主体利用到各自的舆论活动中发挥作用。

---

　　① 张玉霞：《中国古代的舆论与政治》，《新闻爱好者》2006年第12期。
　　② 陈力丹：《马克思恩格斯论舆论的力量和对舆论的控制》，《新闻与传播研究》1991年第3期。
　　③ 骆正林：《中国古代社会舆论活动的主要类型和特征》，《洛阳师范学院学报》2008年第4期。

　　李普曼《舆论学》（1922）的出版标志着西方舆论学的创立。我国的舆论学起步较晚，直到 1988 年刘建明《基础舆论学》的出版才使其在我国学界引起广泛重视，时至今日已经取得众多成果。中国古代舆论作为舆论学研究的重要内容也成果颇丰，但是关于"天意"的研究比较零散。有的研究涉及帝王通过对自身形象的塑造来影响舆论。如骆正林从古代舆论的特征角度出发，在《中国古代社会舆论活动的主要类型和特征》中指出"天神至上"是奴隶社会中上层贵族舆论的最重要特征，帝王借口"超人间力量"成了人间的主宰。赵磊在《舆论制造与古代政权的嬗代》中对先秦到晚清政权嬗变时的舆论活动进行了概括，如陈胜、吴广制造的"篝火狐鸣"，元末明初农民起义军宣传"明王出世"和"弥勒佛下生"也是利用"天意"神化自我的表现。侯东阳《中国古代君主的舆论控制模式》涉及了帝王形象的舆论塑造模式，符命、祥瑞、异相等都是帝王的神圣化形象的舆论塑造模式。也有的研究涉及"天意"与"民意"之间的关系，如刘建明在《中国古代十大舆论定理》将"天听之我民听，天威之我民威"，即"民意"作为"天意"的反映为统治者所重视，作为一条重要的定理加以阐释，但是并没有单独对"天意"在其中的作用进行深入解析。

　　更多的研究从古代舆论传播的形式来说，探讨了古代谣谚的舆论功能与特征。张钰婷在《浅谈时政类谣谚的舆论特性——以两汉时期为例》中以"颍水清，灌氏宁。颍水浊，灌氏族"作为民众借用谣谚表达心声的例子之一。李晓瑞在《政治谣谚：中国古代社会一种重要的舆论形态》中指出谣谚具有"预言暗示，煽动舆论"的功能。除了写实性的谣谚外，也有一些具有神秘色彩的谶语，如元朝末年白莲教刘福通等人利用黄河洪水散布"莫道石人一只眼，挑动黄河天下反"的民谣以及红巾军起义之前广泛流传的"天雨线，民起怨，中原地，事必变"。宋晶欣的硕士论文《中国古代社会谣谚的舆论传播特征》指出了谣谚的预言性，如"井水溢，灭灶烟，灌玉堂，流金门。"而古人认为这种语言性与天文星宿中的荧惑星有必然联系。这些研究均指出古代社会的谣谚具有显著的舆论特征和重要的作用。这些谣谚经常含有"天意"的内容，但却少有学者对二者进行深入剖析。

　　除舆论学外，其他领域有关"天"或"天意"的诸多研究也与古代舆论密切相关。潘祥辉从传播学的角度探讨了"对天发誓"这一本土沟通行为。他在文章中对"天"这一概念进行了探源，说明了"天"在中国人心中至高无上的地位以及"奖善惩恶"的功能等，但其研究从传播学角度探讨"对天发誓"，没有涉及舆论的内容。朱子劼《"奉天承运"的包装术》中认为本土理论在新闻传播理论研究领域对本土资源关注不够。该文章对于"天""天意""天命"等符号的解读从侧面展示了本土文化资源的传播学价值。郑雅君与王杰彦《"奉天承运"中的文化内涵》对"奉天承运"作为中国传统君权的统治合法性的源泉做了探讨。

综上所述，"天意"贯穿于对古代舆论的研究之中。但是关于这种舆论现象的研究却非常零散，缺乏系统性。本文将从舆论学角度，对古代舆论中的"天意"进行探讨。

西方语境中的舆论（public opinion）由"公众"和"意见"两个词构成。1762年卢梭在《社会契约论》中首次将这两个词组合在一起形成一个概念，即"舆论"。[①] 给舆论下定义有许多困难。简单的定义是，舆论是社会中相当数量的人对于一个特定话题所表达的个人观点、态度和信念的集合体。[②]

在中国，"舆论"一词最早的记录，见于《三国志·魏书·王朗传》："设其傲狠，殊无入志，惧彼舆论之未畅者，并怀伊邑。"[③]"舆"指的是车，"舆人"本指造车的工人，后引申为推车的人或抬轿的人，再在词义演化中泛指众人。在一些经典著述中，"舆人"还用来指古代职位低微的吏卒。[④] 因此，"舆论"即"舆人之论"就指的是众人的议论、意见或看法。《晋书·王沉传》："自古贤圣，乐闻诽谤之言，听舆人之论。"中华文明在发展过程中，形成了具有中国特色的舆论环境，在这样的环境下，中国人以自己的视角对公共事务发表看法，影响着中国社会的历史进程。[⑤] 统治者、官吏、百姓都通过各种方式利用舆论，为自身阶层的利益服务。受到原始的宗教崇拜以及宗法制度的影响，中国古代的舆论总是与"天"或"天意"密切相关。"神权"与"王权"的统一使得统治者具有了"天之元子"的特性，掌握舆论的主导权力为统治服务。普通老百姓也利用"天意"来表达对于统治者的赞扬或是反抗统治者的舆论。

① 陈力丹：《舆论学导向》，上海交通大学出版社，2012年，第8页。
② 徐慰增，何得乐，阿去克，夏志厚：《不列颠百科全书（国际中文版）》，北京：中国大百科全书出版社2007年：14卷5—9页。
③ 方汉奇，李矗主编：《中国新闻学之最》，北京：新华出版社，2005年，第4页。
④ 程少华：《中国古代舆论监督历史探源（上）》，《新闻研究导刊》2011年第4期。
⑤ 骆正林：《中国古代社会舆论活动的主要类型和特征》，《洛阳师范学院学报》2008年第4期。

第一节 "天意"何以在舆论中发挥作用

一、"天"与"天意"是什么?

"天,颠也,至高无上,从一大。"所谓"天意",即上天的旨意。"天"在古人心中具有至高无上的地位。商代统治者将天神称为帝,因其高居天上也称为上帝。西周时期统治者用"天"取代"上帝"的观念来维护自己的统治。他们认为,天是至高无上的神,它有思想、有意志、有绝对权威,主宰人间的事务。周王自称代表天统治人间,称自己为"天子"崇拜上帝,是商代思想文化的重要特点。但是有学者认为,在汉武帝之前儒教是只祭上帝而不祭天。[①]董仲舒认为"天"有意志和人格,是世界的绝对统治者。但是汉武帝却将其最高祭祀对象称为"太一",而不是"天",并且直到王莽时代,国家仍把"太一"看作成仙上天的人。冯友兰先生在《中国哲学史》中对"天"进行了以下概括:"曰物质之天,即与地相对之天。曰主宰之天,即所谓皇天上帝,有人格的天、帝。曰运命之天,乃指人生中吾人所无奈何者,如孟子所谓'若夫成功则天也'之天。曰自然之天,乃指自然之运行,如《荀子·天论篇》所说之天是也。曰义理之天,乃谓宇宙之最高原理,如《中庸》所说'天命之为性'之天是也。"[②]汤一介先生将其简化为自然之天和有意志的神灵之天。古人认为"天"有自己的意志,能够奖善罚恶。[③]"顺天意者,兼相爱,交相利,必得赏;反天意者,别相恶,交相贼,必得罚。"(《墨子·天志上》)古人将灾害视为上天惩罚的一种形式,认为"善不妄来,灾不空发"。"天意"涉及世间人事的方方面面,小到个人姻缘,如《红楼梦》第九十回说到"人心天意,他们两个竟是天配的了",大到国家命运,"国家将兴,必有祯祥;国家将亡,必有妖孽"。这种认知经过长期的积淀,成为传统文化的一部分。

"天意"所具有的特性是它在古代舆论中发挥了重要的作用。首先,舆论的主体是广泛存在的群众。无论是君主还是普通民众都不会否认"天"的权威。在古代社会,舆论要想发挥作用必须能够调动足够庞大的群体,因此需要借助被广泛信仰的、有足够号召力和权威性的"天意"。"天意"信仰的广

① 李申:《中国儒教史》上卷,上海人民出版社,1999年,第134页。
② 冯友兰:《中国哲学史(上)》,上海:华东师范大学出版社,2011年,第35页。
③ 潘祥辉:《"对天发誓":一种中国本土沟通行为的传播社会学阐释》,《新闻与传播研究》2016年第5期。

泛符合舆论主体趋向于一致的社会认识，是上层统治者用来引导舆论的不二工具。此外，由于大众传媒在中国古代长期处于缺失状态，主要依赖口语传播，各个群体分散开来，而中国文字又始终是一种难于学习的符号，因此古代舆论传播的形式主要表现在街谈巷说、街谈巷谚、街谈巷议。① 在这种情况下，诉诸"天意"能够一呼百应，获得快速响应。同时，舆论也是公开表达的基本一致的意见和态度，但对于古代普通民众来说公开议论国家或社会事务是有风险的，尤其是在统治者对于舆论采取严格的控制措施下。"天意"也是帝王心目中的绝对权威，具有不可反抗的力量。当民众对事件发表看法与意见时，困惑、不安、慌张、恐惧心理反应混合交织，促使人们采取最安全的策略。而"天意"的绝对权威便符合了这种心理。

二、"天人关系"视角下的舆论表达机制

"天意"的诸多特性都使其能够在舆论中发挥重要作用，但最基础的条件还是"天意"能够被人所感知，与人产生联系。"天意"纵然神秘莫测，但是天与人之间却存在着互动关系，"天人感应"使得人们能够探知"天意"。观星算卦、自然灾异都是获知"天意"的方法。纵然天象等不可改变，但是"天意"最终是由人来解释的，并且需要通过人来干涉人间事务。"天"与"人"的关系是中国古代哲学史上的重要观念。虽然也有"天人相分"的观念，但是从整个历史过程来看，"天人合一"仍是主流。古代以儒家为代表的知识分子处在君主与民众之间，一方面宣扬"天子"受命于天，执行上天的意志以统治天下，从而制约臣民，起着稳定统治结构的作用。

（一）"天"与统治者的关系

中国的君权神授认为皇帝的权力是神给的，具有天然的合理性，皇帝代表神在人间行使权力，管理人民。在最神圣的祭天礼仪中皇帝是唯一的主祭，是唯一能与天沟通的巫师②。据记载，在中国，夏代奴隶主已开始假借宗教迷信进行统治。中国关于"君权神授"的思想最早见于《尚书·召诰》"有夏服（受）天命"。殷商时期奴隶主贵族创造了一种"至上神"的观念，称为"帝"或"上帝"，认为它是上天和人间的最高主宰，又是商王朝的祖宗神，因此老

---

① 阎安：《中国古代舆论政策的范式变迁》，《新闻研究导刊》2011 年第 10 期。
② 薛思孝：《"奉天承运"释》，《科技文萃》2002 年第 4 期。

百姓应该服从商王的统治。西周时用"天"代替了"帝"或"上帝",周王被赋予了"天子"的称呼。周代的铜器"毛公鼎"铭文记载:"丕显文武,皇天宏厌厥德,配我有周,膺受天命",明确地宣传"君权神授"的思想。到了汉代,董仲舒将一思想进一步发展,提出了"天意""天志"的概念,并且提出了"天人相与"的理论。董仲舒学说的突出特征是天人感应论,"天"有神性,人类社会是天意的体现。其目的是为现实政治服务,是论证政治权力的神圣性质。董仲舒主张,在现象世界背后主宰社会的不是人类自己,而是神圣的"天"。但这个政治的最高主宰又不能直接出面指挥社会,唯一的办法是将权力授予现实的人,这个人于是成为君主。①他认为天和人间是相通的,天是有意志的,是最高的人格神,是自然界和人类社会的最高主宰,天按照自己的面目创造了人,人应按天的意志来行动。从"天人相与"的神学目的论出发,董仲舒提出"君权神授"的命题。他认为皇帝是天的儿子,是奉天之命来统治人世的,人民应该绝对服从他们,凡是君主喜欢的事,老百姓应该无条件去做。君权神授的理论,强调君权的天然合理性和神圣不可侵犯性。这种理论在中国产生了深远的影响,历代帝王以至造反的农民领袖,无不假托天命,自称"奉天承运",或者说"替天行道",把自己的活动说成受上天的指使,从而达到神化自己及其活动的目的。

(二)"天意"与民众之间的关系

"民,天之生也,知天,必知民矣。"(《国语·楚语》)民众的疾苦欢乐都可以通达上天,民众的所想所愿也会为上天所感知,并得到上天的回应。因此可以说,民之意也便会成为天之意,民之愿也就变成天之愿。管仲更是直接把民众视为天。《说苑·建本》记载"齐桓公问管仲曰:'王者何贵?'曰:'贵天。'桓公仰而视天。管仲曰:'所谓天者,非苍苍莽莽之天也,君人者以百姓为天。百姓与之则安,辅之则强,非之则危,背之则亡。'"。董仲舒继承了先秦时期一些思想家和政治家利用天命反映民意的传统"凡灾异之本,尽生于国家之失;国家之失乃始萌芽,而天出灾害以谴告之;谴告之而不知变,乃为怪异以惊骇之;惊骇之尚不知畏恐,其殃咎乃至。以此见天意之仁而不欲陷人也"(《春秋繁露》)便强调了"天意"与国泰民安之间的关系。东汉时期的班固认为"天人同心,人心悦则天意解矣"(《汉书。鲍宣传》)。元代的

---

① 崔一心:《董仲舒君权天授说的积极意义》,《管子学刊》2002 年第 1 期。

思想家许衡认为，所谓顺天道，就是要养民爱民。他认为，历史上的"文景之治"是顺天道的典型。[①] 明承接了南宋朱熹的理学传统，但王阳明理学转变为心学，形成"天理在人心"的思想内涵，在关怀社会民生时所运用的思想基础，突然把"天理"转化到"人心"之中。[②] 皇帝拥有至高无上的权力，处于金字塔的顶峰，需要有能在他之上制约他的力量以防止腐败。"天听之我民听，天威之我民威"，天听到的声音就是民众的声音，上天的威严出自民众的威力。这个最重要的舆论定律，是说民为贵，民众的意见重于一切，民众的意志不可抗拒。[③] 因此知识分子对于"天意"与"民意"的建构起着调节社会内部矛盾的作用，也是"天意"能够被舆论主体利用的重要条件。

第二节　"天意"与舆论引导

　　舆论是在特定的时间和空间里，公众对特定的社会公共事务公开表达的、基本一致的意见或态度。一般来说，舆论的形成，有两个相反相成的过程。一是来源于有目的的引导，二是来源于群众自发。舆论引导，是指一定政党、组织、群体、个人针对特定社会舆情，依据一定的社会意识形态来设置议题并进行议题互动，引导公众达成社会共识，目的是使受众转变原有立场、观点和态度。虽然这一概念是马克思主义者，特别是中国共产党人在建设中国特色社会主义的伟大实践中，在具体的舆论实践工作中逐步确立起来的。虽然出于不同的目的，但是"舆论引导"的意识却是自古就有的。

一、君权神授与舆论制高点

　　历朝历代的统治者一方面严格压制不利舆论，另一方面又利用自身特权引导舆论向有利于自身统治的方向发展。统治者利用"天意"以获得舆论引导权，说明统治合法性，维护统治稳定。首先从权力的获得上来看，古代开国皇帝或是想要起义的人士会在行动的前夕散布关于其个人出生、相貌、经历等方面的言论神化自身，或是通过灾害意象说明反抗当前统治的合理性以

---

　　① 张仁玺：《先秦秦汉时期的天、君、民关系》，《山东师范大学报（人文社会科学版）》2001年第5期。
　　② 邹昆如：《明代"天—君—臣—民"之社会哲学思想》，《中山大学学报（社会科学版）》2002年第2期。
　　③ 刘建明：《中国古代舆论十大定律》，《新闻爱好者》2015年第3期。

及"天意"授命于己的必然性。"天子受命于天，诸侯受命于天子，子受命于父，臣妾受命于君，妻受命于夫。"（《春秋繁露·顺命》）古人认为"君权神授"，王朝及天子权力的获得需要秉承上天的旨意。尤其在政权更替时期，谋权者需要利用"天意"证明自己权力获得的合法性，从而获得舆论的支持。但是，这种天命又不是一成不变的，而是可以转移的。当统治者荒淫无度时，上天就会另选有德之人代替他。这为一些起义人士展开舆论引导提供了基础。汉高祖刘邦曾通过"天意"神化自身形象，使民众相信自己得以登上帝王之位的必然性。"母媪，尝息大泽之陂，梦与神遇。是时雷电晦冥，父太公往视，则见交龙于上，已而有娠，遂产高祖。"[①]明太祖高皇帝朱元璋的出生与相貌至今还为人们津津乐道。《明史》记载朱元璋"资貌奇伟，奇骨冠顶"，异于常人。他出生时，满屋有红光，从此晚上经常有光升起，邻居看见以为是失火，总是跑去救，但到他家时则什么都没有。[②]《史记》的《陈涉世家》中记载陈胜吴广在起义之前曾"鱼腹藏书""篝火狐鸣"，制造"天意"假象，大造舆论，让当时的士兵与民众相信"大楚兴，陈胜王"。这种做法一方面使人民相信自己成为帝王是"天意"所归，从而大造舆论之势，获得人民支持的同时给对手以威慑。另一方面，也告知民众获得权力的都不是"凡人"，并不是任何人都能够胜任，为新政权的稳定打下基础。

二、以天象示天意的舆论表达

在政局稳定的统治时期，统治者也需要证明自己的一切措施都顺成了"天意"，是"天意"的传达者。"天垂象，圣人象之"，这主要建立在统治阶级对探知"天意"方法的垄断上。如果有人利用观测到的天象妄做评论，尤其是做出对统治不利的评论时，一旦形成舆论将给统治带来极大威胁。这是统治者最害怕的，也是重点打击的对象。中国古代国家官僚机构都设有专司天学的官署，并设置有天文、历法、漏刻等分支机构，主要负责观象制历报时等方面的事务[③]，因此成为"天子"代表"天意"的代言人。历代都设有天文方面的官职，但机构和官职名称有所不同。秦代官职名为太史令；西汉称太史公，太史令；唐代设太史局，浑天监，浑仪监，司天台监；宋代设司天监、太史局令；明代和清代设钦天监（《天学志》）。在机构内部也有不同等级的

---

① 班固：《汉书》卷一《高帝纪第一上》，北京：中华书局，1962 年，第 1 页。

② 夏维中，吴恬：《关于朱元璋出生前后的"圣瑞"问题》，《安徽史学》2010 年第 2 期。

③ 史玉民，魏则云：《中国古代天学机构沿革考略》，《安徽史学》2000 年第 4 期。

官职设置，各级官员必须严格遵守规定，不得越权，否则会受到严厉的惩罚。"太史令观察天文，稽定历数。凡日月星辰之变，风云令色之异，卒其属而占候焉。其属有司历，灵台郎，挈壶正。凡玄象器物，天文图书，苟非所任，不得与焉。观生不得读占书，所见征详灾异，密封闻奏，漏泄有刑。"（《唐六典》卷十）在控制探知"天意"的同时，统治者还禁止民间私习天文，从而达到绝对垄断。"禁星气，谶纬之学。"（《晋书·武帝纪》）法律禁止私习天文始于西晋。所谓"私习天文"一是指学习观测天文和按照天象预测吉凶的方法；二是指收藏天文图书和观测天文的仪器。自西晋后，历代统治者延续了这一做法，并且进一步对禁止藏匿的书籍和用以观测天文的器物的范围都做了具体规定，直到唐朝时期达到顶峰。"诸玄象器物，天文图书，谶书，兵书，七曜历，太一，雷公式，私家不得有，违者徒二年。若将传用，言涉不顺者，自从造妖言之法。私习天文者，谓非自有图书，转相习学者，亦得二年徒坐。纬，侯及谶者，五经纬，尚书中侯，论语谶，并不在禁限。"（《唐律疏议》卷九"私习天文"）唐律在此后历代中也得到继承与发展。

三、以自我警示来把控舆论、收买人心

古代统治者把祸从天降的不详之事归结到天意惩戒上。虽然对探知"天意"的方法采取了严格控制，但是自然灾害同样作为"天意"的显示是无法隐藏的。对于由此引发的舆论，统治者即使无法控制也要表现出诚恳的样子，查找自身问题，或是祭祀祈求谅解，颁发"罪己诏"是经常采用的方法之一。罪己诏是古代帝王反省罪己的御用文书，直接原因是政事。其历史可以追溯到禹、汤时期，一直延续到清代，目的是消除民怨，笼络民心，具有很大的欺骗性。此外，这种舆论一般也反映了当时的现状和臣民的心声，任其发展会对统治带来不利。通过这种方式进行澄清有利于引导舆论向同情统治者的方向发展。在历代皇帝中，罪己次数最多的要算是清世祖顺治皇帝。这位少年天子亲政后，自然灾害很多，"水旱累见，地震屡闻"，"冬雷春雪，陨石雨土"。他把这一切自然现象都归罪于自己的"不德"，上干天咎，所以，不断自我反省，屡屡下诏罪己。①

---

① 倪道善：《略议古代帝王的＜罪己诏＞》，《档案学通讯》2004年第2期。

第三节 "天意"与舆论反抗

"防民之口，甚于防川"，统治者一方面利用自身特权引导舆论向有利于自身统治的方向发展，另一方面又严格压制不利舆论，并采取了严格的控制措施。但是"舆论不是一种有组织的精神形态，自发性是它的另一特点"①。虽然处在严格的控制之下，中国古代普通民众依然会利用"舆诵"、童谣、民谚等形式，表达对统治者的控诉与要求，从而起到反抗与舆论监督的作用。

一、社会不满的天意媒介

舆论监督，广义地理解，是指公民通过一定的组织形式和传播媒介，目的是对国家和社会事务进行评议、批评和制约。目前国际学术界对"舆论监督"还没有形成一个公认的权威定义，但是，舆论监督以"舆论"为内容，以"监督"为目的，其行为本身与中华民族源远流长的历史相生相伴。对于古代民众而言，通过舆论表达对统治者的意见。这种表达总是与"天意"密切相关，最常见的便是利用灾异现象。

灾异是古人对自然界和社会异常现象的统称，这些现象在后世看来或许只是反映了一种变化，并无其他深意，但当人们将灾异与社会状况直接对应起来之后（事应），灾异就成为"天意"的反映，且具有了预示现实的功能。②以地震为例，古代的主流观点认为，地震是阴阳失衡所致，是上天对人类的警告，与人类尤其是帝王的不作为有直接的关系。《史记·周本纪》记载，周幽王二年，陕西岐山发生地震。当时的太史伯阳甫认为这是周朝即将灭亡的迹象。"周将亡矣。夫天地之气，不失其序；若过其序，民乱之也。"《汉书·杜钦传》中，汉成帝时议郎杜钦也曾对此发表见解。"臣闻日蚀、地震，阳微阴盛也。臣者，君之阴也；子者，父之阴也；妻者，夫之阴也。"汉成帝刘骜是历史上著名的好色皇帝。杜钦认为，"其夜殿中地震，此必适妾将有争宠相害而为患者。"宫中夜里发生地震，必是宫中嫔妃争宠，互相嫉妒、陷害，把后宫弄得乱糟糟而造成的灾难。除了皇帝的原因，古人还认为，地震的发生与"奸臣当道"有关。明朝有名的大奸臣严嵩权倾朝野期间发生过一

---

① 陈力丹：《马克思恩格斯论舆论的力量和对舆论的控制》，《新闻与传播研究》1991年第3期。
② 张兆裕：《天意流行：明亡原因的另类解读——以明清之际野史笔记中的灾异记录为考察对象》，《明史研究论丛》2014年第2期。

场大地震，人们便把责任归结到他身上。《明史·杨继盛传》记载，杨继盛曾上书当时的嘉靖皇帝称："今外贼惟俺答，内贼惟严嵩，未有内贼不去，而可除外贼者。去年春雷久不声，占曰：大臣专政。冬日下有赤色，占曰：下有叛臣。又四方地震，日月交食。臣以为灾皆嵩致，请以嵩十大罪为陛下陈之。"

古代统治者至高无上的绝对权威使得人们在表达不满时有所忌惮。而通过"天"或"天意"这一君民心目中的共同权威之口，一定程度上才能够规避政治风险。

二、农民起义的舆论制造

长久以来，舆论被认为是政治变化的先兆和晴雨表，可预测社会动荡、政权的更迭。它虽然不是历史演进的根本力量，但却在古代历朝兴废的更替中也发挥了重要作用。在封建王权统治下，地主阶级对农民的残酷压榨是，二者之间不可调和的矛盾使得农民起义频发。"天意"的权威性、神秘性等特征也是其成为古代起义者制造舆论、颠覆社会的重要工具。

先秦时期最为著名的陈胜、吴广起义之前制造了"篝火狐鸣""鱼腹藏书"的舆论，让戍卒相信"大楚兴，陈胜王"的必然趋势，于是揭竿而起。如果起义毫无理由，那么就是篡逆，即使将来得天下也不会被人民所拥戴。陈胜的这一举动意在说明自身举事是受上天之意，从而巩固在士卒心中的地位，也赢得政治上的优势地位，获得法理上的认可。除此之外，东汉末年黄巾起义领袖张角打出"苍天已死，黄天当立，岁在甲子，天下大吉"也有这一原因。无数农民看到前途的光明，投身到他的麾下，壮大了起义军的力量。元朝末年韩山童、刘福通领导的农民起义军则宣传"明王出世"和"弥勒佛下生"同样借助了"天"的力量。

古代中国科学不发达，教育不普及，迷信的土壤深厚，从君主到下层民众大多相信"天意"，具有广泛的群众基础。农民起义诉诸"天意"属于在当时的环境下的本能反应，但却体现了古人的对于舆论制造方法的探索。

结　语

通过对古人运用"天意"来确立舆论权威的初步分析，可以发现"天意"在古代舆论活动中的重要作用。统治者利用它引导舆论服务于自身的统治，民众利用它来进行舆论监督，表达不满，甚至为武力上的反抗做准备。但是作为特定历史条件下的产物，利用"天意"进行舆论权威的塑造具有浓厚的封建迷信色彩。时至今日仍有人利用这种手段制造舆论，企图蛊惑人心，这也是我们在科学社会中应当警惕的。

（杜璇 谢清果）

第十三章　顺应民心：华夏舆论与民主结伴而行

中国古代制度虽为君主制，但蛮横专制、欺压百姓的君主自古以来都无法稳坐江山，因此本章探讨的古代"舆论"一词的出现和民主的体现，对于历代贤君统治天下，使国家兴盛有着重要作用。本章中所指的"民主"与现当代意义的有所不同，只要在古代能对君主权力起到制约作用的行为都能视为民主的表现。本章通过对"舆论"的发展以及舆论的传播途径和舆论环境塑造几个方面得出舆论与民主之间相互依存的关系，动摇了很多人一直认为的"中国古代没有民主"的看法，古代民主也许体现在很多方面，本章列举出的是稍早并且典型的例子。

第一节　华夏舆论与民主

一、"舆论"在中国社会情境

"舆论"这个词，在公元 502 年，《梁书·武帝纪》记载的这篇表文里面有几句说："故前代选官，皆立选簿，应在贯鱼，自有铨次。胄籍升降，行能臧否，或素定怀抱，或得之舆论，故得简通宾客，无事扫门。"表文中的这几句，意思是说，选官要按规矩，对人员的家世、出身、才能、品行、升官或降职，可用或不可用，要么平素已经心中有数，要么从舆论中得到了对其人的评议。这样就免得想做官的人托人上门求情，难得扫门应付。这大概是现存中国古籍中"舆论"一词最早出现的一例，所以"舆论"最早应该是出现于南北朝时期。

"舆论"在字书上的解释为"众论"，可见当时的"舆论"一词已经和现代用法差不多。但是为何不直接称其为"众论"而用"舆论"来代替呢？也许这个"舆"代表着某一类社会群体。可以从《晋书·王沈传》中得到解释。

《晋书·王沈传》记载王沈在做尚书的时候，出监豫州军事并任豫州刺史。到任后，他贴出了一张告示："自古贤圣，乐闻诽谤之言，听舆人之论，刍荛有可录之事，负薪有廊庙之语故也。自至镇日，未闻逆耳之言，岂未明虚心，故令言者有疑。其宣下属城民士庶，若能举遗逸于林薮，黜奸佞于州国，陈长吏之可否，说百姓之所患，兴利除害，损益昭然者，给谷五百斛。若达一至之言，说刺史得失，朝政宽猛，令刚柔得适者，给谷千斛。谓余不信，明如皎日。"这告示来征求政治改革的意见。告示上写希望听到"逆耳之言"，并且无论是推荐贤才、检举坏人或评论长官与朝政的得失，都可以得到奖赏。这在古代的专治下并且又是封建社会当中，还没有这样的先例。这告示里面说"自古圣贤，乐闻诽谤之言，听舆人之论"，就很清楚地说明了，所谓"舆论"，原本是指"舆人之论"。而且，他把"舆人之论"与"诽谤之言"连类对举，似乎很容易使人想到所谓"舆论"，大概是和"诽谤"同一类的东西。而在古汉语中"诽谤"并无贬黜之意，而是从旁指责过失的意思。"谤"这个字，从言从旁，含有在旁边说话的意思。《康熙字典》引《玉篇》的解释是："诽也，对他人道其恶也。"可见，"诽""谤"是同义词，原意只是指向旁人诉说对他人的怨恶，本来不含贬义。《史记》中"腹诽而心谤"也是这个意思。

这里的"舆人"大概就是指代社会阶层低下的平民百姓。据《考工记》上说："攻木之工凡七"，"其一曰舆人，主作车床者也"。车床也就是"舆"，指车上坐人的那个像轿子样的木板车厢。后来，轿子之所以叫"肩舆"，"轿夫"叫"舆夫"，大概就因为轿子是从"舆车"演变而来的。照《考工记》的说法，"舆人"就是做"舆"的木匠。但据《左传·昭公四年》申丰对季武子讲藏冰的那一段"舆人纳之，隶人藏之"之句所注："舆隶皆贱官"，则似乎"舆人"并非专指木匠，也指做藏冰之类苦活的"贱官"。《左传·昭公七年》中还有一段关于"人有十等"的说辞，说："王臣公，公臣大夫，大夫臣士，士臣皂，皂臣舆，舆臣隶，隶臣僚，僚臣仆，仆臣台。"在这"十等"人中，自"士"以下的那几等人，大概都是"劳力者"。皂是管事小官（账房），舆是随从小吏（车夫），隶是吏卒（保安、警卫等），僚是公役（听差等外勤），仆是家奴（厨师、花匠等内勤），台是力夫（苦力，干粗活的），都是一级管一级的吧。其中的"舆人"，只不过是比隶卒仆役地位略高的人，他的特殊地位，可能只是由于他跟随在主人身边，偶然有机会向主人说话，他的话是可以施加影响的，可以叫作"舆人之论"，也许就成了"舆论"一词的起源吧。其他地位的人群则可以理解为"人微言轻"了。

二、我国古代的民主思想

（一）民主定义

这里所提及的"中国古代"，是指近代 1840 年鸦片战争以前直到夏商周奴隶制国家产生的这段历史。本文所说的"民主"，并非指完整形态的民主制度，而是指政治实践上的一些民主性因素。民主是与个人专断、个人集权、个人至高无上相对立的，它是对个人独裁统治方式的否定和限制，从这个意义上说，对君权的限制即意味着民主的成分。对古代的政治实践和政治思想来说，只要体现了对君权的限制、体现了扩大民众的政治参与、体现了自由平等思想和有助于保护民众的基本权利的实现，就均可视为民主性的因素。

由此言之，以"主权属于国民"这种民主观相要求，中国古代确实没有出现过多数人统治国家的形式，没有出现过任何一种类型的完整的民主制度，从整体上来说只有君权至上日益强化的君主专治政体和反民主倾向。但是，在专治主义政治的范围内，在政治实践和社会政治思想的某些方面，又确实存在着对君权的制约和限制，扩大民众（当然是一定阶级的民众）政治参与、保证民众基本权利不受侵犯、追求自由平等的因素，这就是所说的"民主"或民主性因素。

（二）民主思想的体现

中国古代社会是高度民主的，关于这一点，我国学者谢晖是这样说的："如果从中外文化对比的角度看，古代中国的政治文化，和同时代任何国家相比，都更具有平民性，且不说'民贵君轻'和'民水君舟'的政治主张，即使从政治实践看，这种平民化的特色也远甚于同时代的其他国家。早在秦朝，农民起义的领袖们就提出了'王侯将相，宁有种乎'的质疑，毫无疑问，这是一个明显具有平民主义色彩的质疑，而自隋唐以来，通行的科举制度除了皇帝之外，其他官位任何平民通过自己努力都可以达到。这种平民化的举官方式，像中国古代的科技文化一样深深地吸引了远在亚欧大陆另一端的'洋'人，成为他们对其政治进行平民化改造的基本工具。直到今天，西方学者对其文官制度中的中国因素仍深怀谢意。"我想，这里的平民性是否也可同时理解为"民主化"。

中华民族是具有悠久历史的文明古国，从传说中的皇帝至今有五千多年的历史。我国古代传说中流传最广的是"禅让制"和"大禹治水"的故事。这两则故事被广为流传的最主要原因就是其体现了民主思想，是民心所向。

"禅让制"是说尧、舜、禹时，尧不把帝位传给自己的儿子，而是由诸侯推举贤人，经过考察，确认舜德才兼备，就把帝位让给舜，舜也用同样的办法把帝位让给禹。这是原始社会军事民主制的遗风。"禅让"的传说在我国古代产生了深远的影响。后人借孔子之口评论说："大道之行也，天下为公，选贤与能，讲信修睦……是谓大同。""大同"社会是我国古人追求的理想社会。"选贤与能，讲信修睦"是说社会选拔贤能的人参与国家统治和管理，提倡诚实信用，和谐融洽的人际关系准则，建立"人不独亲其亲，不独子其子"的理想社会，"天下为公"是民主时代的政治道德准则，"选贤与能"是民主制度的重要功能。我国是世界历史上最早提出并实践民主选拔人才管理国家事务的国家。

"大禹治水"的传说是说："当帝尧之时，洪水滔天……尧求能治水者，群臣四岳皆曰鲧可。"鲧治水用筑坝堵截的方法，阻挡洪水，"九年而水不息，功用不成，舜行视鲧之治水无状，乃殛鲧于羽山以死"。禹治水改用挖河疏导，泄水入海的办法，"劳身焦思，居外十三年，过家门不敢入……告成功于天下。天下于是太平治"。"大禹治水"在我国历史上产生广泛而深远的影响，是人类依靠自身力量战胜自然灾害的伟大实践。但是，"大禹治水"的传说在史书上大书特书，恐怕主要是因为它体现了治民如治水，疏导胜于堵截的政治思想。疏导就是公民享有言论自由，可以自由发表自己的意见和建议，这是民主作风，堵截就是钳制舆论自由。

第二节　华夏民主的舆论表达路径

社会的民主往往体现在政权对舆论的处理态度与方式。中国古代社会并不是一般意义上的专制政权，而是往往统摄着民主的因子。而且表现形式多样。

一、进谏与纳谏

从决策上看，历代开明的统治者都注重决策前的集思广益和决策后的反馈，这在某种程度上弥补了君主个人智慧的不足，有利于形成正确的决策和纠正过失，扩大了本阶级成员的政治参与。

中国夏、商、周三代即有师保辅弼之类的顾问官员或谋士。这些为王者师的人权力很大，除备咨询还可规谏，史官有时也作咨询之用，此后各代由此逐步发展出不同类型的顾问咨询机构和制度、朝议和规谏制度。进谏与纳谏更能体现官方舆论的自我塑造。

《明史》卷二一五《骆问礼传》：穆宗时上疏说："陛下躬揽万机，宜酌用群言，不执己见，使可否予夺，皆合天道，则有独断之美，无自用之失。"这段话准确地反映了明代，也是战国以来封建政治家、思想家的一个理想境界：使君主行使至高无上权力，成为广泛吸取群臣意见基础上的"独断"，成为"皆合天道"，即完全符合整个封建统治利益的"独断"，实际上也就成为限制了自己独断专行（"不执己见""无自用之失"）的"独断"。

二、改进监察制度，多人进行决策

所谓决策的一定程序，主要是指决策的辩驳程序，这个程序的形式和执行情况历代有所不同。以唐朝的三省六部制度为例，中书省取旨拟定诏敕策命，皇帝画一"敕"字，然后下达门下省，门下省作驳正，门下省认为可行，审后就送到尚书省执行，认为不妥则可返回中书省重议，这样做，为的是"相防过误"。此外，唐代"凡军国大事，则中书舍人各执所见，杂署其名，谓之五花判事。中书侍郎。中书令省审之，给事中，黄门侍郎驳正。上始审明旧制，由是鲜有败事。"（《资治通鉴》193卷，唐纪·太宗贞观三年）在司法领域，同样要贯彻"兼听"的原则。在古代的司法实践中，皇帝虽然是法律的化身，有断狱决疑的至上权，也有一些对皇权制约的因素，历代都提倡"明法""壹刑"，即法令要使人人皆知，赏罚皆依统一的标准，用刑要慎重，皇帝亲自断狱要"复奏"，即断狱要反复听取下属意见。唐代司法制度规定，死刑须经皇帝批准方可处决，并规定京师地区死刑案件要"五复奏"地方死刑案件要"三复奏"。

三、体察民情，直接对话

古代统治者了解社情民意的方法很多，诸如：古代君臣的"微服私防"，设置"谏鼓谤木"，重视"乡议"，奖励"进谏"，派人巡视采风。比起西方的代议制民主，中国古代的这种"民主"更有其直接性、公开性、普遍性的特点，我们从史书上不止一次看到臣下乃至普通百姓直接向最高统治者上书言事的事例。如唐太宗纳魏征谏言，开创了贞观之治；吴王阖闾采纳了孙武军事上弱楚疲楚的建议，使楚军疲于奔命，为日后阖闾破楚入郢奠定了基础；越王勾践在走投无路之时采纳范蠡、文种之建议，卧薪尝胆二十年，最终灭亡吴国；秦穆公采纳戎人由余的建议，拓地千里，攻灭了西戎十二个小国，在西戎之中称霸；燕昭王在初即位时采纳了他老师郭隗的建议，礼贤下士，重金招纳四方贤士，结果使燕国强盛起来，最后在乐毅带领下几乎灭亡齐国，使燕国国势达到顶峰……

四、科举选人

科举制度是中国古代引进竞争机制选拔人才的最初尝试，它使人才的考核和选拔有了一个量化标准和客观依据，对于破除人身依附关系和打破门阀世族垄断政治，扩大本阶级成员对政治的参与具有一定的进步作用。科举考试中的策论也能看作舆论的传播途径之一，考生将民声通过策论的上呈给君主查阅。而科举考试中脱颖而出的人才可能成为君主政策的传播者。

第三节 华夏舆论与民主制度的建构与维护

一、舆论促使制度完善

百姓能够通过进谏或者各种渠道上书反映社会现象，诗词的传诵有时也揭露了社会乱象，统治者在舆论的压力下不断完善朝中规章制度。从监督制约机制上来看，几乎历代都建立了一套完整的监察机构和制度，它对于制止不法官吏的贪暴、缓和阶级矛盾、稳定统治秩序，起了一定的作用，也有利于保护广大人民生产生活的正常进行。

中国古代皇帝就是通过不断地分权或集权牢牢地控制决策权，削弱行政执行机关的行政权。秦汉时期丞相、太尉、御史三府是中央的行政中枢机关，其长官丞相、太尉、御史大夫也是必然的宰相，有较大的人事、司法、财经等行政决策权，但三府虽然共同决策，然而也有明确的分工，就是丞相府负责民政，贯彻执行决策的政令，御史府是中央最高监察机关，是副丞相，它负责受理四方文书，制作诏令，发布诏令和监察百官，太尉负责军政。实际上御史府是对以丞相为首的行政执行机关进行监督。但御史大夫作为副丞相对丞相权力的制约是有限的。因此，自汉武帝开始，隶属于少府的尚书，作为皇帝的秘书班子，逐渐侵夺了丞相、御史的决策权，最后发展为尚书台机构，其长官尚书令负责各类文书的上传下达，"下笔为诏策，出言为诏命"，监督三府的行政决策和行政执行，还有弹劾三公之权。但尚书台分曹办公，逐渐从宫内走向宫外，向行政执行机关转化。皇帝为分割尚书省的行政权力，自东汉始隶属少府的侍中寺，其长官侍中对尚书台处理的章奏文书和草拟诏书进行监督，称为"省尚书事"或"受尚书事"。到隋唐时期形成了尚书省、中书省、门下省共同决策的中枢体制。尚书省是全国的政务中枢，是全国政令执行机关，下分吏、户、礼、兵、刑、工六部处理全国的政务，"天下纲维，百司所禀"。中书省是政令制订机关，门下省是政令审查机关，形成了政令制订、政令审查、政令执行三权分立的决策中枢机制。三省的长官尚书令、中书令、侍中一般是当然的宰相，皇帝还可以挑选他官担任宰相，由固定的宰相发展为随机的集体宰相制，参加行政决策，设立了政事堂作为宰相办公的地方。中书省和门下省实际上是对宰相的决策进行监督。皇帝为了控制宰相的决策权，单靠中书门下决策中枢的制约还是不够的，因而到了唐朝后期，皇帝的顾问秘书机构翰林院中的翰林学士侵夺了中书省制令的权力，负责草拟批答和撰写诏敕。宋朝中书门下由宰相联合决策的机构而独立成为行政机构，同时参与决策，设置的中书舍人仍草制令，是全国的行政中枢。其长官"中书门下平章事"行宰相事，设参知政事为副宰相，宰相的军政权分割给了枢密院，长官为枢密使，为副宰相，宰相办公机构政事堂由中书或门下转到禁中，加强了皇帝对宰相决策权的控制。[①]

二、舆论环境的塑造

中国古代文人墨士曾经提出过不少政治思想上的内容，都与重视民众有关，反对君主专横，表达民众追求自由平等的思想，这些文人对于舆论环境的塑造起了极大的作用。

（一）重民轻君思想。战国时孟轲就提出过君轻民贵的思想，认为"民为贵，社稷次之，君为轻"。以孟子为代表的民本思想，民是基础，是根本，民比君更加重要。孟子承继了先贤的"重民"思想，但又有所发挥和发展，形成了自己丰富的民本思想理论。他认为民众是国家或社会的根本，在社会的政治生活中最重要的是民众，民众是国家、诸侯、天子存亡的最根本的因素，

---

① 韩俊远，刘太祥：《中国古代行政权力的制约与监督机制》，《南都学坛：南阳师范学院人文社会科学学报》2004 年第 3 期。

统治者要重视民众的利益和作用，尊重民众的意志和人格，才能为民心所向、天下太平，从而达到治国安邦的目的，否则就会自取灭亡。《荀子·王制》曰："马骇舆，则君子不安舆；庶人骇政，则君子不安位。马骇舆则莫若静之，庶人骇政则莫若惠之……庶人安政，然后君子安位。《传》曰：'君者舟也，庶人者水也。水则载舟，水则覆舟。'此之谓也。故君人者欲安则莫若平政爱民矣。"《荀子·哀公》曰："鲁哀公问于孔子曰：'寡人生于深宫之中，长于妇人之手，寡人……未尝知危也。'孔子曰：'……且丘闻之：君者舟也，庶人者水也。水则载舟，水则覆舟。君以此思危，则危将焉而不至矣。'"从"庶人骇政"和"以此思危"可以看出，荀子和孔子显然在教育君主，要察知政治现实中的潜在危险。这种危险当然来自民众，因为民众存在着"骇舆"和"覆舟"的可能。为什么会有这种可能？正如《尚书·大禹谟》所谓"人心惟危"，"可畏非民"，"民性"就像水的特性，无常无厌、不可捉摸，随时会掀起波涛。在"平政爱民"的显白说辞背后隐藏的教诲是，君主必须了解民众的秉性，对人世生活的品质有所洞察，以道义和礼法来安顿叵测的民心。

（二）春秋时代墨家学派就提出了"兼爱"、"非攻"和不分等级高下尚贤使能的思想，代表了下层群众的呼声。爱人者，人必从而爱之。利人者，人必从而利之。恶人者，人必从而恶之。害人者，人必从而害之。墨子的这个思想对于君主来说是治国的良方。虽然说墨子"兼爱"的主张企图使统治者与被统治者之间相安无事，和平共处，尽量做到"强不劫弱，众不暴寡，诈不谋愚，贵不傲贱"，可是按照墨子的办法，上下贵贱之分和旧秩序是实际存在而不能改变的。[①] 不过这也体现原始自由平等的"社会大同"思想。

（三）反对禁欲主义的人性论思想。明清之际中国封建社会开始走向没落，资本主义生产方式开始萌芽。李贽提出"童心"说肯定了人的欲望的合理性。李宗吾的《厚黑学》也反映出对社会关系中实际存在的博弈的肯定，等等。

三、舆论与民主

民主的重要保障是舆论自由。在我国古代，老百姓若能自由发表言论而不受欺压，君主能够知晓民意，这就是当时百姓所求的民主。孔子说过"天下有道，则庶人不议"。"议"指抱怨、批评。意思是说一个国家如果政治清明，道德淳朴，生活富足，那么老百姓就不会抱怨、批评政府。

---

① 任继愈：《墨子与墨家》，北京：商务印书馆，1998年，第32页。

舆论自由是民主的体现。如"子产不毁乡校"的故事："郑人游于乡校，以论执政。然明谓子产曰：'毁乡校如何？'子产曰：'何为？夫人朝夕退而游焉，以议政之善否；其所善者，吾则行之，其所恶者，吾则改之，是吾师也，若之何毁之？我闻忠善以损怨，不闻作威以防怨。岂不遽止？然犹防川，大决所犯，伤人必多，吾不克救也；不如小决使导，吾闻而药之也。"① 对于乡人聚会议政的乡校，然明主张毁掉，子产不同意，他说，"其所善者，吾则行之，其所恶者，吾则改之，是吾师也。"用今天的话来说，子产把乡校作为获取群众议论政事的反馈信息的场所，而且注意根据来自公众的意见，调整自己的政策和行为。子产执政后，重视听取百姓的议论，还把刑书铸在鼎上公告于世，努力疏通统治者与被统治者之间的关系，颇得百姓的爱戴，从而使郑国强盛起来。故事说明了只有努力改善政治作风，一心一意为人民谋福利，才能减少抱怨和批评；作威作福，极力压制，不是对待批评的正确态度。不毁乡校是保障舆论自由的民主作风的体现。

结　语

中国古代虽然是君主制国家，也改朝换代数千载，但民主却是每位君主不约而同会遵循的原则，不管是舆论环境的塑造还是官方形象的自我塑造，古代贤王都尊重民主治国，愿意倾听民意来改善国家和百姓的生活，使国富家强。综上所述的民主体现及舆论表达终归是缺一不可的，尽管古代的民主和现代有差别，但是无论是古代还是近现代、西方还是东方，无论是舆论自由体现了民主因素还是民主代表着舆论自由，民主和舆论都是密不可分、缺一不可的。本章对于民主的体现仅仅停留在典型的故事上，古代民主可以体现在方方面面，值得进一步挖掘。

（杨京儒　谢清果）

---

① 左丘明撰，冀昀主编：《左传·襄公三十一年》，北京：线装书局，2007年。

第十四章 言罪之辨：华夏舆论的法制纠葛

法制与舆论是两种特殊形态的社会实践，彼此之间的关系非常密切。舆论通过传媒对于法制活动开展监督活动，已经成为司法体系外部监督的常规模式。但是二者社会功能与性质、特点等存在差异，其矛盾冲突越来越显著。很多分析研究舆论与法制的关系，如何协调二者关系问题上见仁见智。本章将从自己的视角，分析运力与法制出现冲突的因素，以便于得到更为合理、科学以及契合实际的做法，使得法制在接收舆论监督的同时还可以保证自身的独立性。

舆，众人的，舆论最早出现在《三国志·王朗传》，词源在先秦。《辞海》对于舆论的解释为众人议论，现多指群众言论。很多研究文献对于舆论解释不尽相同，不过其含有的共同特征为：首先舆论是公众意见而不是某一个或几个人的看法；其次舆论是对于某些特定事件发表的看法，对于没有争议的共识，不会成为舆论；再次，舆论的形成是由于某一方面的公共社会利益；最后舆论含有某种实际的力量①。舆论除了含有社会监督的性质之外，还具有及时性、群体性以及公开性等独特的优势，同时自身也存在一定的局限性。比如舆论主体非职业化、非专业化导致其在遇到专业问题时缺乏准确的判别，有些舆论本身就含有不确定性与不准确性。具体到舆论对于法制的监督，按有的基本特征如下：首先舆论的出发点与基本视角并不是完全出于法律；其次从内在动因角度分析，舆论并不是基于制度化的强制性，也是追寻自我目标的产物；舆论对法制活动的监督并不全面，不能完全真实地反应法制活动全貌②；最后舆论的作用方式独特，其不会产生直接的法律后果，但是会影响法制进程与司法行为③。

---

① 李铮：《论法制新闻的舆论监督》，《四川警官高等专科学校学报》2006 年第 4 期。

② 罗以澄，吴玉兰：《我国新闻舆论监督与法制建设的互动关系》，《当代传播》2006 年第 5 期。

③ 于欣：《新闻舆论监督与法制建设析论》，《中国水运（学术版）》，2006 年第 7 期。

第一节　华夏舆论传播的演变与主要模式

一、传统社会舆论传播的演变

在我国的春秋时期，社会诸侯的多元割据造就了比较宽松的舆论语境。这个时候，国人在政治生活中占据十分重要的地位，很像希腊罗马城邦中的自由民议论，相对表现出古代社会的民主主义。同时这一时期的百家争鸣不仅仅是上层社会之间的多元舆论生态，也在一定程度上奠定了舆论传播的理论基础①。

秦朝建立了御史监察制度与谏议大夫等相关的与舆论匹配的制度，是保留了自身统治需要的舆论传播渠道。汉代则是比较好地继承与发扬了这项制度，虽然说汉代的中央集权进一步加强，但是其谏净氛围也是在统治者的政治制度之下呈现出别样的风采，也就是"承六国之例，设谏议之官及博士"；二是"常不定期地举召直言进谏之人"，为此营造出了比较好的舆论环境，同时使得汉代的知识分子可以比较好地自由开展政治批评。

魏晋时期，我国社会格局相对动荡，受制于庞大的士族势力，君权受到了一定的遏制。由于这一时期政治权力结构比较松散，民间舆论得到较好的发展，大多数人通过放荡不羁的生活方式，表达出对于时局的厌恶态度以及对于政治高压的消极抵抗意识。

伴随着科举制度的建立，知识分子这样的社会舆论主体被进一步纳入政治体系，同时三省六部的模式也使得社会舆论监督机制逐渐完善。到唐代御史台的建立，标志着政府内部已经形成了比较严密的监察系统。同时社会舆论的双轨制也是在民间流行，民间舆论诉求与官方舆论的监督伴随着朝代的稳定变化，处于互相博弈的状态②。

到了宋代，随着传播媒介的进一步发展，出现了判报、小报以及榜文等，这些媒介承载的消息虽然是官方主导，但新闻泄露与私人刻报事件时有发生，客观上促进了整体舆论环境的多元化。此一时期，随封建经济之发展，民间舆论也迎来新的转机。在官方层面，宋廷有尊重文人、不杀大臣之意识，这

---

① 王海，何洪亮：《中国古代舆情的历史考察——从林语堂＜中国新闻舆论史＞说起》，《湖北社会科学》2007 年第 2 期。

② 李晓瑞：《政治谣谚：中国古代社会一种重要的舆论形态》，《新闻爱好者》2007 年第 2 期。

为知识分子争取言论自由、开展舆论传播创造了有利条件①。

在明代，儒学开始演变为某种公共服务模式的职业认同，尤其是忠诚成为超越其他指标的最高信仰。精英阶层与接纳它的政权组织之间，存在脆弱的政治承诺或情感依附。在文化精英与国家机器之间的此种微妙联系，使得知识分子的舆论变得谨小慎微。清代集权专制继续深入，其中央机构大都承袭明制，只是根据自身具体情况略加损益。在舆论控制上，清廷出台了一系列社会保密政策，民众难以接触消息源，舆论表达自然更无从谈起。

二、华夏舆论传播的主要表现模式

言谏制度，中国关于谏言的传播艺术具有比较久的历史。"谏"一开始便有指正过失之意，其中尤以君主尊长为对象。言谏作为一种合法的舆论模式，在专制时代发挥了巨大的监督力量。同时，在言谏制度下还是具有诸多丰富多彩的变化，比如讽谏，很多通过文学性书写模式出现，既是个体说服技能的体现，同时又代表了某种社会阶段的发生，某种文化习性的渲染。又比如官方所塑造的君臣集中讨论的朝议制度，但是总的来说，其还是统治者自上而下建立的社会安全阀，受到上层建筑政治风气的影响比较大，所以实际的功效往往大打折扣。

出版舆论，作为比较大众化的传播模式，古代出版物一般是官方办理的，不管是官刻典籍还是官报等，都是朝廷用来通过媒介管制，使其依据政治意图开展文化信息选择与传播。但是这些媒介很大程度沦为广泛的喉舌，发挥着舆论监督的功效。同时民间出版也具有一定舆论功能，比较流行的模式为民间小报、小本的新闻传播活动，很多内容为朝廷政事，但是在封建政权的禁令之下，这些民间出版物的生存与发展都是非常困难的②。

城镇舆论，随着经济的发展，手工业的兴起，为士族乡绅开展舆论活动奠定了前提基础，其主要模式为清议与清谈为代表。这些城镇开展舆论一般具有相对独立的场所，知识分子通过对话影射社会，通过诗歌舒发胸臆，具有早期公共传播的模型。但是伴随着科举制度出现与官僚体制的逐步完善，知识分子进一步被上层建筑收编，城镇舆论的能力大幅度下降。

① 程少华：《中国古代舆论监督历史探源（上）》，《新闻研究导刊》2011 年第 4 期。
② 赵立敏：《规训的话语：古代"清议"的舆论学阐释》，《新闻春秋》2015 年第 1 期。

三、传统社会舆论的特点

在我国古典语境中，舆论具有的地位很高，表面社会舆论对于上层建筑的政治决策具有一定的影响。不过在我国古代舆论几乎很少出现私人概念利益的诉求，这种情况的出现固然比较复杂，不过与我国农业经济、封建宗法制度下社会共同体联结方式具有很大的关系。作为一个个体的自我无法在经济上面实现独立，更是无法摆脱家天下的法律与道德的制约。另一方面，对于统治者或者政治系统而言，舆论很可能会在对道德系统的非议基础上，进而导致政权体系的崩坏。因为与西方哲学视角所强调"每个人通过道德代理的所作所为"中的"道德"不同，中国传统的"道德"概念常常会归咎于"社会共同体做了什么"，固在讲究"圣人德治"的君主体制下，社会共同体的"道德失格"很容易延伸到君主的"执政失格"，影响政权根基的稳定。可以说，古代社会后期舆论压制程度之不断上升，与此不无关系。正是基于舆论这种巨大而潜在的政治威胁，在社会抗争时期，舆论经常被地方军阀或起义领袖主动建构用以破坏现有秩序的合法性[①]。

第二节 华夏舆论与法制的关系

一、舆论监督中的言论自由

尧为了鼓励民意，曾经设立谏鼓，谁有意见或不满都是可以击鼓示意，任何人都可以抒发对于政府的建议与不满。同时从《尚书·尧典》上，尧给舜让位的时候，需要得到四岳的同意，那时候还不是家天下，首领与部众之间还没有严重的利益冲突，尧舜对于舆论任由其开放，而没有加以制止。同时尧舜执政时期已经开始建设管建制度，保证民间言论与官方言论得到交流。

我国的历朝历代，都确信尧舜使用过"谏鼓"激励言论，并倡导君主对言论的宽容。据《史记》，舜含有 22 名纳言的官，听取民间意见，并将舜的意图传递下去。可见那一时期开设官建制，保证民间言论与官方言论的交流。秦朝覆灭后，这一记录不仅使人民对尧舜德治无限憧憬，同时从汉代到明代一直都是儒家为帝王师的教材，明代张居正为万历皇帝编写的教材就有"谏鼓"的说法。

---

① 刘建明：《中国古代十大舆论定理》，《新闻爱好者》2015 年第 3 期。

实施仁治的汉文帝在位期间废除了诽谤治罪诏书，其还指出了诽谤治罪对言论的寒蝉后果，认为需要鼓励言论，不能诽谤治罪，可以使得政令通达，民众积极参政进言。基于此，汉文帝听取臣下意见，贾谊的《过秦论》以及批评朝政的《陈政事疏》都得到重视，其还做出一些废除酷刑、免除佃租等其他皇帝不做过的事情，留下很好的名声。对于诽谤个案的分析，诽谤之木同样成为抗辩治罪的依据。《后汉书》记载：张皓出任司空时，赵腾上书进谏，被认为讥讽朝廷而通过诽谤治罪收监。张皓认为，尧舜时期建立谏鼓，《春秋》采善书恶，圣主不罪刍荛。赵腾虽然犯法，不过本意是尽忠的。如果处死赵腾，会阻塞天下的言路。当时的皇帝对此无话可说，只能将赵腾免于死罪。《隋书》记载隋宣帝时，于义上书劝谏，皇帝十分不满，认为应该通过诽谤治罪。御史大夫颜之义认为于义的言论不构成任何罪责，古代先贤帝王都设立诽谤之木，最后皇帝也没有治罪于于义。除了担心诽谤治罪会导致言路堵塞，诽谤治罪还会成为官员打击异己的工具。魏文帝时期，高柔上书要求废除诽谤治罪，认为如果不废除会导致"开凶狡之群相诬罔之渐"。魏文帝遂下令："敢以诽谤相告者，以所告者罪罪之。"明仁宗对于废除诽谤治罪，也是依据这样的理由。

"谏鼓"为原始社会民主文明的主要特征，进入家天下之后，暴君拒谏，残害忠臣的情况使得听谏逐步衰退。周厉王、秦始皇的杀人止谏，儒家倡导的帝王听谏逐渐虚化，谏鼓也成为规范帝王德行的象征物，变成标榜自己的装饰物。这样的转变，反映出舆论的异化，逐渐从诽谤性的舆论，变为帝王用来修饰自己的舆论。

二、舆论监察中的言论钳制

我国古代社会为皇权与官僚集团结合的社会模式，文官制度也是世界上最早的统治制度，最早可以追溯到西汉，之后通过科举的形式固定下来。官吏作为皇帝权威象征，其本质为一种政治符号。对于官吏言论的攻击，几乎也就是对皇权的挑战。对于皇帝的任何言论不敬，更是对于统治者权威的挑战。为此，控制民间言论自由，特别是控制批评朝政自由，是维护统治者权威与尊严的武器。像汉文帝那样，允许人民诽谤而不允许官吏治罪的，在封建王朝是不多见的。任何一个朝代都是不能允许对自身或统治者的不悦言词，即使没有诽谤之意，在古代也有可能被定义为诽谤。为此古代专制制度下的言论自由与舆论监督又是受到非常严格的限制甚至是打压的。

　　秦统一全国之后，国内政治格局混乱，思想文化领域更是异彩纷呈，这种情况下言论比较宽松，社会舆论活跃。但是经过秦始皇的焚书坑儒政策，采用高度集权的专制政府用法家严刑开展统治，主张国家需要全面掌控言论，做到言无私论，士无私议以及言行不轨于法令者必禁等。古代部落的德治已经消失殆尽，儒家推崇的德治、礼治也就没有立足的基础了。秦朝丞相李斯重申法家的主张，强调私议诽谤对于国家危害，论证通过严刑控制议论的必要性。焚书坑儒时，儒生们的一大罪名便是"诽谤"秦始皇。"正言者谓之诽谤，遏过者谓之妖言。"诽谤他人要灭九族，更何况是诽谤皇帝。"诽谤者族"的禁令让臣民噤若寒蝉，战国以来处士横议的喧嚣之声归于沉寂，但消极性的社会舆论并没有消失，而是从公开转入地下，在蛰伏中聚集力量，以至于在刘邦夺取政权时，"诽谤者族"成为抨击秦暴政、号召广大民众起义的有力诉求口号。刘邦造反时坚决反对"诽谤者族"，但当皇帝之后，并没有取消诽谤罪。《汉书·刑法志》中记载："汉兴之初，虽有约法三章，网漏吞舟之鱼，然其大辟，尚有夷三族之令……其诽谤詈诅者，又先断舌。"也就是说，刘邦对于诽谤罪的惩罚，严厉到割去舌头，可见仍然是非常严酷的。

　　如果检索史书，我们会发现诽谤治罪涉及最多的为皇帝与政策制度，其次就是对朝廷大员与圣人的言论，被叫作诽谤。魏晋南北朝时期，王融等由于被指控"诽谤朝政，历毁王公"而被处死，还不到三十岁。宋朝颁布了"作匿名文字谤讪朝政及中外臣僚，徒二年"的法令。明朝开国皇帝朱元璋，由于层出家做过短暂的和尚，便见所有含有"光""释""尚""僧"等字的言辞看作对于自己的诽谤。通过文字模式批评朝政，更是被看作"讪谤"。宋代大文豪苏东坡的谪戍也是由于"作诗赋等文字讥讽朝政缺失，谤讪中外臣僚"，清代的庄廷鑨，查嗣庭、鲍桂星案，无不以诽谤朝廷（政）或官员对当事人治罪。如果诽谤涉及书籍，刊刻，印刷、书商、读者等都可能会被一并治罪。由此可见，我国古代诽谤治罪历史，也是对于尊者、对官员名誉权的保护历史与维护统治阶级利益的历史。清朝末年，受到西方影响的《大清民律草案》借鉴了有关于名誉权的保护，名誉受损可以获得金钱赔偿。尤其是其颁布的《大清印刷物专律》，更是将诽谤分为"讪谤""普通诽谤"与"诬诈"。侵害皇帝、官员名誉的言论，仍然会被以讪谤治罪，1903年的《苏报》案即是典型例子。

结　语

中国古代舆论往往强调对一种社会制度的道德评价，这种政治舆论对政治权力的威胁更大，历来为统治者所恐慌，因此，公共政策的执行更偏向于"防卫"而非"疏导"。

（李宜庭　谢清果）

第十五章　道德为本：华夏舆论的风向标

　　舆论是客观存在的一种社会现象，华夏舆论传播研究是针对中国古代传统社会舆论传播活动、现象的研究。自古以来，对舆论的研究必然离不开对道德的研究。所以在对舆论传播进行研究时，必然少不了对舆论在道德教化方面功能作用的分析以及道德对舆论的作用分析。

　　舆论是传播学中的一个概念，是人类社会一种独特的交往现象。在人际交往中，舆论表达着倾向性的群体意见，构成一种协调社会生活的自在的精神力量；而在政治生活中，它比较敏感地表达着民意或特定圈层的众意，具有突出的政治内涵和政治评价功能。传播既是舆论形成的渠道，也是它的载体，每一种政治实体传播思想的最终目的，都在于激起公众产生同传播主体立场一致的反响，即导致社会普遍舆论的形成[①]。舆论与道德之间有着千丝万缕的联系，这些联系表现在以下几个方面：首先，舆论对道德的社会化的作用。道德的社会化可以在各种环境中以各种方式进行，可以是有意的、无意的，正式的、非正式的，面对面的，或经过大众传播工具来完成的。[②] 其次，舆论对道德规范有着监督的作用，道德规范的实施则不同，它主要是借助于传统习惯、社会舆论和内心信念来实现的。[③] 这两点，无疑揭示了道德与舆论最深刻的联系，但是，舆论与道德的关系并不仅仅局限于此，而是更广泛地贯穿在舆论与道德的全部历史之中，甚至道德对舆论的运行机制，舆论对道德的形成与发展都有着至关重要的作用。舆论作为一种社会浅层意识形态，虽然具有不稳定性与非科学性，但是它对道德规范等社会深层意识形态的形成起着十分重要的作用。道德与舆论的关系问题也决定了舆论的善恶评价与历史地位，并对于解决各个时代舆论道德的问题有着现实意义。本章共分为三节：第一节主要内容是舆论与道德的内涵，从舆论的历史、舆论的定义和

---

① 李澜：《试谈传播和舆论的关系》，《视听界》1994年第4期。
② 王小锡，郭广银：《伦理学通论》，北京：中国广播电视出版社，1990年，第104页。
③ 罗国杰：《伦理学》，北京：人民出版社，2006年，第53页。

舆论的三种重要性质出发，论述舆论的概念。并通过对道德的传播学分析，简单阐明道德的本质。第二节主要论述舆论对道德的作用。首先，从神话舆论与氏族舆论出发，论述了舆论对道德以及良心形成的作用。其次，通过道德他律到自律的传播学分析，论述了舆论对道德他律到自律的作用。第三节主要论述道德对舆论机制形成的作用。本章将舆论的形成过程分为舆论产生的初期、舆论领袖的引领和意见整合以及舆论的最终形成，并一一论述了道德在舆论形成的三个部分中所产生的作用。

第一节　华夏舆论与道德的内涵

"舆论"概念在中国古已有之，但是在 19 世纪晚叶和 20 世纪初叶我国学人借用古代"舆论"概念来研究现代西方话语体系下的"舆论"之时并没有就两者的异同做出严格的界定和语源探索，随后相当一段时期里严格意义的舆论学专门研究还没有成，"舆论"概念的使用也比较随意。因此，有必要对现代学术中的"舆论"和古代文献中的"舆论"进行概念考察。本章主要研究华夏舆论传播过程中舆论与道德的关系，因此在考察"舆论"的概念内涵时着重于古代时期。另外，重视道德教育是中华民族的优良传统。数千年来，正是在中华民族博大精深的文化土壤上，孕育了中华民族独树一帜的道德风范。"礼义之邦"的美誉，应当说是世人对我国古代道德及道德教化的最高褒奖。"道德仁义，非礼不成。"（《礼记·曲礼上》）"国之命在礼"，荀子说："人无礼则不生，事无礼则不成，国家无礼则不宁。"（《荀子》）说明道德于人于国于社会之重要。因而本文的第一部分着重分析舆论与道德的内涵，分析自古以来"舆论"的发展历史、道德观念以及道德教化的发展。

一、华夏舆论的出现

（一）舆论的历史

中国古代政治制度的发展演化呈现出血缘宗法制分封逐渐没落、官僚中央集权不断加强的总体态势。这一态势的最终实现与历代王朝能否顺利对乡里进行政治思想传播有着内在的必然联系。在这当中，民间舆论的走向无疑能够体现出当权者所倡导的思想观念在乡里社会传播的真实效果，而此结论的形成则是由舆论本身的定义及存在形态所决定的。

在中国，舆论有着悠久的历史。无论是《周礼·考工记·舆人》中的"舆人为车"，还是《国语·晋语三》中的"惠公入，而背外内之赂，舆人诵之"，我们都可以得知，早在我国战国时期，"舆人"就已经作为一个职业出现了，从管理车辆开始，到有言论的权利，舆人的含义在不断地变化。生活在战国中后期的思想家庄周最早创造了"民意"一词，标志着尊重全体人民的意见在当时受到诸侯、士大夫阶层的重视，引起了他们的思考。[①]庄子提出，上法圆天以顺三光，下法方地以顺四时，中和民意以安四乡。[②]到了魏晋时期，由于清议的盛起，文人墨客经常喜欢在一些固定的场所畅谈国事，正是在这个时代，舆论的概念正式出现了。三国时期魏国大臣王朗曾在奏折中提道："设其傲狠，殊无入志，惧彼舆论之未畅也，并怀伊邑。"曾参的"道得众，则得国"、庄子对赵文王所阐述的"诸侯之剑"，都体现出古代执政者对舆论作用的重视。

（二）舆论的概念

在中国历史文献中，舆论一词最早见于《三国志·魏书·王朗传》。魏文帝曹丕以吴国在遣送质子问题上出尔反尔为由，企图出兵伐吴。王朗担心此举会引起百姓议论，故而上书进谏。王朗在上书中言道：

昔南越守善，婴齐入侍，遂为冢嗣，还君其国。康居骄黠，情不副辞，都护奏议以为宜遣侍子，以黜无礼。且吴濞之祸，萌于子入，隗嚣之叛，亦不顾子。往者闻权有遣子之言而未至，仅六军戒严，臣恐舆人未畅圣旨，当谓国家愠于登上之遗留，是以为之兴师。设师行而登乃至，则为所动者至大，所致者至细，犹未足以为庆。设其傲狠，殊无入志，惧彼舆论之未畅者，并怀伊邑。臣愚以为宜敕别征诸将，各明奉禁令，以慎守所部。外曜烈威，内广耕稼，使泊然若，潘然若渊，势不可动，计不可测。

在《三国志》的这段记载中，"舆"字共出现了两次，前指舆人，后指舆论。通过解读上下文不难发现王朗所说的舆论就是舆人之言论的缩写。

古代舆指车。《说文解字》曰：舆，车舆也。商代甲骨文中就有舆字，罗振玉考证后将其解释为："此象众手造车之形。轼、较、轸、轵、轊皆舆事而独象轮者，车之所以载者在轮，且可象，它皆不可象。举轮则造车之事可概

---

①　刘建明：《社会舆论原理》，北京：新华出版社，2002年，第12页。

②　王先谦：《庄子集解》，上海：上海书店，1987年，第86页。

见矣。"① 舆人即造车之人。中国古代造车之人应属于工匠之类。《周礼·考工记》曰："攻木之工，轮、舆、弓、庐、匠、车、梓。"在周代，工匠大部分由奴隶充任，社会地位非常低下。《吕氏春秋·离俗览》明确记载："天子至贵也，天子至富也，彭祖至寿也，诚无欲则是三者不足以劝。舆隶至贱也，无立锥之地至贫也，殇子至夭也，诚无欲则是三者不足以禁。"舆隶至贱反映出周时舆人地位之低下。

后来随着社会的发展，舆人逐渐成为普通百姓的代名词。《后汉书·杨震传》记载河间人赵腾因上书陈得失，激怒了汉安帝，被下狱。太尉杨震上书救腾曰："今赵腾所坐激讦谤语之罪，与手刃犯法有差。乞为亏除，全腾之命，以诱蒭荛舆人之言。"② 刍荛即是平头百姓的意思，所以舆人在汉代特指百姓。无论是周代地位卑贱的舆隶还是汉代广布民间的舆人，所处的社会地位都相对低下，属于被统治阶层的范畴。在先秦、两汉统治阶层眼中，舆论即是这些身处社会下层的舆隶舆人们的日常言论集合。

任何意识形态下的社会都是由少数统治者和广大被统治者组合而成。而在两汉时期舆论主要来源于下层民众，因此可以说舆论一定程度上直接反映了当时下层民众的意愿，即通常所说的民意。确切地说，民意不等于舆论，它只是舆论的上游形态，是舆论形成的土壤。民意代表的是人民的集合意识，具有某种倾向性。这种具有倾向性的集合意识一旦表达出来，就会形成舆论。③

二、华夏道德与舆论的相互关系

（一）中国古代道德的内涵

道德是指以善恶为标准，通过社会舆论、内心信念和传统习惯来评价人的行为，调整人与人之间以及个人与社会之间相互关系的行动规范的总和。道德，一切都要从修养个人的品德做起，只有修身才能齐家，然后才能达到治国平天下的目的。古代中国以道德立国，此诚如学者王国维所论："古之所

① 罗振玉：《增订殷墟书契考释》卷 3，载《甲骨文献集成》第 7 册，成都：四川大学出版社 2001 年版，第 113 页。

② （南朝宋）范晔，（晋）司马彪著：《后汉书》（上），长沙：岳麓书社，2009 年，第 591—592 页。

③ 赵凯：《秦汉时期的舆论及其社会影响》，北京：中国社会科学院博士学位论文，2003 年。

谓国家者，非徒政治之枢机，亦道德之枢机也"（《殷周制度论》）。也正因此，古人极为关注社会道德问题，甚至视之为国家生死存亡的生命线。所以宋代苏轼在上书反对王安石变法时，说出了这样一番有名的话："国家之所以存亡者，在道德之深浅，不在乎强与弱；历数之所以长短者，在风俗之厚薄，不在乎富与贫。"正是基于这样的认识，在中国古代，道德一直是个长盛不衰的主流话题，并形成了自身鲜明的历史特点。

（二）道德本质的舆论解读

舆论、道德这些概念之所以存在的先决条件便是人的理性。人只有认识自己，才能弄清楚自己理性生存的依据是什么。而认识自己必须真正认识和重视"关系"。[①] 道德与舆论两者之所以存在，都具有一个共同点，就是因为人的理性意识而生成的"关系"，并且人会主动地创造与利用这些"关系"。人在一生之中被层层的关系包裹着，织成了一道道的交际网络，每个人都是这些网络关系上的一个点，只有当这些关系都处于和谐的状态下，人们的生活工作才会顺利美满。因此，人们在创造与利用关系的同时，也不自觉地在维护这些关系。社会人际关系网络遭到破坏，社会道德将受到严重损害，人性也将遭到压抑甚或遭到摧残，所以，人对其自身所面对的社会关系负责是人自身合理存在的前提，这个前提也就是人作为人而存在的"应该"。[②] 这些"应该"自然而然就成了一定程度上的道德规范。个人意见体现了"应该"，并形成了许许多多个人的"应该"，那么在历史不断发展之中，便会有诸多的舆论领袖，不断地将这些"应该"整合并制定成舆论。但是因为舆论领袖们处于社会中不同的阶级，有着不同的经济地位，所以这些被整合的舆论会也会有所区别，甚至大相径庭。不同领域、不同阶级的舆论领袖们会通过自己出色的说服力、崇高的社会地位与数量庞大的受众或利益相关者，去传播这些"应该"，使之形成一种公众舆论。

三、事例分析

"程门立雪"这个故事出自《宋史·杨时传》："见程颐于洛，时盖年四十矣。一日见颐，颐偶瞑坐，时与游酢侍立去。颐既觉，则门外雪深一尺矣。"

---

① 王小锡：《道德、伦理、应该及其相互关系》，《江海学刊》2004 年第 2 期。
② 王小锡：《道德、伦理、应该及其相互关系》，《江海学刊》2004 年第 2 期。

杨时、游酢二人，原先以程颢为师，程颢去世后，他们都已四十岁，而且已考上了进士，然而他们还要去找程颐继续求学。故事就发生在他们初次到嵩阳书院，登门拜见程颐的那天。相传，一日杨时、游酢来到嵩阳书院拜见程颐，但是正遇上程老先生闭目养神，坐着假寐。这时候，外面开始下雪。这两人求师心切，便恭恭敬敬侍立一旁，不言不动，如此等了大半天，程颐才慢慢睁开眼睛，见杨时、游酢站在面前，吃了一惊，说道："啊，啊！他们两位还在这儿没走？"这时候，门外的雪已经积了一尺多厚了，而杨时和游酢并没有一丝疲倦和不耐烦的神情。这件事情原本只是反映了他们的个人意见，但是随着时间的推移他们二人在自己的领域实际上成了意见领袖，这个时候的公共意见已经成了一种社会舆论，不再单单是零碎的个人意见，而是理论化系统化的浮动意识。最后，这种浮动意识，可能通过强制或非强制的手段，沉淀为各种规范。

第二节　华夏舆论对道德的作用

舆论在古代还成为与"个人修养"相联系的存在，"公共意见"作为一种个人修养的规范被用以服务社会控制，这种社会控制包含三个层次——普通民众、统治者和社会政治系统。舆论无论是其公众性、集合性还是表层性，都或多或少地内含道德价值。舆论虽然不一定具有道德性，但是为道德规范的形成起着重要作用。

一、舆论与道德形成

（一）原始神话

在原始道德的形成过程中，宗教，或者说神话传说一直都起着至关重要的作用，他们与各类道德规范之间更是有着千丝万缕的联系。理论界有不少人认为宗教以道德为外衣，这是因为道德是一种理性智慧，在道德的"应当"要求中，蕴含着一种智慧，一种为人类社会进行价值选择并提供合理性论证的理性智慧。[①] 道德，这一理性智慧的形成过程中，必然离不开鲜活的、易于理解的、便于传播的感性知识的熏陶。实际上，宗教与道德作为两种意识形

---

① 葛晨虹：《道德是一种理性智慧》，《人民日报》2002 年 5 月 11 日（第 6 版）。

态，既相互对立，也相互影响，相互作用，相互渗透。可以这样说，离开了这一系列原始人的神秘的行为规范，原始人就无法生存和发展，我们也无法理解道德在人类规范的发展过程中，为什么走上了一条非制度化的、借助于人的良心和信念来起作用的发展道路。①而宗教最早表现为以图腾、献祭为形式的原始神话。原始神话以及所带来的宗教，或者说赋予道德以神秘的色彩，是维护当时社会秩序和规范的最重要的工具。比如董仲舒提出的"道之大原出于天"，有着神秘主义的色彩。辩证地说，这些思想在一定程度上构造出一个虚假的世界，用以麻痹与约束公众的行为与意志。但是，从另外一个角度分析，这些神秘主义的思想也背负着道德良心形成的责任，对道德的他律性到自律性的转变起到了关键的作用。

（二）神话舆论与良心

众所皆知，良心是一种非常具有神秘感的意识形态，是道德自律性的集中体现。甚至可能这样说，道德的自律性很大程度上因良心而存在，因为假如失去了这个"心理法庭"，那么道德对于人类社会的规范作用也无从说起。在道德形成过程中，神话舆论起到的作用是不可磨灭的。古代的舆论领袖们自身对世界有一套神秘的见解与观点，进而他利用自己的威望或通过自己的信徒，将自己的见解与观点不断扩大而得到一种集体认同，这种集体认同就是一种舆论。

（三）氏族舆论与道德

原始道德的形成并不是单单源于神话舆论的传播，在那个遥远的时代，没有刑罚，没有法律，因此氏族内部的舆论约束对于道德规范的形成也起着非常关键的作用。由于生产力极其落后，原始初民不得不结群而居。这种以生产资料原始公社所有制为生产关系的社会，是人类第一个以血缘关系为基础的社会组织形式。在此种社会制度中，人们没有自己的财产，也没有独立的个人意识。②荀子在他的庞大的"礼论"体系中肯定了人"能群"的特点。个体的人在氏族中生活，就要受到氏族的各种规范约束，从个体的人变为社会的人，不少宗法道德规范与伦理思想便是在氏族关系中逐渐成形的。中国

① 罗国杰：《伦理学》，北京：人民出版社，2006年，第44页。
② 程世寿：《公共舆论学》，武汉：华中科技大学出版社，2003年，第30页。

古代的周礼就是一个很好的例子。周人利用保留下来的氏族血缘组织关系，在殷制的基础上，建立起一套完整的宗法等级制度。而建立与维系这样的一种根源于氏族血缘的宗法道德，自然离不开氏族舆论的制约与监督。

所以，在道德的起源与逐渐形成的过程中，神话舆论与氏族舆论传播的作用是无比巨大的。神话舆论与氏族舆论不但与道德良心的形成有着密切的联系，而且还通过氏族或群体的公众意见形成压力，使得人们自觉或不自觉地接受和遵守这些道德规范。

二、道德他律到自律的舆论学分析

最初的道德是他律的，人最初道德意识的养成就是通过信息传播，这些信息传播在道德形成的过程中是十分重要的。而舆论传播，不仅在社会中将人们紧密地结合起来，还使人们具有了统一意识的可能性。道德从他律走向自律，离不开两个概念，第一是个人意见，第二是舆论领袖，这两者相辅相成，缺一不可，在道德的内化过程中，扮演着极其关键的角色。

首先，对于道德规范，古代的哲人们通过学习与总结，都有着一套完善的理论体系。无论是苏格拉底、孔子等的述而不作，还是柏拉图、孟子等的伦理学著作，他们都从语言上或者文字上，阐述着、传播着自己的道德观念。在古代，思想家们都是当时杰出的舆论领袖，他们从认识活动中提炼简短、深刻、精湛的见解，表达社会的一般思想，形成古代舆论。[①] 这些古代的意见领袖们不集中于社会的某一个群体，也并不一定是属于统治阶级，但是他们都有这样一个共性。那就是，他们在社会中享有发言权与极高的声望，他们的一言一行都可能对他人施加影响，并且拥有着一大批自己特定的受众。所谓受众，是指信息传播的接受者，是具有多样化分布在各个阶层的普通人，他们具有自己的判断能力，能够对信息做出各种不同的反映。而在古代，则可以规定为一类有着一定认知水平的，并且乐于接收信息的人群。意见领袖需要受众作为意见的传播对象，受众也需要意见领袖作为信息的传播源。两者的关系可以说是互相结合，且密不可分。

其次，民众必须具有理性与一定的知识水平，以便于形成个人意见。道德规范并不是空洞的，每一项道德规范的形成都必然来源于真实存在的社会问题或者其衍生案例，绝不可能有道德规范脱离现实生活而存在。而原始民

---

① 刘建明：《社会舆论原理》，北京：华夏出版社，2002 年，第 1 页。

众对于发现的社会问题总是会有自己的看法与见解，只是因为三种因素无法形成舆论：一是地理的隔阂，二是社会地位的低下，三是自身知识水平的欠缺。因此，他们虽然有着个人意见，但并没有办法将这些观点系统地整理出来，而且这些意识是模糊不清的。实际上，大量个人意见并没有形成舆论，只是呈现出短期个体意识的闪耀。[①]当个人意见与意见领袖们的言论不谋而合的时候，越来越多的个人意见汇聚入领袖们的言论之中，并且为他们的理论奔走传播，形成了强大的舆论。民众们不再是迫于压力或者无意识的服从，而是自觉地经过舆论传播，心悦诚服地认同了意见领袖们的道德规范，并将他律的道德内化为自律的道德。当然，舆论的作用还远未结束，在推广这种道德规范的过程中，舆论又通过委蛇的方式使得越来越多异议者不断地趋同，许多对此规范不认同的人们也因为迫于舆论的压力，会力图避免由于自己单独持的有某些态度和信念而被社会所孤立，逐渐不敢发出反对的意见，而变成了"沉默的螺旋"。久而久之，无论是对此规范赞同的还是一些不赞同的人们，都会收到社会环境的影响，慢慢地将外在的规范转为内在的规范。

三、典例：中唐舆论环境下兴起的一种道德观念

中唐时期，家族式微、科举考试、政治斗争等历史因素形成了特殊的舆论环境，在这种环境下，士人一方面具有强烈的自我意识，一方面却又感受到社会舆论对于自我意识的破坏与瓦解。为了应对这一矛盾，一种道德观念在士人中兴起——"诚"。"诚"既指外在言行与内心的一致——不欺人；更指个体意识与人的本性保持一致——不自欺。由此，士人创造出一种稳定的自我意识，以应对舆论环境的诸种压力，从而保持其人格独立性。舆论环境与社会结构密切相关，就中唐而言，士族地位的变化决定了舆论环境的变迁。士族仍是唐代重要社会阶层，士族出身而居于政治高层者在唐代一直占有颇高比例。不过与六朝贵族政治相比，这一"维持门户"的现象在性质上却明显有别。中央高层官员几乎都是通过科举尤其是进士而来，这使得士家大族为了维持自身的地位，也得以科举尤其是进士科为阶梯，换句话说，其贵族身份需要官僚身份的保障。与此同时，中央化让士族逐渐失去其地方性，使其逐渐失去团结一方乡党的名望家色彩，高门士族（如博陵崔氏）自身也呈现出家族群分散的趋势。这些变化都使士族身份不再像六朝那样具有强大的

---

① 刘建明：《社会舆论原理》，北京：华夏出版社，2002年，第42页。

家族影响与特权保障，士族成员也得以个体身份参与社会活动。另一方面，平民阶层有机会投牒自进，来到长安参加科举考试，与士族一起竞争，就他们而言，已能够超越其家族背景，以个体身份进入士人社会。由此可见，不论对于贵族还是平民，家族的背景都已弱化，他们都要以个体身份参与竞争。如柳宗元与韩愈，前者出身于贵族，后者出身于普通士人家族。二者都非常重视自己家族的名望，柳宗元《送澥序》云："人咸言吾宗宜硕大，有积德焉。"由此可见中唐士人之社会环境实有别于六朝。到了中唐，家族作用虽极大弱化，士人身份也更为平等，但正因如此，他就必须靠自己个人去争取功名利禄，委身求人，攀附名流，从而丧失其人格的独立性。进京应试的举子们本来心气甚高，渴望以一己之才出人头地，有着强烈的自我意识，攀附权贵之举自然就会使这种自我意识遭受沉重打击，在他们心中引起反感。因此，汲汲于干谒与不屑于干谒这对矛盾就构成了中唐舆论环境的一个重要特征。

综观中唐士人舆论环境的特点，其根源乃在于士人身份的平等，这是历史的进步。然而进步也伴随着代价，身份平等的士人脱离了自己的家族与地域，以个体参与到社会生活之中，投身于科举，渴望通过竞争出人头地。同时，为了得到必要的声名，他们不得不降低身份来攀附名流，不顾风度而与他人结朋，等到步入政坛之后，他们又得争夺要津，身不由己陷于政治斗争之中。所以，中唐的舆论环境呈现出显著的矛盾性：一方面是积极的，支持士人积极进取，肯定其自身价值，彰显其人格独立性；另一方面是消极的，弱化个人影响力，充斥派系斗争，打击个体自尊心，消解自身独特性。这种舆论环境的矛盾性乃是历史的产物，而正是在这种独特的历史环境之中，一种新的道德观念——"诚"，在士人中间逐渐兴起了。"诚"这一道德观念与如今普通的"真诚"概念有所不同，因为它以儒家的理想人格为价值基础，这些例子大量存在表明"诚"及其衍生的观念具有很强的现实针对性，作为一种道德观念的确萌生于中唐的特殊土壤之中，带有中唐独特的历史气质。由此可看出舆论环境对道德观念形成的重要作用。

第三节　传统道德对华夏舆论机制形成的作用

表面上看，舆论起源于一些社会事件。当然，舆论作为一种公众意见的整合，总是针对着某类社会问题应运而生的。但是，社会问题是偶尔发生的，具有偶然性，而维系着舆论产生的真正内因是必然的不变的观念。舆论所面对的是一些迂回曲折、看不见摸不着而又令人困惑的事实，而且根本不可能一目了然，舆论所指的环境不过是一些被了解到的意见。[①]

一、舆论的产生

当舆论领袖保持与基本群体中的内部意见和行动一致时，公众意见经过整合，舆论便形成了。每一起能诱发公众舆论的事件，发出声音参与舆论的群体都可以划分为利益相关者与利益无关者。利益相关者便是与这起社会事件有直接或间接的利益关系的人们，他们对于事件的评价绝大多数都是从自身利益出发；而利益无关者便是与这起社会事件没有任何利益关系的人们，他们对于事件的评价往往是根据自己内心的善恶观念。而在一般的事件中，利益无关者的人数基本上都是占据绝大多数的比例。因此，决定舆论导向的并不是直接参与事件的利益相关者，而往往是置身于事件之外的绝大多数的利益无关者。这些利益无关者们通过自己良心的感召，对一起起社会事件进行评判，最终各种相关意见不断地整合，这些意见在修正了不相融的部分意见后，渐渐汇入集合意识的洪流，舆论便获得更大的强势。可以说，个体的道德感是舆论的支柱与根本，舆论总是反映着道德的舆论。如果个体缺失了道德感，或基于某种压力，不敢发出道德评判的声音，那么舆论也将不复存在了。

二、道德对舆论形成的作用

道德作为社会意识，又不能仅仅停留在精神领域，它要发挥作用就必须有特定的实际附属物，正像法律要借助于国家、警察，艺术要借助于语言、文字、物质材料一样，道德也必须借助于社会舆论、宣传教育以及相应的实施机构等，并将它们包容于自身之中，成为社会上层建筑的一部分。由此，我们可以看出舆论不但反映了道德的精神，也为道德规范的形成起到了积淀的作用，而且其制约和建构作用远走在教育或者立法之前，多数人还没有学会去体认政府的权力就是他们的权力，政府的意见就是他们的意见，一旦他们学到这样，个人自由也许会遭到政府的侵犯，一如它已经遭到来自舆论方面的侵犯。[②]

---

① 沃尔特·李普曼：《公众舆论》，上海：上海世纪出版集团，2006年，第20页。
② 约翰·穆勒：《论自由》，北京：商务印书馆，严复译，2009年，第9页。

与此同时，舆论也是道德的外化，不但约束着道德规范，也体现着道德精神。在上文中已经提到舆论的产生从表面来看是源于社会事件，但从根本而言是源自人类共同的道德感，也就是广义的道德和构建某种规范的需要。正是由于舆论的形成出自道德的需要，所以舆论形成的最终目标也是道德。道德规范的形成以及道德从他律转向自律的过程，舆论一直起着非常关键的作用。而最后，国家或政府可能会将这种规范纳入法律法规。因此，舆论一直贯穿在道德规范的形成与作用的整个过程之中，不但任何一项道德规范的形成都需要舆论为其推广，而且道德在对社会迸发生作用的同时也离不开舆论的监督。说到底，舆论之所以有如此强大的力量，正是由于它来源于每个人心中的正义。

三、两汉时期教育传播对民间舆论作用的实现

中国古代社会，人们自由言论的空间受君主专制限制，相当狭小。与秦相比较，汉代官方对民众日常言论的约束要宽松一些，但是这种宽松仅仅是相对而言。汉王朝摒弃了秦依靠严刑峻法压制民间舆论的做法，采用教化来引导和控制基层民众。两汉时期中央政府统一思想的第一步便是将处于师道位置上的各级教化传播者的思想规范起来。这一规范任务的完成有赖于汉代学校教育传播系统来实现。汉代学校教育传播系统利用从中央到地方广泛分布的太学、郡国学、乡学三级学校为依托，通过学校教育的方式，培养符合中央集权政治思想要求的教化者，以达到传播孝悌教化思想，形成民间集合意识，进而引导社会舆论的目的。因此培养作为两汉社会教化体系传播者的君主、郡守、县令、三老乡官就成为形成集合意识、引导民间舆论的关键。而这一教化重任的完成则落在了学校身上。两汉学校教育传播系统对君主及其亲族的教育获得了良好效果。自武帝后，以孝悌为核心的儒家教化思想在汉王朝历代统治集团内部成功传播开来。

（一）汉代尊老对褒扬舆论的引导

汉代官方倡导以孝悌为核心的教化思想。尊老、敬老是行孝的必然要求。孝本为家庭之私德，行孝悌首发于家庭，指父子兄弟之纵向和横向关系，而后逐渐衍化为社会的公德。马新先生在探讨中国古代社会孝道异化的趋势后指出：以儒家为代表的正统思想继续对孝进行理论上的扩展，至战国时代，完成了其社会化的进程。孝由家庭私德演变成为社会公德。汉代统治者出于

维护自身统治的需要，尽管对孝公德价值的重视程度过于对德的价值重视，但也不得不承认孝的公德价值是建立在私德的基础上。汉代官方将老年人视为实现孝悌公德价值的对象，大加褒扬，促使年长者成为荣耀的象征，以便调动民众思维意识，形成维护统治的社会正向舆论。

（二）表彰孝悌对褒扬舆论的引导

榜样的感召力量是无穷的。树立起符合统治思想要求的先进典型，大力宣传其德行，是古今中外代表不同利益的统治集团维护思想统治、操控民间舆论的制胜法宝之一。汉代官方为实现传播孝悌思想，引导社会舆论的目的，采用物质奖励、精神褒扬等方式，在广大民众间树立起重孝悌的典范，以此来促使有利于统治需要的褒扬性舆论在基层社会中的形成。《后汉书·百官志》载："凡有孝子顺孙，贞女义妇，让财救患，及学士为民法者，皆扁其门，以兴善行。""兴"字本身就包含表彰孝悌、引导舆论的含义。汉代官方通过尊老、表彰孝悌等一系列褒扬性举措，增强了民众对遵从孝悌观念所能带来荣誉感的追求，吸引了大部分乡里百姓的眼球，完成了传播以孝悌为核心价值观的教化思想，从而为最终实现政府对民间舆论的引导奠定了坚实基础。

结　语

舆论虽然只是一种社会表层意识，也未必是客观世界的真实反映，既可能被别有用心之人或某个集团、某种势力所误导与歪曲，也可能带有着浓郁的主观主义色彩和个人偏见。但是，舆论作为一种社会浮动意识和社会表层意识，不但为作为社会深层意识的道德做了前期探索和理论铺垫，也在社会生活中时时刻刻地约束着监督着人们的道德行为。传统舆论与道德二者相互联系，是华夏舆论传播中不可缺少的内容。

（孔贝儿　谢清果）

参考文献

[1] 张玉法：《先秦的传播活动及其影响》，台北：台湾商务印书馆，1993年。

[2] 郭沫若：《中国古代社会研究》，北京：人民出版社，1954年。

[3] 顾颉刚：《秦汉的方士与儒生》，上海：上海古籍出版社，1998年。

[4] 林语堂：《中国新闻舆论史》，王海、何洪亮译，北京：中国人民大学出版社，2008年。

[5] 孙旭培编：《华夏传播论》，北京：人民出版社，1997年。

[6] 陈谦：《中国古代政治传播思想研究》，北京：中国社会科学出版社，2009年。

[7] 白文刚：《中国古代政治传播研究》，北京：中国社会科学出版社，2014年。

[8] 喻国明：《解构民意：一个舆论学者的实证研究》，北京：华夏出版社，2001年。

[9] 陈力丹：《舆论学：舆论导向研究》，北京：中国广播电视出版社，1999年。

[10] 陈嬿如：《心传：＜传播学理论的新探索＞》，厦门：厦门大学出版社，2010年。

[11] 黄晓平：《禅让制与传统中国政权危机化解》，北京：中国政法大学出版社，2012年。

[12] 陈泽环：《文化哲学》，上海：上海人民出版社，2008年，第197页。

[13] 梁漱溟：《中国文化要义》，上海：上海人民出版社，2005年。

[14] 黄俊杰编：《传统中华文化与现代价值的激荡》，北京：社会科学文献出版社，2002年。

[15] 张曼涛：《佛教与中国文化》，上海：上海书店，1987年

[16] 余英时：《士与中国文化》，上海：上海人民出版社，2003年，第

342 页。

[17] 钱穆：《国史新论》，北京：三联书店，2001 年。

[18] 王文亮：《中国圣人论》，北京：中国社会科学出版社，1993 年。

[19] 成云雷：《先秦儒家圣人观与社会秩序建构》，上海：上海古籍出版社，2007 年。

[20] 朱义禄：《从圣贤人格到全面发展——中国理想人格探讨》，上海：复旦大学出版社，2006 年。

[21] 黄亚平：《典籍符号与权力话语》，北京：中国社会科学出版社，2004 年。

[22] 周裕锴：《中国古代阐释学研究》，上海：上海人民出版社，2003 年。

[23] 谢贵安：《中国谶谣文化研究》，海口：海南出版社，1998 年。

[24] 吕肖奂：《中国古代民谣研究》，成都：巴蜀书社，2006 年。

[25] 杨开道：《中国乡约制度》，北京：商务印书馆，2015 年。

[26] 吴予敏：《无形的网络：从传播学的角度看中国的传统文化》，北京：国际文化出版公司，1988 年。

[27] 梁启超：《先秦政治思想史》，北京：东方出版社，1996 年。

[28] 王爱清：《秦汉乡里控制研究》。济南：山东大学出版社，2010 年。

[29] 倪延年：《中国古代报刊法制史》，南京：南京师范大学出版社，2004 年。

[30] 方汉奇，李矗主编：《中国新闻学之最》，北京：新华出版社，2005 年。

[31] 刘泽华：《王权思想论》，天津：天津人民出版社，2006 年。

[32] 李泽厚：《中国古代思想史》，天津：天津社会科学出版社，2003 年。

[33] 梁漱溟：《东西文化及其哲学》，北京：商务印书馆，1999 年。

[34] 杨向奎：《中国古代社会与古代思想研究》，上海：上海人民出版社，1962 年。

[35] 张分田：《民本思想与中国古代统治思想》，天津：南开大学出版社，2009 年。

[36] 李冬君：《孔子圣化与儒者革命》，北京：中国人民大学出版社，2004 年。

[37] 胡适：《青青子衿 悠悠我心——名家说诗经》，天津：天津教育出版社，2007 年。

[38] 陈直：《史记新证》，天津：天津古籍出版社，1979 年。

[39] 赵汀阳：《天下体系：世界制度哲学导论》，南京：江苏教育出版社，2005 年。

[40] 王弼：《老子道德经》，北京：中华书局，1985 年。

[41] 杨伯峻：《论语译注》，北京：古籍出版社，1958 年。

[42] 梁启雄：《荀子简释》，北京：中华书局，1983 年。

[43] 孙诒让：《墨子间诂》，上海：上海书店出版社，1986 年。

[44] 杨伯峻：《孟子译注》，北京：中华书局，1962 年。

[45] 朱熹：《四书章句集注》，北京：中华书局，1983 年。

[46] 黎靖德编：《朱子语类》，北京：中华书局，1985 年。

[47] 张觉等：《韩非子译注》，上海：上海古籍出版社，2007 年。

[48] 戴圣撰，钱玄等注译：《礼记》，长沙：岳麓出版社，2001 年。

[49] 贾谊撰，卢文弨校：《新书》，北京：中华书局，1985 年。

[50] 黄宗羲：《明夷待访录译注》，北京：中华书局，1981 年。

[51] 吴兢编著：《贞观政要》，长沙：岳麓书社，1991 年。

[52] 李零：《郭店楚简校读记》，北京：北京大学出版社，2002 年，第 59 页。

[53] 马金亮译注：《弟子规译注》，上海：上海三联书店，2013 年。

[54] 张双棣撰：《淮南子校释》，北京：北京大学出版社，2013 年。

[55] 赵守正译注：《管子注译》，广西：广西人民出版社，1982 年。

[56] 祚胤译注：《周易译注与考辨》，湖南：湖南人民出版社，1987 年。

[57] 吕不韦等编撰，张双棣等译注：《吕氏春秋译注》，长春：吉林文史出版社，1987 年。

[58] 徐元诰撰：《国语集解》，王树民、沈长云点校，北京：中华书局，2002 年。

[59] 李民，王健：《尚书译注》，上海：上海古籍出版社，2012 年。

[60] 董仲舒，陈蒲清校注：《春秋繁露·天人三策》，长沙：岳麓书社，1997 年。

[61] 沃尔特·翁：《口语文化与书面文化》，何道宽译，北京：北京大学出版社，2008 年。

[62] 约翰·穆勒：《论自由》，北京：商务印书馆，严复译，2009 年。

[63] 让-马克·夸克：《合法性与政治》，佟心平、王远飞译，北京：中央编译出版社，2002 年。

[64] 罗素：《权力论：新社会分析》，吴友三译，北京：商务印书馆，

1991 年。

[65] 哈维·C. 曼斯菲尔德：《驯化民主》，冯克利译，北京：译林出版社，2005 年。

[66] 托马斯·霍布斯：《利维坦》，黎思复、黎廷弼译，北京：商务印书馆，1985 年。

[67] 顾颉刚：《"圣"、"贤"观念和字义的演变》，《中国哲学（第一辑）》，北京：三联书店，1979 年。

[68] 罗新慧：《<容成氏>、<唐虞之道>与战国时期禅让学说》，《齐鲁学刊》2003 年第 6 期。

[69] 潘祥辉：《传播之王：中国圣人的一项传播考古学研究》，《国际新闻界》2016 年第 9 期。

[70] 谢清果，王昀：《华夏舆论传播的概念、历史、形态及特征探析》，《现代传播》（中国传媒大学学报）2016 年第 3 期。

[71] 邵培仁，姚锦云：《传播模式论：<论语>的核心传播模式与儒家传播思维》，《浙江大学学报（人文社会科学版）》2014 年第 4 期。

[72] 夏保国：《先秦舆论思想探源》，吉林大学博士学位论文，2009 年。

[73] 彭邦本：《先秦禅让传说新探》，四川大学博士学位论文，2006 年。

[74] 赵映诚：《中国古代谏官制度研究》，《北京大学学报（哲学社会科学版）》2000 年第 3 期。

[75] 陈力丹：《关于舆论的基本理念》，《新闻大学》2012 年第 5 期。

[76] 吕宗力：《略论民间歌谣在汉代的政治作用及相关迷思》，《社会科学战线》2008 年第 9 期。

[77] 葛永海：《论唐代都城民谣的类型与特性》，《浙江社会科学》2001 年第 5 期。

[78] 陈建群：《"举谣言"考辨》，《国际新闻界》2014 年第 8 期。

[79] 王晓岚：《先秦时期舆论监督初探》，《史学月刊》1992 年第 4 期。

[80] 张启成：《<诗经>的社会交流功能和符号学》，《贵州社会科学》1988 年第 10 期。

[81] 师曾志：《从政府对传媒的管制看中国古代禁书——中国古代禁书专题研究之一》，《编辑之友》1994 年第 2 期。

[82] 曹峰：《孔子"正名"新考》，《文史哲》2009 年第 2 期。

[83] 侯晓晨：《对"明主圣君"形象的构造——从朱元璋〈高皇帝御制文

集〉明刻本的文章取舍看编纂者的用意》,《石河子大学学报(哲学社会科学版)》2015 年第 3 期。

[84] 陈谦:《中国古代政治信息控制的若干思想研究——传播学视角下的监察、谏议与教化》,南开大学博士学位论文,2007 年。

[85] 黄星民:《礼乐传播初探》,《新闻与传播研究》2000 年第 1 期。

[86] 刘建明:《中国古代舆论十大定律》,《新闻爱好者》2015 年第 3 期。

[87] 朱明勋:《中国传统家训研究》,四川大学博士学位论文,2004 年。

[88] 赵凯:《汉代官方舆论收集机制》,《南都学坛(人文社会科学学报)》2006 年第 5 期。

[89] 赵凯:《秦汉时期的舆论及其社会影响》,中国社会科学院研究生院博士学位论文,2003 年.

[90] 侯东阳:《林语堂的新闻舆论观:评林语堂的〈中国新闻舆论史〉》,《新闻与传播研究》2001 年第 2 期。

[91] 王海,何洪亮:《中国古代舆情的历史考察——从林语堂 < 中国新闻舆论史 > 说起》,《湖北社会科学》2007 年第 2 期。

[92] 王子今:《汉末政治风暴与"处士"的文化表现》,《社会科学》2012 年第 1 期。

[93] 沈继睿:《中国古代主要媒介的归类分期和发展特点》,《南阳理工学院学报》2012 年第 1 期。

[94] 骆正林:《中国古代社会舆论活动的主要类型和特征》,《洛阳师范学院学报》2008 年第 4 期。

[95] 黄春平:《汉代言禁研究》,《新闻与传播研究》2009 年第 2 期。

[96] 武志勇:《中国传统官报的发行管理与发行状况》,《社会科学》2010 年第 12 期。

[97] 张玉霞:《中国古代的舆论与政治》,《新闻爱好者》2006 年第 12 期。

[98] 阎安:《中国古代舆论政策的范式变迁》,《新闻研究导刊》2011 年第 10 期。

[99] 张兆裕:《天意流行:明亡原因的另类解读——以明清之际野史笔记中的灾异记录为考察对象》,《明史研究论丛》2014 年第 2 期。

[100] 赵立敏:《规训的话语:古代"清议"的舆论学阐释》,《新闻春秋》2015 年第 1 期。

[101] 俞根荣:《儒家思想通论》,南宁:广西人民出版社,1992 年。

后 记

舆论是当代的热点，舆情时时牵动着国民的视线。

时代的舆论学研究，往往关注新媒体与大数据，注重的是舆情的把握与舆论的引导，舆论学俨然已成为经世致用之学。政府部门重视，因为舆论一定程度上代表着民心民意，拷问着政权合法性，逼问着执政的社会基础，同时也是政府部门是否全心全意为人民服务的入手处。人民满意不满意是一切工作的试金石。人民满意了，工作就做到位了；相反，人民不开心了，就是工作做不到位。学者关注，因为文章合为时而著，学者的使命正是服务于我们这个时代，既要为民请命，为民代言，又要维护社会主义核心价值体系，为执政者反映舆情，剖析舆论的节点，提出疏导之策。当然，这也是那些舆论工作者的使命与担当。

作为华夏传播研究的学者，2017年我也荣幸地与邹振东教授、苏俊斌副教授共同以舆论传播为主题申请到了厦门大学创新团队，并主持其中的一个子课题即"华夏舆论传播研究"，探讨中国传统社会的舆论表达形态与运作机制，以期为当代的舆论学建构提供一些思考。于是我借开设"中国传播理论研究"课程之际，从华夏舆论研究着手，拟定了讲课大纲，带领博硕士研究生进行学术探讨。一学期下来，老师讲授，学生们讲演，师生论辩，深化了学习，推进了研究。学生们写出初稿，由老师修改订稿，便有了摆在读者面前的这部小作。

回顾历史，舆论研究历来不是研究的重点。20世纪林语堂的《中国新闻舆论史》开风气之先，其书大略断代地考察了历史上舆论变迁的历程，同时也反思民国时期舆论的现实，颇有见地。后来台湾地区朱传誉先生出版了《中国民意与新闻自由发展史》，更为细致地探究了历代的舆论表达及其思想成就。作者敏锐地将民意视为中国传统社会的舆论形式，也考察了制度上重视民意的各种机构设置以及现实中的舆论抗争。近年来大陆的倪琳博士出版了其博士论文《近代中国舆论思想变迁》，同时也出版了一本资料集——《近现代中国舆论研究文献选编》。上海交通大学的谢耘耕教授亦组建了舆论学研究会，推出了《舆论学研究》的辑刊，同时拟出版舆论学系列教材，其中便有《中国舆论史》的写作计划。总而言之，在舆论研究兴趣的当代，传统舆论史和传统舆论思想的研究还是个薄弱环节。为此，本书算是抛砖引玉，期待更多舆论思想研究的论著出版。

需要说明的是，因为本书属于集体作品，个别地方，尤其是对舆论概念，各章大都有所涉及，为了保持各章自身的独立，主持人一般不做大的删改。因为每一章可以各自独立地探讨某一议题，为完整呈现作者的思路，做了维护原貌的处理。

感谢本书参与者的积极付出，正是因为有他们的配合，主持人的许多构想才能付诸实施，虽然并不是每一章都特别精彩，但是本书应该是 21 世纪第一本相对系统地梳理中国传统舆论研究的著作，期待有更多的学者能够融合中国传统舆论思想、西方舆论学理论以及中国当代的社会实践，写出有中国特色、中国风格、中国气派的舆论学作品。此外，本书成书时的版面格式和初步文字梳理请张丹博士做了协助，特此致谢！

课题主持人

2018 年 5 月 1 日